本书系国家社会科学基金重点课题（2023-SKJJ-B-106）、湖南省普通高等教育改革研究课题（HNJG-2022-0405）、2023 年国防科技大学研究生精品课程培育项目“公共危机管理”的阶段性成果。

YINGUO GUANXI,
ZUOYONG JIZHI YU CHANGQI YINGXIANG DE
YANJIU FANGFA JI YINGYONG
Yi Jiating Ziben Dui Ertong Qingshaonian Jiankang De Yingxiang Jizhi Weili

因果关系、作用机制与长期影响的研究方法及应用

以家庭资本对儿童青少年健康的影响机制为例

唐 芳 姚 锋 李 博 朱仁崎 ◎著

中国财经出版传媒集团

经济科学出版社
Economic Science Press
·北京·

图书在版编目（CIP）数据

因果关系、作用机制与长期影响的研究方法及应用：
以家庭资本对儿童青少年健康的影响机制为例／唐芳等
著 . -- 北京 ： 经济科学出版社，2024. 9. -- ISBN 978 -
7 - 5218 - 6213 - 3

Ⅰ . G479

中国国家版本馆 CIP 数据核字第 2024HH4914 号

责任编辑：程辛宁
责任校对：杨　海
责任印制：张佳裕

因果关系、作用机制与长期影响的研究方法及应用
——以家庭资本对儿童青少年健康的影响机制为例
YINGUO GUANXI, ZUOYONG JIZHI YU CHANGQI YINGXIANG DE
YANJIU FANGFA JI YINGYONG
——YI JIATING ZIBEN DUI ERTONG QINGSHAONIAN JIANKANG DE
YINGXIANG JIZHI WEILI

唐　芳　姚　锋　李　博　朱仁崎　著
经济科学出版社出版、发行　新华书店经销
社址：北京市海淀区阜成路甲 28 号　邮编：100142
总编部电话：010 - 88191217　发行部电话：010 - 88191522
网址：www. esp. com. cn
电子邮箱：esp@ esp. com. cn
天猫网店：经济科学出版社旗舰店
网址：http://jjkxcbs. tmall. com
北京季蜂印刷有限公司印装
710 × 1000　16 开　17. 25 印张　260000 字
2024 年 9 月第 1 版　2024 年 9 月第 1 次印刷
ISBN 978 - 7 - 5218 - 6213 - 3　定价：98. 00 元
（图书出现印装问题，本社负责调换。电话：010 - 88191545）
（版权所有　侵权必究　打击盗版　举报热线：010 - 88191661
QQ：2242791300　营销中心电话：010 - 88191537
电子邮箱：dbts@ esp. com. cn）

前　言

　　在当今社会的复杂背景下，研究因果关系、作用机制及其长期影响的能力已成为理解社会现象及制定政策的重要基础。然而，如何将这些抽象概念与实际应用相结合，仍然是许多研究者面临的挑战。本专著《因果关系、作用机制与长期影响的研究方法及应用——以家庭资本对儿童青少年健康的影响机制为例》正是为填补这一空白而作。通过系统的理论分析和实证研究，本书以家庭资本对儿童青少年健康的影响机制为例，展示了如何揭示 X 对 Y 的因果关系、作用机制及其长期影响。更重要的是，本书所提供的研究范式，能够帮助读者掌握在不同研究领域中探讨 X 与 Y 之间复杂关系的思路和方法，无论是在社会科学、经济、教育或心理学等领域，均可灵活应用。我希望本书能为研究者提供清晰的框架，使他们在研究中更为自信地应用因果分析、机制识别和长期影响评估工具，深化特定领域的理解，并推动相关政策的制定，从而促进社会的全面进步。

具体而言，本书首先使用固定效应模型、工具变量法等因果推断方法处理内生性问题，力图得到更加真实的家庭资本与儿童青少年健康的因果关系。其次，利用潜变量增长中介效应模型，探讨儿童青少年健康行为在家庭资本对儿童青少年健康影响中的传导机制，并使用分层交互作用模型分析社区层面因素在家庭资本与儿童青少年健康之间的调节机制。最后，考虑年龄和世代效应带来的长期影响偏差，应用限制性立方样条发展模型，分离了年龄效应和世代效应，分析家庭资本对儿童青少年健康的长期影响。本书以期为经济科学研究影响机制提供较为全面的研究范式。

本书主要有以下三个方面的创新：研究内容方面，构建了适用于儿童青少年健康研究的家庭资本测量框架。通过梳理国内外相关研究对家庭资本的分类和测量，提炼了家庭资本测量的关键要素。并结合少子化和老龄化的时代背景，融入了"家风建设""隔代照料"等新型家庭资本因素，改进和扩展了家庭资本测量框架，将其应用于儿童青少年健康的研究中。研究视角方面，本书探索了家庭资本与儿童青少年健康的纵向关联及其作用机理。从年龄（年龄增长）和世代（社会变迁）两个时间维度上，将家庭资本与儿童青少年健康关系置于生命跨度和历史过程中，解析了家庭资本与儿童青少年健康之间关系的动态变迁，为生命早期健康管理提供新证据。研究方法方面，本书利用潜变量纵向中介模型，从纵向视角分析家庭资本如何通过健康行为对儿童青少年健康的变化产生影响，为较全面地分析家庭资本的健康效应提供了新的研究思路。本书的编写是为了应对当前社会科学研究中面临的挑战，尤其是在全球健康不平等日益增加的背景下，开展因果关系、作用机制和长期影响的科学研究具有重要的理论和实践意义。

编写本书的初衷，是为了应对当前社会科学研究中面临的诸多挑战，尤其是在全球健康不平等日益突出的背景下，深入开展因果关系、作用机制和长期影响的科学研究，具有重要的理论和实践意义。这部书稿得以成形并付梓，离不开经济科学出版社编辑们的细心工作，在此，我谨对他们的辛勤付出表示由衷的感谢！由于时间仓促，水平有限，书稿中的错误和不足在所难免，希望同行专家不吝赐教，多多批评指正！

唐　芳

2024 年 6 月于长沙

目　　录

引　言

　　随着大数据和高级统计方法的应用日益增多，传统的分析技术已无法满足现代研究的需求。因此，本书重点介绍了一系列新兴的统计技术和模型，这些技术和模型能够更有效地处理多层次的纵向数据，从而提供更为深入和全面的因果推断、作用机制和长期影响。本书以家庭资本对儿童青少年健康的影响为例，进行因果关系、作用机制与长期影响这些研究方法的应用。因为当前文献中关于家庭资本对子女健康影响的研究多集中在描述性分析和相关性研究，缺少对因果关系的严格推断和作用机制的详细解析。此外，这些影响的长期性质和持续效应往往被忽视。因此，本书旨在填补这一空白，通过引入和讲解先进的定量分析方法，使研究人员能够更准确地识别和解释家庭资本如何通过不同的途径影响儿童青少年的健康发展。本书旨在分析家庭资本对儿童青少年健康的影响及作用机制，并给出相应的政策建议。本章是全书的总起章节，主要包括以下几个方面内容：一是梳理当前研究背景；二是阐明研究意义和提出研究目标；三是界定相关概念和综述相关领域文献并进行文献述评；四是提出本书的具体研究框架。

1.1 研究背景与意义

1.1.1 研究背景

我国改革开放 40 余年以来，在相关国家政策、经济社会的发展、生活水平的提高和医疗条件的改善等因素的作用下，儿童青少年健康水平持续提高。根据《中国儿童发展纲要（2021—2030 年）》显示，截至 2020 年底，我国 6 岁以下儿童生长迟缓率降至 7% 以下，低体重率降至 5% 以下。另外，截至 2020 年底，全国婴儿死亡率和 5 岁以下儿童死亡率在 2013 年实现《中国儿童发展纲要（2011—2020 年）》"低于 10‰和 13‰"目标的基础上，连续 7 年持续下降，2020 年分别为 5.4‰和 7.5‰，分别比 2010 年下降 7.7 个千分点和 8.9 个千分点。虽然我国儿童青少年健康的促进工作取得一定成效，但仍然不能忽视的是，影响儿童青少年群体健康的关键因素随着时代发展而呈现新的特征（唐钧、李军，2019；张倩、赵文华，2021）。具体来说，在身体疾病方面，出生缺陷、伤害、近视及罕见病等依然威胁着儿童青少年健康。截至 2022 年底，农村婴儿死亡率和 5 岁以下儿童死亡率分别为 6.2‰和 8.9‰，高于城市 3.6‰和 4.4‰的水平（国家统计局，2021）。在心理健康方面，根据《2022 年青少年心理健康状况调查报告》显示，截至 2022 年底，约 14.8% 的儿童青少年存在不同程度的抑郁风险，其中 4.0% 的儿童青少年属于重度抑郁风险群体，10.8% 的儿童青少年属于轻度抑郁风险群体。因此，从以上展现的数据可以看出，目前我国儿童青少年仍存在健康问题。

我国政府已经意识到儿童青少年的健康问题，特别是近十年以来出台了多项方案，形成了"医、防、护"三位一体的儿童青少年健康服务模式，并逐步构建了中国特色"家庭服务、学校服务和社会服务"有效衔接的多层次健康服务体系。本书的附录一整理了近年儿童青少年健康领域的部分重要文件，并简要阐述了政策意义。2016 年，中共中央、国务院印发了《"健康中国 2030"规划纲要》，该规划纲要指出，为提升全民健康水平，需要从单纯依靠卫生健康系统转向社会整体联动。因此，促进儿童青少年健康就不仅要依赖于医疗卫生服务的改善，更需关注影响儿童青少年健康状况的社会环境因素。

健康社会决定因素主要包括宏观、中观和微观层面的社会决定因素。家庭资本是其中重要且特殊的中观层面健康社会决定因素（Grgic et al.，2015）。近年来，家庭资本由于其涵盖家庭多种显性和隐性资源而逐渐备受关注（王富百慧，2019；成刚等，2020）。家庭资本的重要性在于其投资于儿童青少年早期发展阶段，能够为儿童青少年的发展提供家庭各式各样的资源（Somefun & Fotso，2020）。这些资源主要包含三种成分：一是家庭的人际关系网络能够作为社会资源；二是家庭成员的人力资本能够作为文化资源；三是家庭的财富或收入能够作为经济资源。这些资源组成的家庭资本，与儿童健康的发展有很强的相关性（Cho et al.，2021；Krass et al.，2021）。另外，宋健（2023）指出，在少子化和老龄化的社会背景下，由各种外部动力和内生过程共同推动了家庭转变，家庭呈现三个方向的转变：家庭结构从紧凑型向松散型转变、家庭关系从集权型向分权型转变、家庭功能从复合型向网络型转变。而家庭资本正在嵌入家庭结构、家庭关系和家庭功能之中，这些家庭转变特征会使家庭资本呈现出新的变化和新的特征。因此，在这种家庭转变的社会环境中，对家庭资本的健康效应需要重新审视。

家庭资本是投资儿童青少年早期发展的重要一环，研究家庭资本对儿童青少年健康的影响，有利于完善家庭健康精准干预政策，提高儿童青少年健康水平（Yu & Li，2020）。因此有必要持续关注家庭资本对儿童青少年健康的影响，特别是以下四个方面的问题。

第一，家庭资本的内涵和测量会随着社会发展而不断进行自我丰富。虽然最初的家庭资本理论缘起于西方资本主义社会，但将其应用于我国的社会情境还有待深入探讨（Lu et al.，2021）。就适用于儿童青少年健康研究的家庭资本测量框架而言，直接照搬西方家庭资本的操作化方式，而不考虑我国社会情境的做法是不恰当的，家庭资本的测量框架仍有完善的空间。因此在我国研究家庭资本的健康效应时，还需要对家庭资本的测量框架进行改进和扩展。

第二，家庭资本健康效应的因果性存在争议，且不易从实证层面进行辨析。常见的正向因果证据是家庭资本为孩子的健康提供了各类资源，促进了儿童青少年的健康发展（Terry，2019）。而反向因果证据是儿童青少年身体不佳，导致家庭资本存量发生了变化（Ramos-Goñi et al.，2022）。这种双向因果争议增加了我们分析家庭资本健康效应的难度。因此，家庭资本对健康的因果效应的研究还需要恰当的研究设计和方法，以解决其中的内生性。

第三，家庭资本与健康都是贯穿生命历程的固有属性，时间维度下家庭资本的健康效应具有复杂性。家庭资本影响健康的过程具有时间性特征，这不仅包括家庭资本对儿童青少年健康随年龄增长产生的持续性影响，还包括社会发展背景下家庭资本对儿童青少年健康的时间异质性影响（Shannon et al.，2020）。因此，研究还需要基于时间维度进一步扩展家庭资本与健康研究的相关理论视角。

第四，我国城乡的家庭资本内涵和存量存在较大差异，城乡视角下家庭资本的健康效应具有差异性。城乡差异在很大程度上取决于城乡文化及社会经济发展结构和水平的差异（Wang et al.，2022；Zhang & Jiang，2019）。这很可能导致家庭资本的健康效应存在城乡差异。因此，研究者在探讨家庭资本的健康效应时，需要使用合适的测量方式去更好地捕捉城市和农村家庭资本的合理内核，研究家庭资本健康效应的城乡差异。

上述四个问题正是本书研究的出发点及尝试要解决的主要问题。如何构建适用于儿童健康研究的家庭资本测量框架？家庭资本是否影响儿童青少年健康，以及如何影响？家庭资本在个体年龄增长和社会变迁视角下如何影响儿童青少年健康？家庭资本对儿童青少年健康的影响存在怎样的城乡差异？回答好这些问题有助于我们全面理解家庭资本对儿童青少年健康的影响效应及内在作用机制，以及有助于我们解析家庭资本与儿童青少年健康之间关系的动态变迁，进而为出台儿童青少年健康的相关干预政策提供实证依据和政策建议。

1.1.2 研究意义

研究首先以家庭资本理论、健康社会决定因素理论和生命历程理论作为理论基础，构建了家庭资本影响儿童青少年健康的分析框架。本书将家庭资本理论置于生命历程理论内，将家庭资本与儿童青少年健康关系置于生命跨度和历史过程中，从年龄（年龄增长）和世代（社会变迁）两个时间维度上，解析家庭资本与儿童青少年健康之间关系的动态变迁，为较全面地分析家庭资本的健康效应提供了新的研究思路。

儿童青少年是祖国未来的希望，在国家医疗资源外部投入有限的条件下，研究如何运用家庭资本促进城乡儿童青少年的健康水平，能为相关干预策略出台提供实证依据，进而助力"健康中国"战略目标的实现。本书通过纵向研究分析家庭资本对儿童青少年健康的长期影响，其现实意义在于，能为早期生命周期的家庭环境干预策略出台提供实证依据。并且，本书分析家庭资本对城市和农村儿童青少年健康变化的作用机制和城乡差异，其现实意义在于，如果家庭资本的健康促进作用以及相关的中介因素和调节因素在城乡之间呈现巨大差异，相关的干预政策就不能采取城乡同质的方式，而是应该根据城乡特有的家庭资本与健康的中介因素和调节因素来优化政策着力点，以保证相关政策成效的最大化。

1.2 概 念 界 定

1.2.1 家庭资本的概念与测量

本书试图扩展和改进家庭资本的测量框架，继而构建一个适用于我国儿童青少年健康研究的家庭资本测量框架，并将其应用于探讨家庭资本对儿童青少年健康的影响及作用机制。因此，对家庭资本已有的概念化和操作化进行系统的梳理是十分必要的，这也为后续提出新的测量框架提供理论知识基础。

1.2.1.1 家庭资本的概念

法国社会学家布迪厄对家庭资本进行了概念界定，认为家庭资本是指家庭中显性资源或隐性资源的集合体，其可以通过一定的作用机制促进家庭中个体的发展（Bourdieu，1986）。科尔曼认为家庭资本是指每个家庭所占有的经济、文化及社会资源的总量，是一种更全面、清晰地测量家庭环境的模式（Coleman，1990）。布迪厄和科尔曼都对家庭资本的表现及作用方式进行了区分，将家庭资本划分为家庭经济资本、家庭文化资本和家庭社会资本三种不同类型。

对于家庭经济资本的概念，科尔曼认为经济资本是以物质形式存在的资本类型，是由物质领域的变革所创造并促进了生产的发展（Coleman，1990）。而在布迪厄看来，家庭经济资本是各类资本中最基本、有效的形式，它以所有权的形式被制度化，经济资本可以直接快速地转化为货币、金钱，由土地、劳动力收入、房屋等物质资料构成，属于显性资本（Bourdieu，1986）。另外，塔尔朱奈特（Taljunaite，2020）认为家庭经济资本提供了帮助取得儿童青少年健康发展的物质资源，包括家庭内的固定场所、家庭设施设备，以及平息各种家庭问题的财政来源。

布迪厄最早提出文化资本的概念，他认为文化资本是借助不同的教育行动传递的文化资源（Bourdieu，1986）。国内外学者将家庭文化资本划分为三种形态：一是机体状态，体现在人们根深蒂固的性情倾向和外在体态（Bourdieu，1986）；二是物化状态，主要体现在书籍、图片、词典、仪器等文化物品之中（樊晓杰、林荣日，2021）；三是制度状态，主要体现在家庭成员的教育学历（Symeou，2017）。部分学者将家庭文化资本概括为文化资源，既包括文化作品，也包括父母的阅读习惯和阅读活动、营造的家庭氛围、学生校外高雅活动的参与等（Symeou，2007；张学敏、赵国栋，2022）。国内学者从最初将文化资本理解为父母的教育程度，随后逐渐将其扩展到家庭的文化资源、文化活动参与和家庭的文化氛围等方面（Luo et al.，2022；王冉，2022）。

家庭社会资本主要是指家庭中的个体，通过与家庭其他成员的社会联系而获得的经济资源、信息和机会（Bourdieu，1986）。科尔曼认为家庭社会资本是无形的，它存在于人际关系网络之中，是一种社会关系网络的总和，它可以促进和增强家庭经济资本和家庭文化资本对子女发展的影响（Coleman，1988）。在与健康或教育相关的经验研究中，家庭社会资本通常指的是个人与家庭内其他成员的互动关系以及家庭内部的整合度（Alvarez et al.，2017；Li，2020），但经济学相关研究更倾向于将其视为家庭整体的社会地位特征

（范静波，2019；Ludwig-Mayerhofer et al.，2020）。

国内一些学者在梳理和借鉴现有研究的基础上，也尝试对家庭资本进行本土化的定义。例如，董金秋（2011）借鉴了布迪厄家庭资本理论思想，认为家庭资本是个人拥有的一种嵌入在家庭关系中的先赋性资源，以家庭关系网络、家庭功能和家庭结构为存在形式，是蕴含在家庭关系网络中的、可转移的资源。与国外研究相比，国内关于家庭资本的本土化界定和测量，其最重要特征在于对家庭内部关系和资料来源的重视（沈红、张青根，2015；薛海平，2018），这与我国传统文化及家庭网络关系模式密切相关，体现了国内研究者对家庭资本的本土化概念界定进行的尝试。

1.2.1.2 家庭资本的测量

家庭资本界定的宽泛性一定程度上导致了具体操作化的困难（Engbers et al.，2017）。一般认为，家庭资本可以从家庭经济资本、家庭文化资本和家庭社会资本等类型进行具体测量，上述家庭资本的核心成分被大多数研究者所认可。然而，在具体操作化过程中，研究者立足的出发点不同，所使用的具体指标也不尽相同。

（1）家庭经济资本。

对于家庭经济资本的测量，科尔曼认为家庭经济资本包括适应社会环境发展所应具备的社会能力，比如父母的经济水平、职业地位等（Coleman，1990）。家庭收入水平最直接影响父母对子女的教育支出和人力资本投资能力（Gullo，2023）。我国学者李春玲（2022）也将家庭收入作为家庭经济资本的衡量指标。目前，家庭社会经济地位是一种国内外使用较为广泛的用来衡量家庭经济实力的指标，这一指标主要是根据家庭成员对家庭价值资源的了解程度进行划分的，这也得到国内外许多专家学者的认可（王甫勤、马瑜寅，2020；Braveman et al.，2023）。另外，已有研究除了用家庭社会经济地位测量家庭经济资本，还考虑了家庭的固有资产。固有资产可以体现出一个家庭固有的经济财力，即便家庭成员没有通过劳动力付出而获得收入，也能够在一定程度上维持家庭的生活开支（和泽慧等，2023）。因此，在现有研究对家庭经济资本的测量中，主要划分为能体现家庭经济能力的社会经济地位，以及能体现家庭固有经济财力的家庭资产这两个类型。

基于上述家庭经济资本类型的划分，本书对国内外相关研究所用到的具体指标、量表等进行梳理（见图 1.1）。家庭社会经济地位主要由家庭收入、职业地位和教育水平进行综合测量。家庭收入指标在问卷中的设问一般是："您家里一年收入是多少元"。一些研究对收入的定义是工资（未扣除生活开支），另一些研究对收入的定义则是净收入（实际工资减去生活开支）（Duncan et al.，2022；吴贾等，2022）。这两种代表不一样的含义，前者是对家庭成员获得经济财富的社会能力的测量，而后者是对家庭所能支持的经济消费能力、剩余可支配经济能力的测量（Cao et al.，2022）。值得一提的是，学界上对家庭收入指标都是使用家庭年人均收入，这体现了家庭的共享关系，是家庭成员内部分配得到的经济支持能力。职业地位等级指标在问卷中的设问一般是："您的职业是什么"。这种职业地位的划分在学界已经有一个成熟的标准，采用的是国际社会经济指数（international socio-economic index，ISEI），通过参加工作的类型来确定职业地位，先对职业信息进行人工编码，先归类、再处理为 ISEI 分值（吴菲，2021；Tamayo-Aguledo et al.，2022）。采用国际社会经济指数的方式测量职业地位，可以对职业带来的社会地位进行很好的比较（张兴祥等，2022）。也有研究简单地使用是否在职这一测量标准来衡量职业地位，其划分理由是在职的人群有一定的关系网络，但是不在职的人群这种关系网络相对较少（Xiao et al.，2022）。另外，一些研究将职业地位进行了细分，将其划分为"体制内"和"非体制内"，具体测量的问题是："您是否在体制内工作（党政机关、人民团体、军队、国有/集体企事业单位、科研院所）"（靳永爱、谢宇，2015）。教育程度是家庭成员人力资本的体现，这种人力资本与社会能力呈正相关，与获得的经济能力呈正相关（Assari，2018）。教育程度指标在问卷中的设问一般是："您的教育水平/学历水平是什么"。有研究将其划分为二分类，教育水平为大学及大学以上为高水平，教育水平为大学以下为低水平（Becker & Loter，2021）。也有研究将教育水平换算成教育年限，使之成为连续变量（Hubbard，2015）。这些划分方式依据各类研究者的研究目的和研究设计而改变。

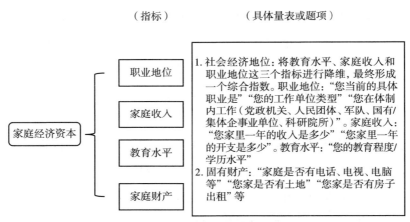

（指标）　　　　　　（具体量表或题项）

图1.1　现有研究对家庭经济资本的测量

家庭固有财产是对家庭具有的固定财产进行衡量，这些财产能给家庭带来一定的经济效益（Kinley et al.，2023）。家庭资产包括多个方面，例如，现住房资产、金融资产（如存款、股票和债券等）、生产性固定资产（如农业机械、公司资产等）、耐用消费品等。家庭财产指标在问卷中的设问一般是："家庭是否有电话、电视、电脑等""您家是否有土地""您家是否有房子出租"等（齐亚强，2012；Evert，2015；Cavallaro et al.，2022）。现有研究还对家庭财产进行更细化的计算方法，从家庭总财产中扣除家庭债务，然后将家庭净资产除以家中16岁及以上成年人的人数（负债家庭设置为0），在资产数值上加1，最后进行对数转换（齐亚强，2012）。综上所述，已有研究主要从家庭社会经济地位和家庭财产两方面对家庭经济资本进行测量，体现了家庭适应社会环境发展应具备的社会能力，以及家庭固有经济财力，这两方面的指标也有比较成熟的测量量表和题项（见图1.1）。

（2）家庭文化资本。

对于家庭文化资本的测量，现有研究主要基于布迪厄的文化资本理念，将文化资本划分为三种类型：机体状态、物化状态和制度状态。第一，机体状态的文化资本主要表现在父母对子女教育的重视程度、父母对子女的教育观念、教育方式和教育期望等方面。国内外学者常使用家庭成员能力发展、社会价值感获得、健康知识获得来衡量机体状态文化资本（Dai & Li，2022；高娟，2022）。第二，物化状态的文化资本主要体现在家庭配备与文化相关的物品、资源和开销等方面。物化状态的文化资本则主要指字画、书籍、字典、乐器等看得见、摸得着的文化产品（Symeou，2007）。第三，制度状态的文化资本主要体现在家庭成员的教育水平或学历水平（Zhang et al.，2023）。从一定程度上来说，教育学历证书被认为是社会特权转移的合法形式（Phillipson et al.，2018）。就目前而言，家庭文化资本多数是用来探讨与子女学业获得的关系（Dai et al.，2022；Luo et al.，2022；杨娟等，2022），极少研究家庭文化资本与健康的关系（王红波，2021；肖红、宋耀伟，2022），针对家庭文化资本对健康的影响仍需要更系统的研究。

基于上述家庭文化资本类型的划分，本书对国内外相关研究所用到的具体指标、量表等进行梳理（见图1.2）。机体状态的文化资本主要通过父母对子女教育的支持程度、父母对子女教育的参与程度和教养观念等方面进行测量（Ssewamala et al.，2016；He，2018；Li et al.，2021）。这些指标在问卷中的设问一般是："孩子周末是否与父母/同学朋友一起参观博物馆、动物园、科技馆等活动""您对子女学习的支持有多大""您对子女的教育参与程度（了解孩子的学习成绩、辅导孩子学习等）""您对孩子的教育期望"。制度状态的文化资本主要通过家庭成员的教育水平或学历水平进行测量，该指标在问卷中的设问一般是："您的教育程度/学历水平"（Rios & Burke，2021；李佳丽等，2023）。另外，物化状态的文化资本主要通过家庭所拥有的具体书籍、图片、词典等文化物品等方面进行测量，这些指标在问卷中的设问一般是："您家里拥有书籍数量是多少"（Zhang et al.，2023）。除了使用学习物品外，一些研究也使用家庭为子女购买学习服务、学习物品的频率和学习时长进行测量，这些指标在问卷中的设问一般是："子女是否参加课外补习班""家人为孩子买书的频率""孩子一天阅读的时长"（高娟，2022）。综上所述，已有研究主要从机体状态、物化状态和制度状态三个方面对家庭文化资本进行测量，体现了家庭的文化资源、文化参与和文化氛围（见图1.2）。

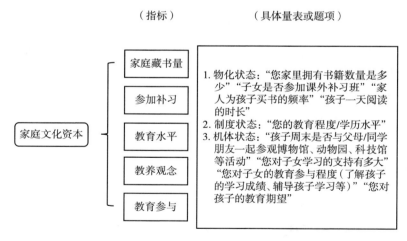

图1.2　现有研究对家庭文化资本的测量

（3）家庭社会资本。

对于家庭社会资本的测量，科尔曼认为家庭社会资本是一种存在于各个家庭主体之间，或者存在于家庭内部成员之间的社会资源，家庭内部的社会资本既包括父母一代所拥有的社会资本，也包括蕴藏在家庭成员内部关系网络中的资本（Coleman，1990）。一般认为，家庭社会资本可以从信任、互惠规范、社会关系网络等维度进行具体测量（Kawachi et al.，2008）。信任是社会资本中最基本的测量维度，对于信任，研究者开发了信任半径测量社会资本的信任，使信任分为两个要素：信任水平和信任半径（Hu，2017）。其中，信任水平是指合作规范的强度，信任半径指合作规范发生作用的圈子大小。对于互惠规范，体现了家庭内部成员之间互帮互助的程度，以及家庭成员受到外部环境的帮助情况（姜俊丰，2023）。对于社会网络关系，则分为家庭内的群体关系网络，以及家庭为整体与外界的社会关系网络（姜山等，2022）。一些研究对家庭内部的划分依据是根据是否有血缘关系，这不限于直系亲属，血缘关系的旁系亲属也属于家庭内部（Reynolds et al.，2015）。近年来，一些研究则认为家庭内部是指家庭核心成员，仅包括长时间居住在一起的直系亲属，其原因是我国少子化社会和城镇化进程使家庭结构从紧凑型向松散型转变。当子女分家有孩子之后，家庭成员一般为父母和未成年孩子，而与祖父辈是分开居住的（陈云松，2020）。因此，将由父母和子女组成的结构定义为家庭内部。

　　基于信任、互惠规范、社会关系网络的划分标准，本书对国内外相关研究所用到的具体指标、量表等进行梳理（见图 1.3）。已有研究主要通过问卷调查的方式来测量家庭社会资本。一般而言，信任主要通过子女和父母双向的信任程度、家庭成员对外部环境的信任程度等方面进行测量（边燕杰、王学旺，2021；吴贾等，2022；Westphaln et al.，2022）。这些指标在问卷中的设问一般是："您觉得父母是否可信""总的来说，您觉得社会上的人（朋友、亲戚、邻居、同伴、同事）是否可信""您和孩子讨论学校里的事情的频率如何""您要求孩子完成家庭作业的频率如何"等方面进行测量。

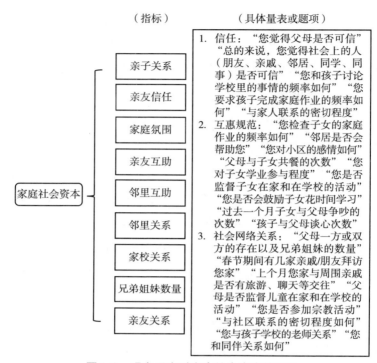

（指标）　　　（具体量表或题项）

图 1.3　现有研究对家庭社会资本的测量

互惠规范主要通过帮助他人或接受他人帮助的频率、主观评价的社区内互助及规范程度，以及帮助的具体事例（如志愿行为、借米油等）等方面进行测量（Putnam，2001；林聚任，2007）。这些指标在问卷中的设问一般是："您检查子女的家庭作业的频率如何""过去一个月子女与父母争吵的次数""子女与父母谈心次数""与家人联系的密切程度""邻居是否会帮助您""您对小区的感情如何""父母与子女共餐的次数""您对子女学业参与程度""您是否监督子女在家和在学校的活动""您是否会鼓励子女花时间学习""您是否在日常生活中帮助过社区的人""社区的人是否在日常生活中对你有过帮助"等。

社会网络关系主要通过与家人联系的密切程度、家庭与外界不同类型人群联系的密切程度进行衡量（刘国艳，2015；Krass et al.，2021；Tashiro & Hebeler，2021）。这些指标在问卷中的设问一般是："父母一方或双方的存在以及兄弟姐妹的数量""上个月您家与周围亲戚是否有旅游、聊天等交往""父母是否监督儿童在家和在学校的活动""您是否参加宗教活动""与社区联系的密切程度""您与孩子学校的老师关系如何""您和同伴关系如何"。近年来，学者将社会网络关系的形式拓展到网络层面。例如，边燕杰和王学旺（2021）开发的防疫社会资本测量工具，将"关系紧密性、资讯沟通广泛性"作为防疫社会资本，具体测量问题是："夫妻关系亲密程度变化、夫妻交流互动时间变化、其他家庭成员关系变化、承担家务劳动时间变化、上网时间变化、亲朋好友线上交流时间变化、本人和家人上网课的频率"等，这突出体现了家庭社会关系网络测量的新方式（见图1.3）。

1.2.2 家庭资本测量框架的不足与拓展

前文详细回顾了家庭资本的概念界定及测量方式（Bourdieu，1986；Coleman，1990；Kawachi et al.，2008；Engbers, et al.，2017），国内外学者一般将家庭资本划分为家庭经济资本、家庭文化资本和家庭社会资本三个维度。然而，儿童青少年健康研究中的家庭资本测量还有许多未挖掘的词中之意，家庭资本测量框架仍有进一步拓展的可能。

1.2.2.1 家庭经济资本

在我国"家本位"观念的影响下，家庭是儿童青少年生活的基本单元，家庭经济资源往往是家庭内部成员共享的，因此家庭经济资源可以惠及儿童青少年（肖瑛，2020）。例如，即便妻子在没有收入的情况下，丈夫的经济资源是可以和妻子共享的，尤其是儿童青少年在没有经济能力的情况下，家庭整体的经济资源就是儿童青少年的家庭经济资本。因此，家庭内成员间的经济资本是存在一种"不分你我"的共生关系，这得益于血缘和姻缘关系形成的家庭关系。在家庭经济资本中，多数研究使用家庭收入和父母的职业地位来表示（黄倩等，2020；Panico et al.，2023）。其中，家庭成员的收入水平反映家庭的消费能力、医疗保健资源的获取能力（王甫勤，2012）。这些是国内外研究常用来测量家庭经济资本的指标。但现实社会中，很多有小孩的家庭仍需要依靠父母一辈的财产来维持日常开销（李春玲，2020）。这类现象表明家庭经济资本还包括一些物质性的先天条件，例如，私人土地面积、货币拥有量等（Li et al.，2016）。值得注意的是，上述指标是基于客观存在的事物来衡量家庭经济资本，仍需要从主观角度来考量家庭经济资本（Ma et al.，2021）。例如，自评社会经济地位反映了家庭成员对家庭的社会经济地位的评估，侧面反映出家庭经济水平能力。因此，家庭成员在社会中所处的地位、所拥有的财富、所拥有的权利等，这些指标都可以从侧面反映家庭经济资本情况。

1.2.2.2 家庭文化资本

国内外研究常使用父母的教育程度来体现家庭文化资本（Zhang et al.，2015；Chatham et al.，2020；王冉，2022）。但也有研究指出，由于思维和身体长时间的习惯倾向而形成的教育教化，家庭文化资本需要进一步解释为外在财富内化为个体长期的行为规范（Ludwig-Mayerhofer et al.，2020）。这也就说明了家庭文化资本是嵌入在家庭之中的文化资源，因而一切搭建于家庭的文化思想、认知和行为形式都可能蕴涵着文化资本。

现有的家庭文化资本的测量化主要是基于传统家庭结构的方式（Li，2020），而没有考虑家庭结构转变，以及现实健康政策引导的文化资本（Chatham，2020）。时代背景和人口结构转变，会促使文化资本形式发生根本性的转变（姜山等，2022）。主要在以下几方面得以体现。首先，我国为响应"健康中国行动"，家庭整体的文化修养需要得到质的提升，将健康生活理念融入家教家风建设，更有助于夯实健康中国的基础（陆杰华、郭荣荣，2023）。家庭的养育方式、家风建设等文化资本尤其值得被关注（杨娟等，2022）。其次，随着国民经济水平的提高，越来越多的家庭开始重视儿童青少年通过社会网络构建和巩固自己的文化见识（Pontes，2017；徐莉、冀晓曼，2021）。其中，家庭文化休闲支出可以反映家庭文化资本的供给能力与供给意愿，这一指标可以侧面体现父母通过经济资源转化为需要的文化资源所作的努力（袁言云等，2020）。戴和李（Dai & Li，2022）的研究指出，家庭文化休闲支出会对儿童青少年的认知功能产生影响。近年来，健康的代际研究显示，父母的健康素养体现了家庭成员行为规范和习惯，父母的健康素养可以代际给下一代（李长安等，2021；孙猛、王昶，2021）。这种内嵌于家庭的健康素养，对儿童青少年的健康存在重要意义。最后，父辈潜移默化形成的行为能够对孩子的健康产生间接效益（Corley et al.，2015）。达纳姆（Denham，2002）的研究指出，家长的言传身教与儿童青少年健康之间存在高度联系，言传身教是父母在潜移默化中影响儿童青少年的认知、行为和喜好，这种嵌入在家庭中的文化资本是不能忽视的。

1.2.2.3 家庭社会资本

国内社会学家一直关注家庭内部的社会关系。例如，费孝通（2006）的差序格局理论指出，个人社会关系在亲属中最强，逐渐向外部扩展后，社会关系强度会像水波纹一样逐渐减弱。基于差序格局理论，家庭成员间的强关系存在近乎绝对的信任关系，促进了家庭成员之间的资源共享（Hu，2017；Lin，2001）。虽然差序格局理论是基于我国乡村社会提出的，但诸多研究者也将其作为解释我国社会资本的理论基础（Zhang & Jiang，2019）。例如，胡（Hu，2017）开发信任半径，以此测量关系强度，并分析了我国家庭内部具有最高强度的信任度。程琳等（2023）利用亲子关系测量家庭社会资本，分析青少年心理健康的底层劣势。吴贾等（2022）使用家庭氛围体现了家庭核心成员内部的互信程度，以测量家庭核心成员之间的信任互惠。近年来，部分学者将家庭社会资本的范围扩展到家庭与外部的联系，家庭社会资本逐渐包含家庭内部社会资本（父母与孩子的互动关系）和家庭外部社会资本（父母与外部的社会关系）（Li et al.，2020；Ji et al.，2020；Gullo，2023）。也就是说，目前家庭社会资本主要是围绕家庭内部成员构建的一种家庭属性特征，较少涉及家庭外的群体成员，即很少反映家庭与家庭外其他个人或群体的联系。

集中于家庭内部的社会关系往往不能很好地展现家庭社会资本，仍需要考虑家庭外部的社会关系。例如，家庭整体日常生活中与周围亲友及邻居的互动行为是一种典型的以家庭为单位的行为，已有少数研究者开始关注以家庭为整体的亲友互动关系。梁玉成和鞠牛（2019）发现，社会网络的增加可以在其他社会资本存量不足时起到补充作用，进而促进健康发展。另外，邻里整合度体现了家庭成员与同居住人员的社会关联程度（边燕杰，2004）。然而，这些研究对家庭的外部社会资本拓展仍然不够，未来对家庭的外部社会资本还需要更系统的研究。

在互联网发展迅速的时代，虚拟情境社会互动的测量方式需要引起足够的重视。尤其是当父母花时间使用社交网站会缺少对儿童青少年的关爱和照顾，这可能产生对儿童青少年消极的健康效应。然而，鲜有研究谈及这种线上社会互动的家庭社会资本类型对儿童青少年健康的影响，大多数研究关注其与成年人健康的关系。例如，边燕杰（2021）发现，适量的微信交流在新冠肺炎疫情期间，有助于提高居民的健康水平。庞特斯（Pontes，2017）指出脸书（Facebook）等社交网站的使用会显著增加居民的孤独感，导致心理健康问题。但是，它们并没有探索其与儿童青少年健康的关系。另外，随着我国逐渐老龄化和少子化，亲戚和家庭核心成员关系紧密，在儿童青少年成长过程中交流互动的情况应当被重视。儿童青少年照顾与父母职业生涯存在张力、普通工薪家庭不能完全负担得起托儿服务费用、儿童青少年照顾方面制度性的公共福利资源稀缺，以及市场化供给不完善和不均衡等因素，增加了祖父辈在孙辈生活中扮演重要角色的可能性（沈奕斐，2023），祖父辈的隔代照料应当被考虑在家庭社会资本之中。

需要注意的是，本书的家庭社会资本和此前研究中的家庭社会资本是不同的。在以往的健康或教育相关研究中，家庭社会资本通常指的是家庭内部的互动关系和整合度等（Alvarez et al.，2017；Ji et al.，2020）。因此，目前家庭社会资本仍然是围绕家庭内部成员构建的一种家庭属性特征，并未涉及家庭与家庭外其他个人或群体的联系。现有少数学者开始注意到了家庭内部社会资本和家庭外部社会资本的拓展（如虚拟网络等），但也没有得出较为统一的结论（Li et al.，2020；Gullo，2023）。为进一步对家庭社会资本进行拓展，本书的家庭社会资本是指家庭内部之间的社会资本，以及家庭成员与外部联系的社会资本。

据此，本书归纳总结了现有研究对家庭资本操作化的不足之处（见图1.4）。在梳理国内外相关研究对家庭资本的分类和测量后，本书提炼了家庭资本测量的关键要素，并结合少子化和老龄化的时代背景，改进和扩展了家庭资本测量框架，构建了适用于儿童青少年健康研究的家庭资本测量框架（见图1.5）。

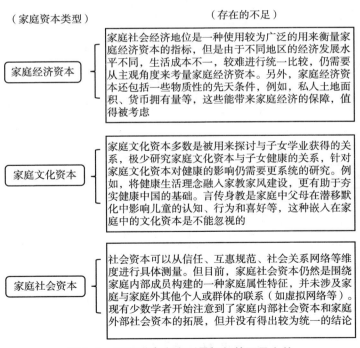

图 1.4　现有家庭资本测量框架的不足之处

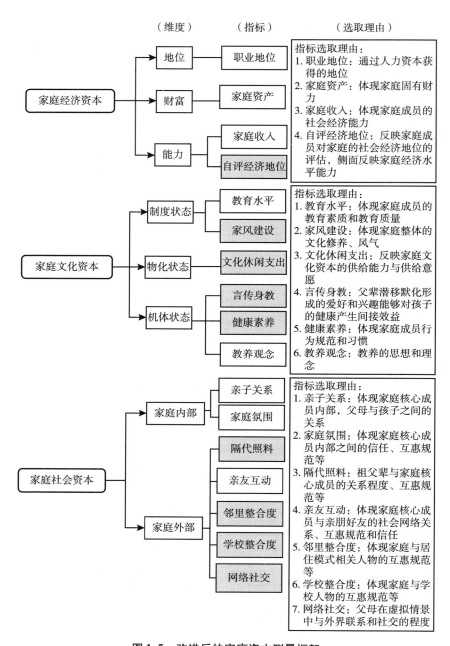

图 1.5 改进后的家庭资本测量框架

注：灰色底纹表示本书纳入的新指标。改进的家庭资本测量主要用于儿童青少年的健康研究。

　　在适用于儿童青少年健康研究的家庭资本测量框架中，本书将从地位、财富和能力三个维度出发，解释家庭经济资本对儿童青少年的健康效应。其中，地位使用职业地位指标来表示，财富使用家庭资产指标来表示，能力使用家庭收入和自评经济地位来表示。相较于以往的国内外研究，本书增加了父母自评社会经济地位指标。其中父母的自评经济地位是家庭成员对家庭的社会经济地位的评估，侧面反映家庭经济水平能力（肖琦琪、韩彩欣，2021）。同时，保留了职业地位、家庭资产和家庭收入指标，职业地位的高低表示了通过人力资本获得的地位（吴菲，2021）。家庭资产反映了家庭固有财力（靳永爱、谢宇，2015；高功敬，2023）。家庭收入体现了家庭成员的社会经济能力（Liang et al.，2020）。另外，之所以没有使用家庭社会经济地位这一综合指标，是因为家庭社会经济地位往往包含了父母的教育水平，其与家庭文化资本的教育水平重复。

　　对于家庭文化资本，本书将从物化状态、机体状态和制度状态三个维度出发，解释家庭文化资本对儿童青少年的健康效应。其中，制度状态的文化资本使用教育水平和家风建设指标来表示，物化状态的文化资本使用家庭文化休闲支出指标来表示，机体状态的文化资本使用言传身教、教养观念和健康素养来表示。相较于以往的国内外研究，本书没有纳入家庭藏书量、参与补习和教育参与指标，是因为本书关注于家庭资本对儿童青少年健康的影响研究，不能将视野局限在教育层面，而是应该置于健康层面。因此，结合第1.3.2.2 小节的阐述，本书使用家风建设、文化休闲、健康素养和言传身教指标。其中，家风建设体现了家庭整体的文化修养（Mollborn et al.，2021；陆杰华、郭荣荣，2023）。父母言传身教的相关研究表示，父辈潜移默化形成的爱好和兴趣能够对孩子的健康产生间接效益（Pedebos，2021；李佳丽等，2023）。家庭文化休闲支出则反映了家庭文化资本的供给能力与供给意愿（宋啸天、高莉莉，2023）。健康素养体现了家庭成员行为规范和习惯（李浩森等，2020）。同时，本书保留了父母教育水平和教养观念，前者体现了家庭成员的教育素质，后者体现了家庭父母的教养理念和意识观念。

对于家庭社会资本，本书将其按照家庭内部社会资本和家庭外部社会资本进行归纳。在家庭内部社会资本中，国内外学者常使用亲子关系来衡量，因为亲子关系是维系和持续时间最长久的一种家庭代际关系（李晓光、郭小弦，2019；Ali et al.，2023）。家庭外部社会资本中，国内外学者常使用儿童青少年成长过程的社会关系（如同伴关系、师生关系），以及以家庭为整体与外界的社会关系网络（如亲友互动、邻里信任）来表示。本书在家庭社会资本中的测量指标中增加了隔代照料、邻里整合度、学校整合度和父母网络社交指标。其中隔代照料反映了祖父辈与家庭核心成员的关系程度（Duncan et al.，2022）。邻里整合度是体现家庭与外部居住模式相关人物的关联和信任的一种方式（姜俊丰，2023）。学校整合度则体现家庭与外部学校人物的关联、信任和交往程度（Eriksson et al.，2012；刘国艳，2015）。父母的网络社交反映了家庭在虚拟情景中与外界联系和社交的程度（Li et al.，2021）。同时，改进后的测量框架保留了亲子关系、家庭氛围和亲友互动指标。在家庭内部社会资本中，亲子关系体现了父母与孩子之间的关系，家庭氛围体现了家庭核心成员内部之间的信任和互惠规范（刘保中等，2015；Hubbard，2015；Krass et al.，2021；吴贾等，2022）。亲友互动反映了家庭核心成员与亲戚朋友的社会网络关系、互惠规范和信任（边燕杰等，2021；姜俊丰，2023）。

1.2.3 儿童青少年的概念界定

国内外权威机构和学术界对于儿童青少年的年龄段划分，并没有统一的结论。目前的界定方法有如下几类：第一，在国际上，根据联合国（1989）（儿童权利公约）的规定儿童系指 18 岁以下的任何人；第二，在学界上，儿童发展学专家根据身心发展特点，将儿童的生命时期划分为四个阶段，即婴儿期（0~2 岁）、学前期（3~5 岁）、儿童期（6~12 岁）、青少年期（13~18 岁）（Gao et al.，2020）。本书根据上述划分界定，选取年龄 6~18 岁的居民定义为儿童青少年。

1.2.4　健康的概念与测量

儿童青少年健康概念存在生物模式、心理学模式和社会学模式（徐荣彬等，2017）。生物模式关注生理层面的疾患，心理学模式关注心理层面的健康，社会学模式关注社会层面的系列认知功能（唐钧、李军，2019）。在健康研究的早期，研究者往往从生物模式出发，将健康局限于没有身体或生理疾患。随着医学发展和社会进步，人们逐渐意识到社会心理的重要性，于是将概念扩展到社会心理层面和生理层面。20 世纪以来，人们更加注重社会适应的能力，逐渐将社会学模式纳入到健康的范畴中。当前，"大健康、大卫生"是健康中国战略的目标之一，是指人民的健康是多维的。目前，国内外研究对健康的测量以综合健康、身体健康、心理健康为主。

综合健康衡量了儿童青少年健康状况的综合情况，其测量指标通常有自评健康、身体功能状况和死亡率等（齐亚强，2014；Bynner，2017）。在社会科学研究中，最常用的总体健康测量指标是自评健康，它是个体对自身健康状况的评价，其合理性和有效性得到了诸多学者的认同（孙博文等，2016；Federici，2023）。自评健康被认为是发病率和死亡率的有效预测变量（Fiorillo et al.，2020）。此外，有研究也发现，自评健康对亚临床疾病也有较强的预测能力（Glanville & Story，2018）。

身体健康是属于生物模式，身体疾病的风险是慢性健康问题长期累积的结果，是衡量儿童青少年健康状况的重要指标之一（Van Cleave et al.，2023）。常用指标包括四周患病率（Braveman et al.，2023）、体质指数（Liang et al.，2021；Ma et al.，2021）、身高和体重（Gao et al.，2022；de Onis et al.，

2023）、超重或肥胖率（Martinson et al.，2015；Wang et al.，2021）。其中，儿童青少年的患病情况反映了身体机能的状况，即急性疾病和慢性疾病的健康问题（Cheng et al.，2019；刘玉兰，2015）。

心理健康指儿童青少年的心理层面的状态（Iorfino et al.，2018）。心理健康的测量指标有很多，抑郁是社会科学研究中经常被用来反映心理健康的指标（Tang et al.，2020）。抑郁可以使用多个量表进行测量，国内外研究者常使用的量表包括：流调中心抑郁量表（center for epidemiologic studies depression scale，CES-D）（Ang et al.，2018；Tang et al.，2020）、汉密尔顿抑郁量表（Hamilton depression scale，HAMD）（Bell et al.，2014；Rabinowitz et al.，2022）、6 条目凯斯勒心理障碍量表（6-item Kessler mental disorder scale，K6）（Schultze-Lutter et al.，2022）等。

鉴于此，本书从综合健康、心理健康和身体健康三大维度出发，分别选择一个代表性指标来测量健康（如图 1.6 所示）。

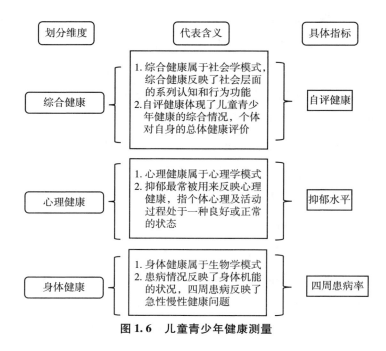

图 1.6 儿童青少年健康测量

综合健康采用自评健康进行测量，综合健康属于社会模式。综合健康反映了社会层面的认知和行为功能，自评健康体现了儿童青少年健康的综合情况（齐亚强，2012）。鉴于 10 ~ 18 岁的儿童青少年的心智发育已经成熟，自评指标适用于对儿童青少年健康的度量（赵如婧、周皓，2018）。心理健康使用流调中心抑郁量表（CES-D）进行测量，心理健康属于心理模式。抑郁指个体心理处于一种不良好的状态，在 10 ~ 18 岁的儿童青少年中，他们能对自己过去一周内经历的各种情绪（例如，开心、沮丧、焦虑等 20 个项目）的频率进行较为准确的判断（Cao et al.，2022）。身体健康采用四周患病率进行测量，因为身体健康属于生物模式。四周患病率这样的临床指标保证了客观性和准确性（Van Cleave et al.，2023）。儿童青少年不同于成年群体，他们身体发育尚不完善、对环境的适应性更低，更容易受到疾病的侵扰。本书对 6 ~ 18 岁儿童青少年进行研究，该年龄阶段的四周患病率能较为全面地反映儿童青少年短期健康情况。刘玉兰（2015）的研究也指出 6 ~ 18 岁儿童青少年四周患病率可以反映其急性疾病和慢性疾病的健康情况。

1.3　国内外研究进展

本书的国内外研究进展重点围绕儿童青少年健康的影响因素及城乡差异研究、家庭资本与儿童青少年健康的关系研究、家庭资本对儿童青少年健康的影响机制研究和家庭资本对儿童青少年健康长期影响研究这四个方面进行归纳总结，并对文献进行述评。

1.3.1　儿童青少年健康的影响因素及城乡差异研究

1.3.1.1　儿童青少年健康的影响因素研究

世界卫生组织于 2009 年发布《全球健康风险》（*Global Health Risk*）报

告，该报告将当前影响人类健康的风险因素概括为四大类，分别为遗传因素、环境因素、医疗因素以及个体生活方式。在这四大健康风险因素中，受限于基因诊断的高难度系数和社会伦理的限制，基因遗传因素是所有健康风险因素中，研究难度系数最大的因素（Tyrrell et al.，2017）。因此，现有关于儿童青少年健康影响因素的研究更多地聚焦于儿童青少年生活方式、环境因素和医疗因素的作用，并将上述影响因素进一步细分（Bekele et al.，2020）。例如，影响人类健康的环境因素包含了自然环境和社会环境。自然环境所提供的水、空气、气候、土壤以及地质条件等是人类生存和发展的基础，势必会对人类健康产生重要影响（Feng et al.，2023）。但这类自然灾害的发生往往具有不可抗力和极大的不确定性，需要通过完善相应的应急管理体系来预防并降低其对人类生命安全的影响程度。国内外研究指出影响儿童青少年健康的社会环境因素包含了家庭环境、学校环境和同伴环境（宋月萍、张婧文，2021；张倩、赵文华，2021；Gordon-Larsen et al.，2023）。以下将从个人因素、家庭因素、学校和同伴因素、医疗因素和自然环境因素方面进行综述。

（1）个人因素。

儿童青少年成长过程中的生活方式是影响儿童青少年健康的重要因素。影响儿童青少年生活方式的因素有很多，主要是家庭的健康投入。如果家庭的健康投入较多，那么儿童青少年可获得的优质蛋白就会较多，饮食的种类也会更丰富（Bhagwat et al.，2019）。如果家庭的劳动生产率较低、家庭成员构成较为复杂，可能分配到儿童青少年的饮食就不会太均衡，因为一个家庭的健康投资往往会倾向于投入到劳动力产量大的成员上，儿童青少年则不会受到更多的健康投入（Braveman et al.，2023）。另外，家庭的健康喂养方式也是影响儿童青少年健康的重要因素。健康喂养方式和家庭的教育水平有关，拥有较高教育水平的父母更了解膳食结构，理解养育儿童青少年需要分配均衡的饮食结构（马哲、赵忠，2016）。这些较高教育水平的父母能通过从外界获取的健康教育宣传，形成正确的喂养习惯，喂养方式和健康的生活方式主要影响婴幼儿到学龄期的健康，在青春期阶段，个体的生活方式主要依靠个体自己的主观能动性（Byrne et al.，2018）。目前，越来越多的青少年存在不良的生活方式，这些生活方式包括吸烟、饮酒、熬夜和久坐（赵如婧、周皓，2018；Gregory，2022）。但不可否认的是，这些不良生活方式很大程度上也受到周围社会环境以及教育制度的影响。

（2）家庭因素。

罗伯特·帕特南在《我们的孩子》一书中讨论了穷孩子和富孩子的成长差异，社会阶层高等级的父母有更多的时间陪伴孩子，并给予孩子积极引导与提供物质资源，而社会阶层低等级的父母在经济方面比较贫穷，缺少养育照料孩子的时间和精力，使孩子在成长过程中无法得到父母足够的关爱（罗伯特·帕特南，2017）。这说明了家庭因素对儿童青少年健康的影响是潜移默化和深刻的。国内外研究显示，儿童青少年健康劣势在社会经济地位较低的家庭中更为普遍（Chen et al.，2014；Gebremariam et al.，2017；王富百慧，2019）。但值得注意的是，家庭社会经济地位与儿童青少年健康的关系存在人群异质性。研究者利用美国国家健康和营养检查调查分析儿童青少年家庭社会经济状况和儿童青少年健康的关系，结果表明，家庭社会经济地位越高，儿童青少年超重肥胖风险越小（Wang & Zhang，2023）。另外，除家庭社会经济地位因素之外，家庭成员的生活方式也是重要的健康影响因素。家庭是健康行为模式学习的微系统，在该微系统中家庭的成员相互模仿和学习，形成家庭独特的健康相关生活方式（Ma et al.，2021）。儿童具有很强的学习能力，在婴幼儿和儿童前期的模仿对象主要是家庭成员，因此家庭成员的健康认知、意识、行为会被儿童学习和模仿（Ferrara et al.，2019）。国内外研究者将家庭父母的生活习惯和健康相关行为影响儿童青少年形成有规律且共同遵守的家庭行为模式，称为家庭健康规范，其内容包括饮食、运动、睡眠健康管理等（Dallacker et al.，2017；薛海平，2018；Tan et al.，2020）。这种家庭健康规范表现为家庭饮食习惯的相似性、作息和睡眠习惯的相似性，良好的规范可以促进儿童青少年的健康发展。

（3）学校和同伴因素。

学校因素在影响儿童青少年健康方面起着重要作用。国外研究表明，学校环境对儿童青少年的生活方式和健康产生显著影响。瑞典的一项长期追踪研究发现，学校提供的健康教育和促进身体活动的环境，有助于降低儿童的肥胖率和心血管疾病风险（Bekele et al.，2020）。在国内，刘国艳等（2015）学者认为，学校应该在课程设置上更加注重体育课程和户外活动，以平衡学生的学习压力和身体锻炼需求，因为我国一些城市学校存在课外班过多、作业过重等问题，这会在一定程度上影响儿童青少年的生活方式和身心健康。

同伴关系也在儿童青少年健康状况中起着重要作用。国外的一项研究发现，积极的同伴关系可以提升儿童青少年的自尊心和心理幸福感，有助于缓解其面临的心理压力（Chatham & Mixer，2020）。此外，同伴关系也影响着儿童青少年的社交技能和情感表达能力的发展，为其今后的社交互动奠定基础（Fiorillo et al.，2020）。在我国，儿童青少年早期的同伴关系与其学校适应性密切相关。早期积极的同伴关系能够促进儿童青少年更好地适应学校环境，有助于提升其学业表现和心理健康（Eriksson et al.，2012）。然而，一些城市儿童青少年因长时间的学业压力，可能导致较少的社交机会，从而影响其同伴关系的建立（Qiao et al.，2020）。这些研究说明了受社会环境的影响，同伴关系的转变对儿童青少年的健康发展也存在一些问题。

（4）医疗因素。

在人类社会发展进程中，医疗是人们最早以科学的方式维持和改善健康的手段。过去，某些重大传染性疾病的发生，进一步促进了医疗卫生事业的发展，使得医疗卫生作为重要的健康影响因素进入历史舞台。特别是现代公共卫生体系的建立和大量疫苗的问世，极大地降低了地方病、传染病和寄生虫病等对人类健康的危害（Harris，2023）。此外，现代医院的出现以及医疗技术的发展使过去诸多所谓的"疑难杂症"得以有效治疗或治愈，极大地降低了该类疾病的致死率和致残率，微生物学的发展改善了手术对疾病治疗的有效性（Huang，2022）。此外，自 20 世纪 80 年代以来，美国医疗服务支出的上涨速度远高于通货膨胀率（Martin et al.，2013）。医疗服务支出的快速上涨也给患者带来了极大的经济负担。为了有效降低由疾病引发的大额支出风险，世界各国普遍建立起了社会医疗保险制度（Schroeder et al.，2015）。社会医疗保险通过分担患者的部分医疗费用而降低就医经济负担，增加了医疗服务可及性。

（5）自然环境因素。

在健康的环境因素方面，学者们更多地关注由人为因素引发的自然环境破坏因素对人类健康产生的影响。一方面，人为因素引发的环境污染会对人类的一系列健康指标产生不良影响。有研究证实，不论是废水、废气和固体废弃物的排放还是环境质量监测指标，均对居民自评健康产生显著影响，并带来咳嗽、支气管炎等疾病负担（May et al.，2020）。除了引发呼吸系统疾病外，废气排放等引发的环境污染还对妊娠期高血压以及居民死亡率有显著影响。总之，环境质量越差、污染程度越高，居民的健康状况越差，死亡率就越高（Peneau et al.，2017）。另一方面，创造良好的自然环境则会对人类健康产生有益影响。现有研究表明，良好的自然环境与婴儿较高的出生体重显著相关（Heinrich et al.，2014）。与之结论相似的是，研究者发现一所房子 50 米内的树冠覆盖率增加 10%，每 1000 个新生儿中出现早产儿的数量将减少约 l.42 个。这些研究表明了儿童青少年生活居住的环境会在一定程度上影响儿童青少年的健康水平（Ligthart et al.，2017）。

1.3.1.2 儿童青少年健康的城乡差异研究

在我国，以城乡户籍制度为研究视角被学者们广泛提及。早在 21 世纪初，李强（1999）就提出，在 1987 年改革开放后，农村的经济水平获得短暂的提高，但发展速度仍是较为缓慢。我国城乡收入差距较大，这会限制农村儿童青少年获取相应健康资源和服务的能力，农村经济的落后也阻碍了农村儿童青少年利用健康资源的可及性。同时，由于我国户籍制度具有明显的社会屏蔽制度，农村居民所获得的国家福利与城市居民往往不同，主要体现在劳动力市场、社会保障和社会福利的获取上（齐良书，2006）。随着我国经济发展和社会的快速转型，城乡儿童青少年健康不平等现象愈发明显，出现了农村健康水平不如城市健康水平的情况。国内学者已经对城乡儿童青少年健康不平等有颇为丰富的讨论。各项研究从社会经济地位或收入差距（王甫勤，2012）、劳动力流动（姚俊，2015）、饮水环境卫生（宋月萍、张婧文，2021）等方面分别探讨农村居民的健康决定因素。在这一背景下，研究者们的主题可分为农村、城市儿童青少年内部的健康不平等，以及城乡之间的不平等。

一方面是农村和城市儿童青少年内部的健康不平等。农村和城市家庭中因社会经济地位、家庭照料、家庭资源环境等方面的差异，造成了农村和城市儿童青少年内部的健康不平等（宋月萍、谭琳，2006；谭深，2011；Su et al.，2017）。一般而言，高社会经济地位的城市和农村儿童青少年的健康水平，好于社会经济地位低水平的儿童青少年（陈钰晓、赵绍阳，2021）。同时，也有学者意识到在关注社会环境因素的同时，要从生命周期的视角看待儿童青少年的健康问题。国内外很多学者对家庭结构中母亲角色的影响持有不一样的态度（Morgan et al.，2021；宁光杰、宫杰婧，2022）。他们认为母亲影响儿童青少年健康的作用机制仍然不够明确，目前研究者们持有积极论和消极论。持有积极论的学者们认为，母亲有工作能提高儿童青少年健康水平，促进了儿童青少年生长发育，减少生长迟缓的概率，这主要与提高了家庭收入有关（顾和军、刘云平，2012）。对于消极论，由于母亲进入劳动力市场，导致母亲亲子时间减少，进而对儿童青少年健康产生消极作用。即使带来的收入增加可以补充儿童青少年健康的物质需求，但是缺少家庭照料时间的投入，限制了儿童青少年的身高发育，损害了儿童青少年的生长发育，因此整体来看消极作用明显（张兴祥等，2022）。以上是从农村和城市内部的家庭视角出发，除此之外，还有社区因素导致的健康不平等。一项涉及所有收入水平的 15 个国家的比较发现，低社会经济地位的儿童青少年通常表现出较差的体育运动水平（Staatz et al.，2021），该研究进一步发现来自农村的儿童青少年更可能生活在低收入社区，这些社区的运动设施老旧，场地资源不足，缺乏安全的空间进行体育活动。这些资源不平等阻碍了农村和城市儿童青少年健康的发展。

另一方面是城乡儿童青少年健康的不平等。农村儿童青少年在体重、BMI 和身高上均差于城市儿童青少年，表现出明显的健康劣势（Dong et al.，2019）。而出现这些现象的原因主要是农村医疗和物质资源投入的不足，降低了农村健康服务质量，使得儿童青少年健康存在劣势（陈在余，2009；宋月萍，2018）。国外研究指出儿童青少年健康城乡差异的产生原因，在于社会经济地位与居住环境差异（Michels et al.，2017）。在发展中国家，城乡的儿童青少年健康水平有着较大的差异，尤其是考虑了家庭社会经济地位后，城乡儿童青少年在生长迟缓方面的危险比率均大约下降 50%，而考虑了居住环境因素之后，其比率又下降了 22%（Michels et al.，2017）。同时，我国学者指出城乡之间儿童青少年健康不平等的另一个因素是随迁问题。在我国的户籍制度下，农村儿童青少年随迁到城市大多是临时居住，不太可能享受到城市户口儿童青少年的公共健康服务和健康资源（沈纪，2019）。一项研究结果显示，在城市临时居住的农村儿童青少年每周做饭的时间比城市儿童青少年家庭要少 3 小时，说明农村儿童青少年即使在城市居住，但是在健康所需的准备食物时间上，仍然低于城市家庭，农村户口的随迁儿童青少年低体重率比城市儿童青少年高 6.3%。这些研究表明临时居住在城市的农村户口儿童青少年普遍比同辈群体的健康水平要低（Luo et al.，2022）。

1.3.2　家庭资本与儿童青少年健康的关系研究

1.3.2.1　家庭资本与健康的相关性研究

基于多数国家的研究发现，随着部分贫穷国家的经济发展，家庭经济水平与儿童青少年健康的正向相关会转为负向。尤其近年来儿童青少年肥胖问题的出现，家庭经济水平较高的儿童青少年，其肥胖风险更高（Monteiro et al.，2023）。现有研究对此的解释是：即使社会发展较好，部分国家的长辈总是更倾向于将儿童青少年的肥胖视为健康，但是肥胖却是众多疾病的潜在危险因素（Tian et al.，2021）。

除家庭经济水平之外，父母受教育程度、父母的健康生活方式，以及相关的健康知识和文化信仰也会影响儿童青少年的健康（王芳、周兴，2012；朱湘茹、张华，2013）。一项研究指出在孩子的成长过程中，父母的教育比其他衡量社会经济地位的措施更稳定（Byrne et al.，2018）。诸多研究者发现，与父母的收入相比，父母的教育程度与儿童青少年的肥胖存在负相关关系（Wu et al.，2015；Gebremariam et al.，2017）。母亲的生活习惯会在孕前、中、后期对婴幼儿产生直接的健康影响，即孕期如果有不良健康行为，就会影响儿童青少年出生时的健康状况。国内外对于这方面的研究很多，例如，孕期出现饮酒、吸烟等风险行为，儿童青少年低体重、生长迟缓的风险则会加大（Gregory，2022）。同时，父母对日常生活的细节也会影响儿童青少年的健康。丹尼尔斯等（Daniels et al.，2018）的研究发现家庭用餐共桌，以及用餐文化的教育能帮助儿童青少年养成良好饮食习惯，这是因为父母的健康知识和饮食行为在共同用餐时能潜移默化地影响儿童青少年的饮食行为，并使儿童青少年健康水平保持在正常范围内。

身处快速发展的社会经济转型期，我国的家庭社会资本与儿童青少年健康的关系也受到了关注。广泛的亲友网络是家庭经济、社会和工具支持的重要来源（边燕杰、王学旺，2021）。家庭提供的各种社会网络支持，通常与儿童青少年精神和身体健康状况的改善有关，并且对于改善儿童青少年福祉具有特别重要的意义。在亲友帮助抚养孩子的家庭环境中，祖父母和女性亲友在儿童青少年照料中发挥着重要作用（沈奕斐，2023）。国外研究表明亲友互动越好，不仅能有效促进母亲产后恢复（Adelman，2013），还能提升儿童青少年整体健康状况（Turney & Jackson，2021）以及提升认知发展（Chen & Ji，2014）。这些研究表明，核心家庭成员以外的亲友可能在帮助儿童青少年保持良好健康方面发挥重要作用，其中很大部分原因是良好的社会资本能在家庭需要帮助时提供社会支持、照料抚育等物质和时间资源。

1.3.2.2　家庭资本与健康之间的内生性问题研究

在因果关系方向确立方面，社会决定论认为，因果方向应该从家庭资本指向健康（Terry，2019）。而健康选择论则认为，健康较差的孩子会给家庭带来额外的时间约束和经济约束，因而因果方向应该从健康指向家庭资本（Ramos-Goñi et al.，2022）。此外，除因果方向不明以外，还有第二个挑战，即混淆性偏误的可能（Stockham et al.，2022；Kim et al.，2023）。即影响家庭社会经济地位的因素往往同时也影响儿童青少年的表现，例如，父母升迁、生病或搬迁因素，改变了父母的照料时间和家庭的资源分配，因此难以识别因果效应。

近年来，已有研究开始使用生命历程视角分析因果关系。不少研究检验了儿童早期的家庭资本与成年人健康状况的关系。这些研究结果表示儿童早期的家庭社会经济地位越低，成年健康风险越高（石智雷、吴志明，2018）。然而，不同地区的研究并不一致。基于韩国的研究发现，儿时的家庭资本越高，成年初期健康的可能性反而越低。这些大多基于社会决定论框架进行的研究。但是，生命历程视角没有彻底克服反向因果的内生性问题（Choi et al.，

2019）。有研究者表示基线测量之前，儿童青少年的健康状况很可能影响基线调查时期的家庭情况。所以即便测量了基线的家庭情况和健康状况，但是仍然可能存在双向因果关系（Kawachi et al.，2008）。目前，因果推断还有直接干预社会实验和外生性变化的准社会实验。就家庭资本与儿童青少年健康的因果关系研究，直接干预社会实验和外生性变化的准社会实验研究并不多。还有研究发现，儿童青少年时期的家庭外生性收入转移对农村儿童青少年成年时的体质指数有正向影响。这些研究表明家庭资本和健康状况的因果关系仍然不能统一（Shannon et al.，2020）。

1.3.2.3 家庭资本对健康影响的城乡差异研究

目前，较少研究分析家庭资本与儿童青少年健康的城乡差异，但可以用家庭社会经济地位对儿童青少年健康影响的城乡差异研究进行了解。一项研究指出家庭社会经济地位与儿童青少年健康的正向相关在农村中更加显著，但在城市中，这种关系较弱，或者出现负向关系（de Fluiter et al.，2020）。对此，有两个观点相悖的假说可以解释：资源替代假说和资源强化假说。其中，"资源替代假说"表示当拥有多种资源时，将促使其他优势资源填补该特定资源，最后特定资源不再承担促进健康的核心因素（Ross & Mirowsky，2011）。如家庭社会经济地位对健康的积极作用可以被社区优势资源填补，那么，家庭社会经济地位对儿童青少年健康的作用随之就会降低。但是，当拥有少量资源时，这种特定资源承担着促进健康的核心重要作用。如拥有较少资源的群体往往更依赖教育资源取得健康回报，因此教育的作用非常显著（朱博文，2022）。"资源强化假说"则恰好相反，该假说表明拥有资源较多的家庭，健康水平更好，形成"强者愈强，弱者愈弱"现象。例如教育资源对于拥有更多社会资源的群体，回报高于那些资源处于劣势地位的群体（胡安宁，2014）。

具体到城乡差异，相对于城市儿童青少年，农村儿童青少年的资源较少，这些资源主要包括物质资源和医疗资源等。城乡二元结构的存在对城市和农村的经济发展产生了很大的影响（Gao et al.，2022）。相对于农村儿童青少年，城市家庭拥有更广泛的家庭收入来源、医疗保健资源，即属于资源优势群体。而农村儿童青少年属于资源劣势群体（卢同庆等，2019）。根据"资源强化假说"，家庭社会经济地位对城市儿童青少年的健康促进效应更大，城市良好的居住环境和社会保障等优势资源，会促进家庭社会经济地位对健康的影响。而根据"资源替代假说"，家庭社会经济地位对农村儿童青少年的健康促进效应更大，农村资源相对缺乏，往往更依赖家庭资源来获取健康，因此家庭社会经济地位的作用更为显著。目前，关于家庭资本对儿童青少年健康影响的城乡差异研究相对较少，学术界暂未形成统一结论，本书将探究家庭资本的健康影响效果是在城市儿童青少年中更强，还是在农村儿童青少年中更强这一问题。

1.3.3　家庭资本对儿童青少年健康的影响机制研究

国内外学者在研究人群健康不平等的解释机制方面，主要集中于行为主义范式（Benzeval et al.，2023）。行为主义范式认为较高的家庭资本会提高物质资源的可购买力，同时也决定了个体所采取的健康行为的类型，进而影响儿童青少年健康水平（沈纪，2019）。家庭社会经济地位通过生活方式路径影响健康结果（Cheng et al.，2019）。已有研究表明，在发达国家中，家庭社会经济地位与儿童青少年健康呈正相关，主要原因是家庭经济地位促进儿童青少年的健康行为（Yang et al.，2020）。在家庭文化资本中，具有较高受教育程度的人，在相同的投入水平下，可以获得更高的健康产出（Ravindranath et al.，2019）。这是因为受过较高教育的父母通常具备更强的认知和适应能力，他们可以用更多的健康知识和健康素养，选择更健康的生活方式，从而改善儿童青少年的健康发展。另外，参加文化活动和读书对健康生活方式的形成具有促进作用（Checkley et al.，2014），经常参加音乐节或艺术展览的人，相较于参与频次明显偏少的人，具有更好的健康水平（Saboga-Nunes et al.，2020）。另外，文化资本可以转化为社会资本，有助于个体获取健康知识和信息。文化资本通常表现为参与文化活动，这些活动可以扩展个体的社交网络，使其更容易获取健康知识（Bekele et al.，2020）。通过在社交网络中分享健康信息，个体可以获得更多关于健康的知识，有助于培养健康的生活方式（Corley et al.，2015）。例如，增加体育锻炼、避免吸烟和酗酒，以及积极管理个人健康。综上所述，文化资本对健康的影响可以直接改善个体的生理健康，另外，它可以通过社交网络扩展，帮助个体获取更多的健康知识和信息，从而促进健康生活方式的培养。林南（Lin，2001）的社会资本与健康理论研究也揭示了行为影响健康的路径。社会资本可以促使个体采取更健康的生活方式，包括饮食、运动和睡眠等方面的健康行为，从而改善自身健康，减少抑郁水平，并提升心理幸福感。

随着研究的不断深入，国内研究发现社会经济差异通过应激激素反应影响儿童的杏仁核-前额叶回路（Tian et al.，2021）。具体而言，潜在的神经生物学机制研究证实，家庭社会经济地位低水平对儿童情绪发展的潜在不利影响是由压力等近端因素造成的。研究者对 6～12 岁的儿童检查了家庭社会经济地位对儿童综合皮质醇分泌的影响，及其对情绪相关大脑系统和连通性的调节，该研究发现家庭社会经济地位较低的儿童表现出较低的皮质醇分泌，考虑到基础皮质醇、睡眠期间的夜间皮质醇活性和皮质醇觉醒反应，它们介导了较高的杏仁核与内侧和背外侧前额叶皮层的内在功能连接。至关重要的是，这些儿童还通过中心内侧杏仁核与内侧皮质醇的更高内在连接性，表现出更高的任务诱发的腹内侧皮质醇活动。儿童综合皮质醇是指导儿童行为动作的重要神经机制，会对儿童长期的健康发展产生影响，这说明了家庭的社会经济地位可以影响儿童生活健康以及当前和未来的成就（Tian et al.，2021）。另外，常淑敏等（2020）的研究发现，一方面，学校资源通过意向性自我调节的初始水平分别对幸福感的初始水平和发展速度起间接作用，另一方面，学校资源通过意向性自我调节的发展速度对幸福感的发展速度起间接作用。意向性自我调节也是健康行为的一个特征，其能引导儿童产生健康行为。这些国内的研究表明外界的资源环境较高时，能够促进儿童的健康行为，进而对儿童青少年的发展产生作用。

国外的研究发现，良好的健康行为能够激发儿童青少年积极发展的轨迹。具体而言，良好的家庭社会经济地位首先激发并维持了个体的发展优势，例如，能力和价值观等，这些发展优势有助于儿童青少年形成良好的生活方式和生活习惯，并最终引导他们走上了健康的发展轨道（Panico et al.，2023）。另外，国外以发展资源框架为指导开展的纵向研究和干预项目均发现，在提升了青少年家庭的情境资源后，他们在报告有更高健康水平的同时，还表现出诸如延迟满足、自我同一性、参与活动积极性等自身发展优势的提升（Liang & Qi，2020）。这些研究结果显示，不仅仅是家庭资源环境，个体可能也在健康的发展中扮演了重要的行动者角色。发展系统理论认为，作为个体塑造健康发展轨迹的主要方式，健康行为可以看作是一种重要的个体发展优势（Kann et al.，2016）。进一步地，有研究指出在青少年时期，受个体意识控制的健康行为逐渐发展成熟并开始发挥主要作用（Iorfino et al.，2018）。

由此可见，国内外研究主要从行为主义范式解释家庭资本因素对健康的影响机制。健康行为是最根本的原因，基本逻辑是社会经济地位梯度带来物质资源不平等，以及缓解精神压力，进而影响生活方式，从而导致健康梯度，即"家庭资本→物质资源→健康行为→健康结果"的路径和"家庭资本→社会心理→健康行为→健康结果"的路径。因此，为深入研究家庭资本对儿童青少年健康的影响机制，可以使用健康行为的中介变量展开路径分析。

1.3.4 家庭资本对儿童青少年健康影响的长期影响研究

社会科学领域主要识别出年龄效应、时期效应和世代效应这三种长期影响的趋势变化。年龄效应（age effect）是反映与年龄相关的、伴随生命历程变化而产生的变迁效应。例如，幼儿期、学龄期和青春期阶段都可能存在明显的差异（O'Rand，1996）。时期效应（period effect）是指特定历史背景对所有年龄段的儿童青少年产生相似的影响。例如，在改革开放和加入世贸组织时期受到社会资源的改变。世代效应（cohort effect）主要反映了生活的社会因素和社会经历对不同出生世代儿童青少年产生的影响（O'Rand，1996）。不同的出生世代儿童青少年获得物质资源和社会环境的机会可能存在明显差异，进而影响其健康趋势的变动（McMunn et al.，2020）。可以这样认为，年龄效应是内力的、个体生理或社会性变化导致的影响；时期效应是外力的、宏观政策或社会事件所带来的瞬时影响；而世代效应则是内外力的交互作用，是个体在不同年龄阶段经历不同社会事件所带来的累积或延迟效应。

1.3.4.1 时期效应

在时期效应方面，家庭资本与儿童青少年健康的关系并不是一成不变的，而可能是随着社会发展发生变化。例如，20 世纪 80 年代以来，美国家庭的社会经济地位与儿童青少年超重肥胖的关联性发生了变化，家庭社会经济地位与超重肥胖的关联性降低。这是因为在 1980～2002 年的青春期儿童，他们的饮食结构和以前不一样，久坐时间较以前更久了（Christopher et al.，2004）。英国对 1973～2007 年儿童进行家庭社会经济地位（家庭收入和父母工作类型）与超重肥胖关系的研究中发现，随着时代变迁，儿童青少年健康不平等差距有扩大的趋势，而且家庭社会经济地位与超重肥胖关系是正向相关（Stamatakis et al.，2023）。韩国的一项研究显示，随着社会发展，儿童青少年带状疱疹的患病率有所增加，并且和家庭环境存在相关性。该研究使用韩国国民健康保险服务数据库的研究结果发现，十多年来，调整后的每千人年发病率从 4.23 上升到 9.22。然而，在 2012～2015 年增长趋势放缓，家庭高收入水平的儿童青少年带状疱疹发病率呈下降趋势，家庭高收入水平的儿童青少年在 2012～2015 年的增长趋势有所放缓，而其他家庭经济水平的儿童青少年带状疱疹发病率并没有显著变化（Choi et al.，2019）。另外，一项南非儿童青少年哮喘的发展轨迹研究表明，950 名从出生到 5 岁的儿童青少年中可以确定 4 种哮喘类型：从不哮喘、早期短暂性哮喘、迟发型哮喘和反复发作哮喘。在 2012～2018 年母亲吸烟、家庭暴力与反复发作哮喘有关。并且，随着时间的推移，母亲吸烟会使儿童哮喘发病呈现上升趋势，经历家庭暴力的小孩，反复发作哮喘的发病率也呈现上升趋势（McCready et al.，2023）。

就我国而言，困境家庭的儿童生长迟缓率高于普通家庭，并且随着时间的推移，困境家庭的儿童生长迟缓率逐渐降低，即困境家庭与普通家庭儿童的生长迟缓率趋势逐渐收敛（杜本峰等，2020）。通过 1995 年、2000 年、2005 年、2010 年、2014 年共 5 次全国学生体质与健康调查，共涉及 29 个省份 105 万儿童青少年的体重身高数据，该研究发现了从 1995～2014 年，中国儿童青少年生长迟缓的平均患病率从 8.1% 下降到 2.4%，消瘦率从 7.5% 下降到 4.1%，超重/肥胖则从 5.3% 增加到 20.5%，农村儿童超重/肥胖的发生速率高于城市儿童（Dong et al.，2019）。这些结果说明改革开放以来，人们的生活和健康生活方式发生了转变，虽然儿童超重肥胖率在所有群体中都升高了，但是农村儿童超重肥胖率升高得更快。

1.3.4.2　年龄效应

社会经济地位与儿童青少年健康之间的关系可能会随着儿童青少年经历社会和发展的变化而发生变化（Chen et al.，2010）。但鲜有研究评估家庭资本与儿童青少年健康之间的联系是否因年龄而异。目前有三类研究探究了家庭社会阶层与儿童青少年健康之间的关联是否随年龄发生变化（Staub et al.，2023）。

首先，有研究表明不同阶层的健康差异在青年期开始扩大，在老年期达到最大，但在老年后期会缩小，这种现象被称为"累积优势假说"（Ferraro et al. ，1997；Dannefer，2003）。该研究表明家庭资本的影响可能在青春期逐渐增强并变得明显。这类研究的解释是：社会经济地位低的家庭的孩子可能更容易受到风险因素的影响，而接触这些风险的不断积累将导致负面健康结果的增加（Ribeiro，2022）。近年来，国外学者开始探究早期的家庭社会经济环境如何影响儿童青少年的炎症轨迹，早期社会经济环境包括母亲的教育和职业、父亲的教育和职业以及孩子出生时的家庭收入，研究从4岁、7岁和10岁的儿童身上采集静脉血样，发现家庭经济条件较低水平的儿童在青春期时表现出更高水平的炎症轨迹（Soares，2020）。母亲的教育程度和家庭可支配收入越高，整个童年时期观察到的炎症轨迹的最小值越低。该结果表明早期生活在较低经济水平家庭中的小孩，其生命最初十年的炎症水平较高，并且这种炎症差异随着年龄的增长会逐渐增大。我国学者通过回顾儿童青少年期社会经济地位影响中老年期的自评健康状况，对"累积优势假说"进行了验证，研究表明童年社会经济地位的影响随着年龄的增长有所下降（石智雷、吴志明，2018）。中国学者利用"中国健康与养老追踪调查"数据的研究结果发现，随着年龄的增长，不同社会阶层的居民在认知功能和抑郁水平上的差异呈现"发散"的趋势，但自评健康的差异则呈现"收敛"的趋势（Fan & Chen，2023）。但是这些研究均使用的是回顾儿童青少年时期的社会经济地位，且没有对儿童青少年时期的健康进行测量，故缺少儿童青少年时期家庭社会阶层差异对儿童青少年时期健康趋势的影响，仅仅是在理论上预测和解释不同阶层的健康差异在成长过程中可能存在"发散"趋势。

其次，有研究表明家庭社会阶层的影响随着年龄增长而减弱，因为其他因素在决定儿童青少年成长过程中的健康方面发挥着重要作用，这种现象被称为"年龄中和假说"（House et al. ，2023）。不少学者通过追踪性的面板数据对该假设进行了验证，但多数研究是基于成年人群。实证研究显示无论是基于身体健康，或是心理健康，由社会阶层不同导致的健康差异会随着年龄的增长而缩小（Huang et al.，2023）。欧洲儿童青少年纵向研究分析了3261名儿童青少年在7岁、11岁、15岁和18岁时的社会经济地位、家庭结构与儿童青少年的心理社会问题之间的关联。研究结果表明，现随着年龄的增长，单亲家庭环境长大的孩子抑郁水平逐渐严重，但是双亲均在的孩子其抑郁水平随着年龄的增长有下降的趋势，并在15岁时家庭结构差异导致的心理健康问题呈现最大差异，而在15～18岁时有"收敛"的趋势。另外，家庭社会经济地位差异导致的心理健康趋势差异也呈现相同的趋势（Kuruczova et al.，2020）。一项芬兰的纵向研究，分析了从早期亲子关系的程度是否可以预测成年后的同情心。该研究纳入2761名参与者，每个参与者年龄在3～18岁之间，收集了基线时1980年亲子关系的程度，以及在1997年、2001年和2012年的同情心。该研究发现同情心随着年龄的增长呈曲线增长，较好的亲子关系与成年期较高的同情心有关。在调整了童年时期的混淆因素后，结果仍显示亲子关系的程度对后代的同情心有长期的影响。但是，这种由早期亲子关系差异导致的同情心差异趋势，随着年龄的增长而逐渐在中年期呈现"收敛"趋势，该研究对其的解释是中年有孙子后能激发同情心理（Hintsanen et al.，2019）。就我国的研究而言，一项研究显示了家庭社会经济地位与儿童青少年的学业成绩之间的曲线关系，家庭社会经济地位的影响逐渐增加，在10～10.5岁达到顶峰，然后略有下降（Luo et al.，2022）。一项研究显示社会经济地位的转变对居民的心理健康至关重要，需要进一步考虑社会经济地位随年龄增长如何影响儿童青少年健康（Chen et al.，2018）。

最后，有研究表明家庭社会经济地位的影响在整个童年时期是持续存在的，但不会随着年龄的增长发生变化。也就是说，尽管儿童青少年经历了发育变化，但社会经济地位在各个年龄段的影响一样。一项研究使用多个高收入国家（美国、英国、法国、荷兰、德国和日本）的追踪数据，探讨了受家长教育影响的早期（3～4岁）超重/肥胖梯度的年龄效应变化（Panico et al.，2023）。结果发现在几个发达国家，父母教育造成的幼儿超重/肥胖的梯度很明显，但是并没有发生扩大和缩小趋势。该研究结果表明由教育差异导致的幼儿期超重/肥胖变化趋势差异现象在发达国家普遍存在，但这种差异并没有随年龄的增长而发生变化。

总的来说，随着年龄的增长，儿童青少年的不同健康指标在成年期之前将呈现不同的发展趋势，但这一趋势在具有家庭经济差异的群体中可能存在。这意味着随着年龄的增长，由家庭经济导致的健康差异也会随之而发生变化，而这一趋势由家庭社会关系导致的健康差异并未随着年龄的增长而发生变化。因此，由于家庭资本差异导致的儿童青少年健康差异如何随年龄变化，暂未形成定论。

值得一提的是，对于为什么需要探究年龄效应，是因为如果研究得到确切的关键时期、敏感期和风险累积，那么可以提前干预生活在不利的社会环境中的儿童青少年，为确定疾病机制提供精准的干预措施，以提高生命质量（Benzeval et al.，2023）。其中，关键时期是指特定时期的不良暴露对人体功能系统产生持久或终生影响（Hodgins & Fox，2014）。关键时期的重要成果是生命早期 1000 天干预措施（Pietrobelli et al.，2017）。敏感期是生命历程关键期的扩展，指生命的某几个时期如果受到不良暴露则会影响健康（Federici，2023）。风险累积效应则是指在生命过程的某些发育阶段逐渐累积疾病风险或累积促进健康因素，最终在某一时间段里使疾病发生或让身体保持健康（Link & Phelan，1995；Dannefer，2003）。

1.3.4.3 世代效应

从社会变迁的视角，社会历史事件会对家庭经济收入和教育获得差异产生变化。同时，出生世代是社会变迁的载体，对出生世代的研究有助于了解社会变迁过程中社会历史事件对儿童青少年的影响（Ryder，1985）。国内外学者对出生世代效应提出了"重要性上升假说"和"回报衰弱假说"。

"重要性上升假说"认为随着社会变迁，家庭社会经济地位对健康的影响越来越重要，即在较年轻的世代中，家庭社会经济地位与健康之间的正向关系更强，家庭社会经济地位对健康影响的重要性有上升趋势（de Fluiter et al.，2020）。一项研究表明，随着社会变迁，家庭社会经济地位对中老年人自评健康影响的重要性变强（Lynch，2003）。一项巴西的研究分析了 1993 年出生世代、2008 年出生世代和 2019 年出生世代中儿童青少年不良生活方式的趋势是否因社会不平等（家庭社会经济地位）而不同，研究结果显示了不良生活方式的社会经济不平等在 2008 年出生世代出现。在 2008 年出生世代和 2019 年出生世代中，与社会地位较高的儿童青少年相比，来自贫困家庭和父母受教育程度较低的儿童青少年存在更多的不良生活方式，即随着社会变迁，由于家庭社会经济不平等导致的生活方式差异逐渐增大。该研究结果说明随着世代的年轻化，家庭社会经济不平等对儿童青少年生活方式影响的重要性逐渐上升。该研究表明，持续监测亚群体的行为问题对于缩小社会优势儿童青少年和弱势儿童青少年之间的差距以及实现下一代健康公平至关重要（Degli et al.，2023）。在我国的研究者利用 1991～2011 年中国营养与健康调查分析了社区环境、出生世代和儿童青少年体重指数轨迹的关系。该研究表明中国经历了快速的社会经济转型，伴随着生活方式的改变，深刻影响了儿童青少年的身体发育。相较于 1970 年出生世代、1980 年出生世代和 1990 年出生世代，2000 年出生世代中 1～17 岁儿童青少年的体质指数平均值有所增加，并且在最近的出生世代中，由于社区环境的差异带来的体质指数趋势差异逐渐增大。这些国内外研究表明了由于家庭环境和社区环境带来的差异，在最近出生世代儿童青少年的健康差异得到显著增加（Liang et al.，2020）。

对于"重要性上升假说"的解释机制，国内外研究认为，随着出生世代的年轻化，与儿童青少年健康相关资源的分布发生了显著变化。例如，家庭收入与父母受教育程度的关系变得更加紧密，尤其是在缺少国家福利措施的情况下，家庭生活质量以及医疗保障主要依靠家庭带来的资源（Wang et al.，2021）。因此，在这种情境下，最近的出生世代，家庭环境和社区环境差异将会变大，儿童青少年健康与家庭环境和社区环境的关联程度也会变大，使得家庭环境和社区环境对儿童青少年健康的重要性得到上升。

"资本回报衰弱假说"则认为随着社会的变迁，以教育为首的家庭资源对健康的影响逐渐减弱。例如，一项研究在对欧洲32个国家进行研究后发现，随着出生世代的年轻化，不同社会经济地位群体的健康差异在缩小，社会经济地位对健康的作用在降低，在年轻的出生世代中，社会经济地位对健康的影响相对更弱（Delaruelle et al.，2015）。一项英国研究分析了4个出生世代不同家庭社会阶层的体质指数轨迹，4个出生世代分别为1946年出生世代、1958年出生世代、1970年出生世代和2000年出生世代。研究结果显示，每个出生世代中家庭高社会阶层的平均体质指数较高，但差异非常小且仅限于学龄期和青春期。家庭社会阶层与青春期体质指数之间的关联不能用生活方式或家庭背景特征来解释。但是，该研究结果表明，随着世代的年轻化，家庭社会阶层差异带来的儿童青少年体质指数差异逐渐减小，说明家庭社会阶层对儿童青少年体质指数的影响逐渐减弱（Chanfreau et al.，2022）。在我国，一项研究发现由父母受教育水平差异导致的儿童青少年心理健康差异虽然在逐渐扩大，但在出生世代的比较分析中，随着出生世代的年轻化，由于父母教育水平差异导致的心理健康差异相对稳定，甚至在缩小（Tian et al.，2021）。一项研究发现较之于最早出生世代的儿童青少年，父母教育水平对儿童青少年健康的正向影响，在最近出生世代的儿童青少年中回报更大，即随着社会变迁，教育的健康回报更大（郑莉、曾旭辉，2018）。朱博文（2022）分析了教育对健康回报的群体差异，研究结果显示，随着出生世代年轻化，居民教育对健康的影响整体上逐渐减弱，尤其是对"80后"出生世代人群的自评健康和慢性疾病方面。

"资本回报衰弱假说"的提出有两种解释。一种解释是社会经济快速发展导致家庭父母教育、家庭收入在儿童青少年健康资源分配过程中的作用减弱。由于教育扩张和经济快速发展，导致劳动力市场出现了高水平人才供过于求的现象，高等教育的健康回报逐渐受到限制（Assari，2018）。另一种解释是由于教育扩张，父母高教育水平不再属于精英阶层，人们的教育水平逐渐得到提升，部分家庭父母抓住了市场经济的红利，不再像改革开放时期需要通过教育获得高收入（Fu & Land，2015）。因此导致教育和家庭收入对儿童青少年健康的影响相对减弱，在最近的出生世代中，父母受教育水平和家庭收入对儿童青少年健康的影响呈下降趋势。

1.3.5　文献述评

从目前已知的文献资料综合来看，国内外学者围绕家庭资本与儿童青少年健康关系开展了积极的探索，取得了许多有意义的研究成果，值得我们思考和借鉴。但是，由于各自研究问题所处的环境和条件的限制，还存在四个亟待解决和值得思考的问题：

第一，现有研究关注家庭资本与儿童青少年健康的相关性，缺少因果探究。其主要原因在于确立因果方向面临的挑战，即使同样方向的相关关系也可能存在完全不同的作用机制。或是"社会决定论"认为的家庭资本影响儿童青少年健康，或是"健康选择论"认为的儿童青少年健康影响家庭资本，或是未观测到的第三变量导致的二者间虚假相关。因此，本书将基于纵向追踪数据，并使用多种因果推断方法分析家庭资本对儿童青少年健康的直接影响，确定这两者的因果关系。

第二，家庭资本对儿童青少年健康影响的机制探讨有待进一步拓展。由于以往文献在讨论健康行为的中介作用时，常以一个或几个时间点的均值代表其发展状况（Hikichi et al.，2020；House et al.，2023），要继续深入研究就必须明确健康行为自身的初始水平和发展速度，具体回答究竟是哪一部分发挥了中介作用，抑或两者兼而有之。因此，有必要利用纵向数据进一步研究家庭资本如何通过健康行为对儿童青少年健康的变化产生影响。

另外，除家庭以外，儿童青少年还受到外界生活环境因素的影响。社区是保障儿童青少年健康和生活环境水平的重要平台和环境因素。目前多数城市正努力打造"儿童青少年友好城市"，儿童青少年对社区公共服务的需求更普遍，有必要分析社区因素在家庭资本与儿童青少年健康关系之间的作用。

第三，在家庭资本对儿童青少年健康的长期影响上，应分解年龄和世代的净效应。在部分涉及儿童青少年健康不平等的研究中，数据通常是在某个特定生命阶段的横断面或短期纵向随访。这些研究分析健康如何随年龄和世代变化时，常常暗含一种假设，即健康的动态演变在所有出生世代中相同。但在我国社会变迁的背景下，此假设由于混杂了年龄效应和世代效应，所以很难成立（李婷、张闫龙，2014）。因为如果从时间维度来看，截面研究很难区分到底是儿童青少年健康随年龄的增长而变化，还是个体之间（尤其是不同出生世代间）健康的差异，就会导致年龄和世代的同一性问题（Lynch，2003；李婷、张闫龙，2014）。此外，鲜有研究分析"95后""00后""05后"出生世代健康的动态演变。因此，有必要利用最新的数据进行探讨，分析家庭资本对儿童青少年健康的年龄效应和世代效应。

第四，家庭资本影响儿童青少年的健康效应存在城乡差异，但暂未形成统一结论。其主要原因是家庭资本会受到城乡社会文化的影响，导致其在城乡儿童青少年中的分布并不一致，因此家庭资本对儿童青少年健康的影响及作用机制可能存在异质性。对此学界存在两个相悖的假说，"资源替代假说"和"资源强化假说"（Ross & Mirowsky，2011）。究竟何者能解释家庭资本对儿童青少年健康影响的城乡差异，尚未有研究对此进行系统分析。目前的大多数研究成果是西方学者对本国人群的研究，由于社会环境、文化制度等各方面的显著差异，我们即使抛开结论的矛盾性不言，也很难运用已有结论来推测中国儿童青少年人群。因此，有必要进一步系统地研究家庭资本对儿童青少年健康影响及其作用机制的城乡差异。

1.4　全书研究框架

本书将从以下研究内容框架展开研究。

第 1 章，首先，从我国社会背景出发，总结我国儿童青少年的健康现状，梳理相关政策文件，提出研究问题，并确定研究目标和研究意义。其次，对儿童青少年健康和家庭资本的概念进行界定，对国内外家庭资本测量框架进行梳理，提炼了家庭资本测量的关键要素，并识别现有家庭资本测量框架的不足之处，结合少子化和老龄化的社会背景，对家庭资本的测量框架进行扩展和改进。最后，通过系统检索国内外文献，了解家庭资本对儿童青少年健康影响的研究现状，明确研究热点和不足之处，进而确定本书拟开展的研究内容。

第 2 章，将家庭资本理论、生命历程理论等相关理论作为理论基础，构建本书的分析框架，并结合提出研究假设。

第 3 章，利用中国家庭追踪调查数据中 2010～2020 年纵向数据，对家庭资本与儿童青少年健康的因果关系、作用机制和长期影响进行研究设计。

第 4 章，在介绍因果关系的研究方法后，深入分析家庭资本与儿童青少年健康的因果关系（直接影响）。

第 5 章，在介绍作用机制的研究方法后，深入分析健康行为在家庭资本对儿童青少年健康影响中的中介效应和社区因素的调节效应（间接影响）。

第 6 章，在介绍长期影响的研究方法后，分析早期家庭资本对儿童青少年健康影响的年龄效应和世代效应（长期影响）。

本书研究框架，如图 1.7 所示。

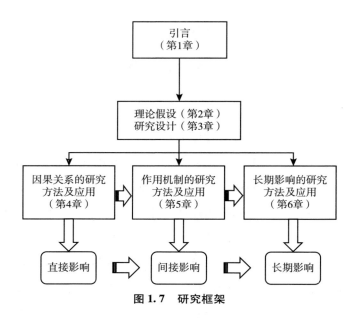

图 1.7　研究框架

第 2 章

理论分析与研究假设

本章将阐述支撑本书的主要基础理论，构建家庭资本影响儿童青少年健康的分析框架，并提出相应的研究假设，为后续章节的实证分析提供理论依据和研究假设。

2.1　理 论 基 础

主要理论包括健康的社会决定因素理论（Berman et al.，1994）、家庭资本理论（Bourdi-eu，1988）和生命历程理论（Ryder，1985）。

2.1.1 健康社会决定因素理论

2.1.1.1 健康社会决定因素理论的提出

传统的健康观念强调生物和物理因素导致疾病，新医学模式逐渐认识到社会因素对健康的重要性，认为环境因素、个体生活方式、行为因素和心理因素会导致疾病的发生（Berman et al.，1994），因此，解决健康问题也要从社会环境因素入手。健康社会决定因素（social determinants of health，SDH）是除直接导致疾病的因素之外，由人们的社会地位和所拥有资源所决定的生活和工作的环境及其他对健康产生影响的因素（Berman et al.，1994）。健康社会决定因素是决定健康和疾病的根本原因，包括了人们从出生、成长、生活、工作到衰老的全部社会环境特征，例如，收入、教育、饮水和卫生设施、居住条件和社区环境等。

健康社会决定因素理论的发展历程分为七个阶段。第一阶段，1948 年，世界卫生组织章程提及健康的社会决定因素，健康被定义为不仅仅是没有疾病或虚弱而是一种身体、心理和社会的完好状态。从这个全面的健康的定义可以看出，世界卫生组织希望在促进有效的医疗保健技术发展的同时，致力于寻找健康问题的社会根源。第二阶段，20 世纪 50 年代，强调手术和疾病的专业化。第三阶段，20 世纪 60 年代至 70 年代早期，社区运动的兴起；第四阶段，20 世纪 70 年代和 80 年代，世界卫生组织发表了《阿拉木图宣言》，宣布了 2000 年人人享有卫生保健的目标。第五阶段，21 世纪，世界卫生组织健康社会决定因素委员会成立。第六阶段，2000 年 9 月，联合国大会提出"千年发展目标"被 189 个国家采纳，其目标都直接或间接与健康相关。第七阶段，2008 年，健康社会决定因素委员会制定了《用一代人时间弥合差距》报告，世界卫生组织和美国疾病控制中心定义了健康的社会决定因素，强调了资源分配对寿命和生活质量的影响（WHO，2008）。健康的社会决因素导致社会分层和健康不平等。不同研究提供了各种框架，如彩虹模型、Bullseye 模型，这些模型包括社会经济和政治环境、结构性因素、中介因素，展示了多样的路径（Rochford et al.，2019；Rabinowitz et al.，2022）。总之，健康的社会决定因素影响健康的原因复杂而重要。

健康的社会决定因素被认为是决定人们健康和疾病的"原因的原因"（Berman et al.，1994）。具体的健康社会决定因素理论的框架如图 2.1 所示。其中，年龄的重要性以及不同疾病对人群的影响显而易见；基因遗传在很大程度上决定了个体可能会患哪些疾病，以及人群的整体健康状况；生活方式是导致健康不平等的重要因素（Byrne et al.，2018）；个体从社会和社区网络获得的物质和情感帮助称为社会支持，社会资本影响个人获取的健康信息和行为规范，可以影响个人对卫生服务的利用，也可以通过情感支持影响个人的心理健康（边燕杰等，2018）。另外，还有社会结构性因素（教育、水和卫生设施、农业和粮食和卫生服务保健），以及宏观的社会经济因素（政治制度、社会经济、文化和环境）（Hanson & Chen，2023）。

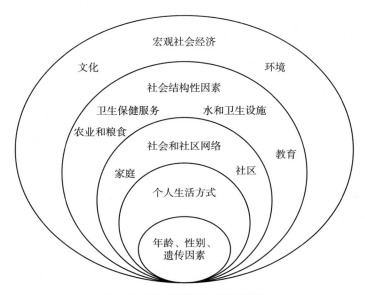

图 2.1　健康社会决定因素理论

2.1.1.2　健康社会决定因素理论对本书的借鉴

健康的社会决定因素理论对本书的借鉴，主要在于提供了从不同层面（个体层面、家庭层面和社区层面）的健康社会决定因素视角，以理解家庭资本对儿童青少年健康影响的理论机理。严格来说，儿童青少年健康不仅受到家庭的影响，外界环境也会对儿童青少年健康产生影响。例如，良好的社区环境可能会影响家庭环境与儿童青少年健康之间的关系，这些健康的社会决定因素之间相互影响，且不可忽视。

2.1.2　家庭资本理论

2.1.2.1　家庭资本理论的提出

资本是一种生产要素，其概念起源于经济学，涵盖了人力资本和物质资本等概念（亚当·斯密，2005）。在经济学中，"资本"通常用于描述投资和获取利润的过程。然而，布迪厄于1988年引入了家庭资本的概念，并将资本理论应用于家庭领域（Bourdieu，1988）。布迪厄认为家庭拥有各种有形和无形的资源，这些资源对个体发展产生重要影响。家庭资本理论是社会资本理论的一个分支，家庭资本理论将资本的概念应用于研究家庭内的经济、文化和社会关系。这包括家庭经济资本理论、家庭文化资本理论和家庭社会资本理论等方面的研究。

随着人们对健康的社会决定因素有了更深入的认识，家庭资本理论也逐渐引入卫生保健领域，通过一系列相关研究来探索家庭资本在卫生保健中的潜在作用和机制（Alvarez et al.，2017）。根据这一理论，家庭资本对个体健康可能通过三个途径产生影响。第一，社会心理路径。内生于社会网络的家庭社会资本可以提供物质和情感支持，从而对个体的身心健康产生积极影响（Webster et al.，2015）。社会支持是家庭社会资本的一个重要组成部分，人们通过社会网络获取社会资源，可以改善健康状况（Lin，2001；王培刚、陈心广，2015）。第二，生活方式路径。家庭资本可以促使个体在饮食、运动、睡眠等方面的健康行为，即采取更健康的生活方式，从而提高自评健康、降低抑郁水平并提高幸福感（Xue & Cheng，2017）。尤其是家庭文化资本的提高有助于减少家庭成员的不良生活方式、保持家庭成员社会功能的良好运行，以及降低家庭成员的心理健康问题（Kawachi et al.，2008）。第三，物质路径。家庭资源水平影响个体的健康状况，包括食物、住房、环境、健康风险和资源等因素，资源丰富的家庭有助于提高健康水平。家庭资源越丰富，越有利于健康水平的提升，物质资源的分化决定了儿童青少年健康不平等的可能性（Luo & Hodges，2020；Shannon et al.，2020）。家庭资本理论强调了家庭在健康方面的重要作用，通过不同的途径影响健康，包括社会支持、生活方式和物质条件。这个理论在卫生保健领域中有助于理解健康机理，为制定相关政策和干预提供了有益的指导。

2.1.2.2 家庭资本理论对本书的借鉴

家庭资本理论对本书的主要借鉴在于，提供了家庭资本视角理解家庭对儿童青少年健康影响的理论机理。

第一，本书根据家庭资本理论，可以明确家庭资本可以划分为家庭经济资本、家庭文化资本与家庭社会资本这三个维度。

第二，家庭资本理论可为研究家庭资本影响儿童青少年健康的作用机制提供理论基础。总体来看，家庭经济资本、家庭文化资本与家庭社会资本会通过多种形式影响儿童青少年健康。其中，家庭资本与健康的理论研究揭示了行为路径是家庭资本影响儿童青少年健康的重要中介机制。

2.1.3　生命历程理论

2.1.3.1　生命历程理论的提出

生命历程理论是一种研究和理解人们生活方式以及影响心理、生理和社会卫生的理论（Ryder，1985）。具体来说，它研究了个人经历如何受到年龄、时期和生命过程中社会事件的影响。生命历程理论通常涉及到纵向研究，记录个体或群体在很长一段时间内的信息，重点关注社会经济地位和历史背景对生活事件的影响。

生命历程理论起源于社会科学研究领域，最早可以追溯到 1927 年。当时，托玛斯（William I. Thomas）在他的著作《在欧洲和美洲的波兰农民》（*The Polish Peasant in Europe and America*）中首次采用了纵贯研究方法，用以研究移民的生活轨迹。他强调了需要关注不同类型个体的生活经验以及他们在不同环境中的生活时间的长短。这一观点被认为是生命历程理论的初步萌芽。随着社会的发展，生活事件如经济危机、自然灾害和"文化大革命"等的出现，社会变迁与生命历程研究之间的联系变得愈加密切（李强，1999）。1965 年，诺曼·雷德尔（Noman Ryder）在《社会变迁研究中的同龄群体概念》（*The Cohort as a Concept in the Study of Social Change*）中明确提出了使用"同龄群体"概念来研究生命历程的观点。随后，1972 年他在著作《年龄和社会》（*Aging and Societ*）中进一步阐述了同龄群体和历史视角的概念，他认为历史事件对不同同龄群体的影响是不同的，并提出了年龄分层理论（Riley et al.，1972）。1977 年，美国社会科学研究理事会成立了"生命历程视角下的人类发展研究"跨学科专门委员会，旨在通过跨学科综合研究，如社会学、心理学和经济学等，运用生命历程视角来研究人类发展的纵贯性。

生命历程理论区分了社会制度和历史如何塑造不同发展路径的个体角色、

个人事件、转折点和轨迹，宏观社会过程和社会关系影响不同年龄、时期和世代交织在一起的轨迹（Elder，1998）。例如，低社会经济地位的经历可能会因不同出生世代（即不同时间出生的群体）而产生不同的健康效应，这可能取决于当时的医疗保健情况和社会政策情况（Chen et al.，2010）。

生命历程理论的核心概念是时间。不同时间维度包括：年龄、出生世代和时期。这三者相互关联但各自代表着各自的意义（Ryder，1985；周雪光，2014）。如果在进行纵向数据研究时忽略了年龄效应或世代效应，可能会导致结果出现偏差，从而得出错误的结论。具体来说，如果不考虑年龄效应或世代效应，那么对教育和健康之间的联系进行估计时，可能会出现偏倚的估计结果（Lynch，2003）。在生命历程理论中，个体所处的年龄、经历历史事件的时间顺序会对其健康趋势产生差异影响（李婷、张闫龙，2014）。这意味着我们需要考虑这些因素的复杂交互作用。

2.1.3.2 生命历程理论对本书的借鉴

生命历程理论强调了时间、社会环境以及个体相互作用的重要性，为我们更好地理解个体的生活经历和健康轨迹提供了理论视角。

第一，流行病学使用生命历程理论侧重于随年龄变化的生物功能，生命历程理论是从时间的不同维度研究不断变化的个体。儿童青少年处于生命发展进程中的重要时期，人体的体格形态和生理功能随着年龄和外部环境的影响发生着变化。采用生命历程理论的视角，可以描绘出生命不同阶段的健康状况，了解个体的年龄效应和轨迹类型。

第二，社会学中常用的生命历程理论侧重于社会历史的变化，同时还将这些时间点上的状态按照时间顺序依次连接起来，以展示出生世代之间的差异。生命历程理论视角既可以关注由微观个体构成的整体，也可以展示微观个体之间健康状况变化轨迹的差异，还可以将健康社会决定因素嵌套其中探索健康不平等的趋势。

2.2 分析框架

源于家庭资本理论对健康影响的探讨，拥有高水平的家庭资本（家庭经济资本、家庭文化资本和家庭社会资本）被认为是促进健康向上流动的重要机制（Li et al.，2019）。本书结合家庭资本理论、生命历程理论，将以上理论基础的主要内容延伸到第 1.4.5 小节提到的文献空白之处，构建了家庭资本影响儿童青少年健康的分析框架（如图 2.2 所示）：第一，家庭资本会对儿童青少年健康产生直接影响；第二，家庭资本可以通过影响儿童青少年的健康行为间接影响儿童青少年健康，社区层面因素可以间接影响家庭资本的健康效应；第三，年龄增长和社会变迁视角下家庭资本对儿童青少年健康可以产生长期的动态影响。

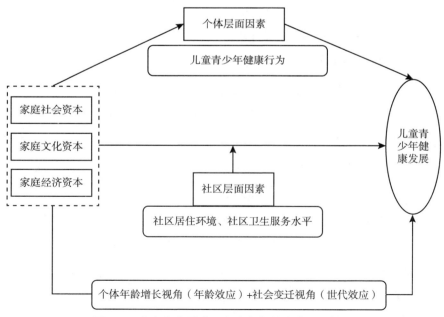

图 2.2 家庭资本影响儿童青少年健康的分析框架

本书相关理论分析框架解释如下：

（1）家庭资本对儿童青少年健康的直接影响。基于健康社会决定因素理论和家庭资本理论的视角，本书认为家庭作为儿童青少年的第一责任人，在很大程度上影响着儿童青少年的健康发展。其中，家庭资本理论表明，家庭资本包含了家庭显性或隐性资源，它可以通过一定的作用机制促进家庭中儿童青少年的发展（Bourdieu，1986）。因此，本书将这些观点应用到儿童青少年健康领域的研究中，认为家庭资本会对儿童青少年的健康产生直接影响。

（2）儿童青少年健康行为的纵向中介作用和社区层面因素的调节作用。在家庭资本对儿童青少年健康的影响过程中，儿童青少年健康行为可以看作是一种重要的机制（Theokas et al.，2005）。通过这种机制，有研究发现在家庭中受到的忽视和区别对待，会促进儿童青少年的健康风险行为，例如，吸烟、饮酒和滥用药物（Degli et al.，2023）。除了家庭资本和健康行为之间的联系外，本书分析框架表明，早期的健康行为对儿童青少年后期的健康产生正向影响。健康行为的全貌可以通过其初始水平和发展速度共同展现（常淑敏等，2020）。初始水平为发展的起点既是对儿童青少年时期健康发展状况的反映，又能显著预测随后健康水平的高低，而发展速度则描绘出个体健康在发展过程中增减的趋势，反映了儿童青少年健康变化的方向和潜力（Mohanty & Newhill，2011）。儿童青少年健康行为的初始水平和发展速度可能会出现初始水平高、发展快，抑或是初始水平较低、发展快的相反关系模式。这种不同的形式如何影响儿童青少年健康水平的初始水平和发展速度值得深入探究。因此，本书认为家庭资本会通过影响儿童青少年健康行为的初始水平和发展速度，进而对儿童青少年的健康发展产生影响。

另外，社区层面因素间接影响儿童青少年健康。基于健康社会决定因素理论，社区层面因素与家庭资本的交互机制也会对儿童青少年健康产生影响。家庭资本对儿童青少年健康的影响，会受到诸如社区居住环境、社区卫生服务等外在系统及社会政策措施等宏观因素的作用。因此，本书将深入探讨社区层面因素，认为社区居住环境水平、社区卫生服务水平间接影响了儿童青少年健康。

（3）年龄增长和社会变迁视角下家庭资本对儿童青少年健康的长期影响。家庭资本对儿童青少年健康的影响，实际上还有可拓展的空间，即其他视角的进一步整合，其中尤其值得关注的便是生命历程视角的引入。生命历程理论关注年龄的作用，强调早期生命经历随着年龄增长所带来的诸多社会后果（Ryder，1985）。在生命历程理论中世代是一个制度性与个体性相耦合的因素，在生命阶段经历相同的社会生活事件或生活于相似的制度环境中，必然会造就该群体内相似的行为与心理状态（Ryder，1985）。在这一背景下，家庭资本在儿童青少年健康方面的作用可以通过儿童青少年年龄增长和社会变迁的视角来探讨。具体而言，家庭资本及其对儿童青少年健康的影响不太可能是瞬时性和独立的，而更可能是累积性、持续性的，是制度性与环境性的。例如，个人在学龄期所处的家庭资本状况与成年初期时所处的家庭资本状况，其对健康的影响性质和程度也会有所不同。生命历程理论强调多种时间维度，这有助于我们更好地理解家庭资本如何贯穿早期生命历程，并对健康产生持续性影响。因此，本书结合家庭资本理论和生命历程理论，认为早期的家庭资本应该对儿童青少年的健康有长期的影响。

2.3　研究假设

2.3.1　家庭资本与儿童青少年健康的因果关系

家庭资本与儿童青少年健康之间的关系广受学者们关注。这主要是由于家庭资本对儿童青少年健康的影响具有普遍性、累积性和可持续性。良好的家庭社会经济地位将保障儿童青少年获得更好的医疗服务，为有益的健康食物和健身条件等提供了保障，同时也为儿童青少年提供更强的社会支持（Dallacker et al.，2017）。良好的家庭亲子关系可以让儿童青少年获得稳定情绪，降低抑郁的发生（Daniels et al.，2018）。目前学者们认为家庭经济水平与儿童青少年身体和心理健康之间具有显著正相关性，家庭经济水平与营养健康之间的关系呈现倒 U 形分布（Teufel et al.，2021）。因此家庭资本对儿童青少年健康的影响可能存在剂量 - 反应关系（杨娟等，2022；尹世久、尹宗硕，2023）。借鉴上述理论分析框架和讨论，本书提出以下研究假设：

假设 1：提高家庭经济资本、家庭文化资本和家庭社会资本对儿童青少年健康均具有促进作用，且存在剂量 - 反应关系。

2.3.2 家庭资本对儿童青少年健康的作用机制

一般而言，家庭经济水平越低，儿童青少年更容易出现健康较差的结果。因为经济水平越低的家庭负担不起充足的营养物质，而经济水平越高的家庭往往更注重消费健康的饮食，摄入更多的营养物质。儿童青少年也更经常锻炼身体，增强了免疫力，从而促进健康发展。这个结论在欧洲、美国和澳大利亚等国样本中都是一致的（Bell，2014；Cheffi et al.，2022）。而在发展中国家情况正相反，经济水平越高的家庭饮食和生活习惯可能越不健康（Corley et al.，2015；Dallacker et al.，2017；Song et al.，2019）。因为经济水平越高的家庭会有更多的不良生活方式（如吸烟、饮酒等），以及营养过剩导致的肥胖体型。这些研究结果表明家庭经济水平不仅与物质可购买力有关，也和健康行为息息相关。基于人力资本理论，父母具备更高的生产能力，能为儿童青少年购买健康保险提供保障，同时也可以为儿童青少年提供更好的社会支持（Grgic & Bayer，2015）。根据布迪厄的社会资本理论，社会资本建立了社会网络关系，可以使儿童青少年获得外界支持性资源，这些资源包括习得健康生活方式和合适的心理疏导等（Cao et al.，2022）。

更进一步地，少数研究提示儿童青少年健康行为可能在家庭资本与儿童青少年健康发展间发挥了纵向中介作用。首先，家庭经济水平、家庭的亲子关系等都被证实与儿童青少年的健康行为水平及其后续发展有关，即能够显著预测儿童青少年的健康行为水平（Kann et al.，2016；Panico et al.，2023）。其次，学者们进一步发现儿童青少年健康行为对其健康的影响不仅限于当下还指向了未来。例如，一项追踪研究发现五年级和六年级学生的健康行为得分越高，他们在初中时便具有越高的健康水平（Li et al.，2008）。因此，儿童青少年健康行为在家庭资本与儿童青少年健康发展间可能存在纵向中介作用。即家庭资本可以直接预测儿童青少年健康的初始水平和发展速度，也可以通过影响儿童青少年健康行为的初始水平和发展速度间接影响儿童青少年健康水平的变化。借鉴上述理论分析框架和讨论，本书提出以下研究假设：

假设2：家庭经济资本、家庭文化资本和家庭社会资本均能通过影响健康行为的初始水平和发展速度间接影响儿童青少年健康的发展。

根据健康社会决定因素理论，儿童青少年健康不仅受到家庭的影响，外界环境也会对儿童青少年健康产生影响，例如，良好的社区环境可能会影响家庭资本与儿童青少年健康之间的关系。改善外环境系统，例如，提高社区居住环境和提高社区卫生服务水平对儿童青少年健康非常有益。生活在低质量的社区环境中，尤其是空气污染等恶劣环境因素，这可能会对儿童青少年的身体健康和心理健康产生负面影响（Ali et al.，2023）。此外，已有研究表明，改善社区居住环境还可以促进6～15岁儿童青少年的营养健康，高水平的社区居住环境对儿童青少年健康的积极影响从儿童6岁开始，并在15岁其健康的积极效应为最大值（Liang et al.，2021）。借鉴上述理论分析框架和讨论，本书提出以下研究假设：

假设3：当家庭资本水平越高时，更高水平的社区卫生服务、社区居住环境有助于儿童青少年获取更好的健康水平。

2.3.3　家庭资本对儿童青少年健康的长期影响

根据生命历程理论，年龄效应主要涉及年龄与健康的变化关系（Yang et al.，2020）。以往研究表明，不同社会经济地位群体在健康方面的差异在成年初期较小，但随着年龄的增长，这些差异逐渐扩大（Dannefer，2003；Ribeiro，2022）。在儿童青少年时期，家庭社会经济地位对健康的影响是否也会随着年龄的增长呈现扩大趋势仍存在争议（于奇等，2022）。儿童青少年体质指数在不同社会经济地位群体中的差异于青春期之前呈现"发散"趋势，但在青春期到成年早期时，这种差异呈现"收敛"趋势（Liang et al.，2020）。这一现象的解释是成年早期个体开始注重自己的形象而开始减肥。另外，有学者表示儿童青少年在成年早期之前的生命历程中，家庭收入对心理健康会持续产生影响，而且这种影响可能会呈现出"发散"趋势。即随着年龄增长，家庭收入对儿童青少年心理健康的影响逐渐增强（Norris et al.，2022）。借鉴上述理论分析框架和讨论，本书提出以下研究假设：

假设 4：随着年龄增长，家庭资本对儿童青少年健康的影响逐渐增强。

从社会变迁的角度来看，关于家庭社会经济地位对健康影响的变化趋势存在两种相悖的观点，即"重要性上升假说"和"资本回报衰弱假说"。"重要性上升假说"认为，在较年轻的出生世代中，家庭社会经济地位对健康的影响更为显著。这意味着在新生代人群中，家庭社会经济地位对健康的差异更加明显。然而，一项对欧洲 32 个国家的研究并未支持该假说。相反，这项研究提出了"资本回报衰弱假说"，即随着社会的变迁，不同家庭社会经济地位之间的健康差异在减小，家庭社会经济地位对居民健康的影响在减弱（Delaruelle et al.，2015）。综合来看，这两种观点之间存在一定的争议，不同的研究结果可能受到社会背景的影响。在如今网络发达的时代，儿童青少年健康受到了外界网络诱惑的干扰，改变了原有的健康行为，久坐习惯等不良生活方式在更多的儿童青少年身上体现，以及网络时代可能带来亲子关系的疏离（余秀兰，2022）。在这种时代背景下，家庭经济资本和家庭文化资本带来的健康影响逐渐减小。但随着社会经济发展，网络时代带来的生活方式转变，社会网络关系对儿童青少年健康的影响可能会逐渐增强。借鉴上述理论分析框架和讨论，本书提出以下研究假设：

假设5：随着世代的年轻化，家庭经济和文化资本对儿童青少年健康的影响逐渐减小，但家庭社会资本对儿童青少年健康的影响逐渐增强。

第 3 章

研究设计

本章首先介绍了实证分析所用到的数据来源，详细介绍了相关变量的测量和编码方式；其次，阐述了多种用于纵向数据分析的统计方法及其应用的步骤；最后，给出了本书的技术路线图，描述了开展实证分析研究的基本架构，以便为下文开展实证研究奠定基础。

3.1 数据与变量

3.1.1 数据介绍

本书的数据主要来自中国家庭追踪调查

（China Family Panel Studies，CFPS），中国家庭追踪调查是一项具有代表性的中国长期追踪调查项目，重点收集个体、家庭和社区层面的样本，中国家庭追踪调查的问卷涉及社会、经济、人口、教育和健康等多个领域，被广泛用于研究和分析中国社会的各种复杂现象（肖琦琪、韩彩欣，2021；姜俊丰，2023）。中国家庭追踪调查旨在反映中国社会变迁的情况，以及家庭转变的情况（谢宇等，2014）。中国家庭追踪调查由北京大学和国家自然科学基金共同资助，由北京大学中国社会科学调查中心实施的全国性调查。

中国家庭追踪调查在 2010 年开展了基线调查，调查对象为个人、被抽取家庭中的所有家庭成员，以及所在社区的基本情况。调查采用三阶段不等概率的系统 PPS 整群抽样设计。中国家庭追踪调查主要采集了个人、家庭和社区层面的信息。2010 年基线调查覆盖全国 25 个省份。中国家庭追踪调查以 2010 年基线调查所界定出来的基因成员为样本范围进行追踪。基于对基因成员"永久追踪"的特点，每隔两年调查一次，经过五轮追踪调查以后，到 2020 年全国第六轮调查时，调查地点从原来的 25 个省份、649 个村居，扩大到 31 个省份 3000 多个村居。随着调查对象的进入、退出、迁移等，也造成了长期追踪过程中样本的流失，但中国家庭追踪调查通过多种综合加权方法，并采用了多种手段来提高追访率、保证数据质量，包括利用辅助信息对样本加权调整，确保了样本具有良好的全国代表性，这种全国代表性被很多研究所证实（张兴祥等，2022；陆杰华、郭荣荣，2023），这种高质量的多层次追踪调查为本书提供了很好的数据支持。

3.1.2　设计思路

本书重点关注我国 6～18 岁儿童青少年的健康情况，使用的数据主要来自中国家庭追踪调查的 2010 年、2012 年、2014 年、2016 年、2018 年和 2020 年共 6 次调查数据。该数据库的儿童青少年健康指标和家庭、社区变量是分开的，因此，我们将儿童青少年、父母、家庭和社区的相关变量进行匹配，并聚合 2010～2020 年的所有 6～18 岁的数据，由于本书关注 6～18 岁家庭资本的影响，所以首先保留 39603 个观测值（又称人年，person-year）是与父母同住的儿童青少年。然后，由于本书有 3 个涉及不同年龄阶段的因变量，因此先按照 6～18 岁四周患病情况的筛选思路，排除 2823 个因变量有缺失的观测值。本书旨在探讨家庭资本对儿童青少年健康的长期影响，主要涉及 1995～2009 年出生的儿童青少年，因此排除了 2023 个自变量有缺失和 1008 个不在 1995～2009 年出生的观测值。具体样本筛选流程如图 3.1 所示。

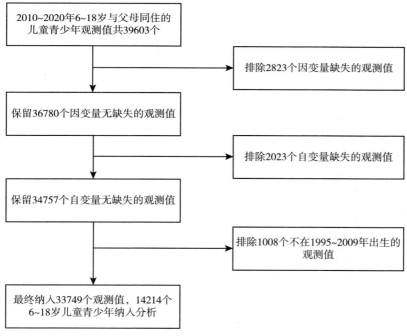

图 3.1　样本筛选流程

3.1.3 变量选择与编码

本章主要变量概况，如表 3.1 所示。

表 3.1 主要变量概况

变量名称		变量描述
因变量	自评健康	连续变量，1~5 分
	抑郁水平	连续变量，0~24 分
	四周患病	分类变量，有=1，无=0
自变量	家庭经济资本	连续变量，得分范围为 0~1 分，得分越高代表家庭经济资本越高
	家庭文化资本	连续变量，得分范围为 0~1 分，得分越高代表家庭文化资本越高
	家庭社会资本	连续变量，得分范围为 0~1 分，得分越高代表家庭社会资本越高
	居住地	分类变量，城市=1，农村=0
	出生世代	1 = "95 后"，1995~1999 年出生；2 = "00 后"，2000~2004 年出生；3 = "05 后"，2005~2009 年出生
中介变量	儿童青少年健康行为	连续变量，得分 0~3，得分越高，代表儿童青少年健康行为越好
调节变量	社区居住环境水平	连续变量，6~42 分
	社区卫生服务水平	连续变量，2~10 分
控制变量	性别	分类变量，女=0，男=1
	年龄	连续变量，6~18 岁
	民族	分类变量，少数民族=0，汉族=1
	地区	分类变量，东部=1，中部=2，西部=3
	是否为独生子女	分类变量，否=0，是=1
	是否为母乳喂养	分类变量，否=0，是=1

续表

变量名称		变量描述
控制变量	父母自评健康	连续变量，1~5 分
	父母抑郁水平	连续变量，0~24 分
	父母四周患病	分类变量，有 =1，无 =0
	学校评价	连续变量，4~20 分

注：后面章节的分析中，除了少数进行额外说明的变量外，变量编码与本表保持一致。

3.1.3.1 因变量

儿童青少年健康是本书的因变量。人们普遍认可健康主要涵盖了生物、心理和社会等三个维度。基于"生物－心理－社会"多维健康理论，健康的概念得以更加丰富地诠释。根据第 1 章中对健康的概念界定，本书将"生物－心理－社会"对应儿童青少年的身体健康、心理健康和综合健康。首先，在综合健康状况方面，通过自评健康状况指标进行测量，因为综合健康属于社会模式，而自评健康反映了社会层面的系列认知和行为功能，是个体对自身的总体健康评价（齐亚强，2012；赵如婧、周皓，2018）；其次，在身体健康方面，本书采用四周患病情况进行测量，因为该指标反映了儿童的急性慢性健康问题（刘玉兰，2015）；最后，在心理健康方面，心理健康属于心理模式，抑郁最常被用来反映心理健康的程度（Tang et al. ，2020；Iorfino et al. ，2018），本书使用抑郁水平指标进行测量，抑郁水平使用 CES-D 量表进行测量。

（1）自评健康。在现有实证研究中，健康水平通常是根据受访者的自我评价来确定的，因为自评健康具有易获得性和全面性优点，自评健康的使用非常普遍（齐亚强，2012）。已有纵向研究表明，自评健康是人口调查中最常见的问题之一，且能够较好地预测未来死亡率和发病率（王甫勤，2017；石智雷等，2020）。在本书中，中国家庭追踪调查在 2010~2020 年的 6 次调查均询问了被访者对自己健康状况的评价，回答选项为"不好、一般、比较好、好、非常好"，分别将其赋值为 1～5 分，分值越高，自评健康水平越好。为了简化模型和便于结果解读，本书将自评健康处理成连续变量（胡安宁，2014）。

（2）抑郁水平。中国家庭追踪调查在 2010 年和 2014 年使用了 CES-D-6 量表来测量 10～18 岁儿童青少年的抑郁水平。这个量表评估了最近一个月内儿童青少年是否出现 6 种心理状态，包括沮丧、精神紧张等（具体题项见本书附录二），其信度和效度已经在中国人群中进行了测试（Cao et al.，2022）。参考姜俊丰（2023）的做法，计算方式是将原始选项分数加总后减去 6 分，然后用 24 分减去得分，最终得到一个 0～24 分的抑郁水平得分。得分越高表示抑郁水平越高。而在中国家庭追踪调查的 2012 年、2016 年、2018 年和 2020 年调查中，抑郁水平则是由 CES-D-8 量表测量的。这个量表评估了过去一周内是否出现 8 种心理状态，包括睡眠不好、愉快等（具体题项见本书附录二）。参考姜俊丰（2023）的做法，计算方式是对逆向变量（愉快和生活快乐）进行正向化处理，然后将原始选项分数加总后减去 8 分，最终得到一个 0～24 分的抑郁得分，得分越高表示抑郁水平越高。需要指出的是，在所有的调查中，CES-D 量表都具备良好的内部一致性，克朗巴赫 α 系数均大于 0.7，这表明这些量表在测量抑郁水平方面具有较高的可信度。

（3）四周患病。根据刘玉兰（2015）的研究，儿童青少年急性、慢性疾病问题中的患病情况是衡量儿童青少年健康状况的一个关键指标。在衡量儿童青少年健康状况时，从宏观角度来看，死亡率是一个重要的指标。而在微观或中观层面的研究中，是否患病成为了一个重要的健康指标。本书使用了儿童青少年在过去四周是否生病的信息作为代理变量，以反映儿童青少年急性、慢性疾病问题。研究通过问卷中的问题"过去四周，孩子是否生病？"来测量儿童青少年的四周患病情况，其中"生病"是指出现身体不适，并采用药物或其他治疗方式的状态。因此，如果孩子在过去四周里生病了，则表示患病，反之则没有生病，具体分为"1＝过去四周患病"和"0＝过去四周未患病"。

值得注意的是，四周患病、自评健康、抑郁水平三个指标有特定的测量年龄段。自评健康涉及的是 10～18 岁的儿童青少年，抑郁水平涉及的是 10～18 岁的儿童青少年，四周患病情况涉及的研究对象为 6～18 岁。

3.1.3.2 自变量

本书主要的自变量有家庭经济资本、家庭文化资本、家庭社会资本、城乡和出生世代。

（1）家庭经济资本。

本书的家庭经济资本使用家庭收入、父母职业地位等级、家庭资产和自评社会经济地位来表示。家庭经济资本测量的构成及其赋值情况如表 3.2 所示。

表 3.2 家庭经济资本构成及其赋值情况

指标	指标描述
家庭收入	通过调整消费者物价指数比率膨胀至 2020 年的程度，收入数值上加 1，最后进行对数转换。并且将其进行标准化处理，得到 0～1 分，得分越高，家庭收入越高
父母职业地位	采用国际社会经济指数（ISEI）测量父母职业地位，将父母职业地位加总后取平均值，进行标准化处理，得到 0～1 分，得分越高，父母职业地位越高
家庭资产	从家庭总财产中扣除家庭债务，然后将家庭净资产除以家中 16 岁及以上成年人的人数（负债家庭设置为 0），于资产数值上加 1，最后进行对数转换。并且将其进行标准化处理，得到 0～1 分，得分越高，家庭资产越多
自评经济地位	回答"您认为您在本地的收入如何""您认为您的社会地位如何"。通过李克特 5 级量表进行评估，赋值 0～4 分。将父母自评收入和社会地位的得分加总后取平均值。并且将其进行标准化处理，得到 0～1 分，得分越高，父母的自评社会经济地位水平越高

①家庭收入。参考胡安宁（2014）的研究，将每次调查的家庭人均收入计算为所有家庭成员的年收入除以家庭规模的总和，并通过调整消费者物价

指数比率膨胀至 2020 年的程度。按照王甫勤（2017）对家庭人均收入进行的处理方式，于收入数值上加 1，最后进行对数转换。并且将其进行标准化处理，得到 0~1 分，得分越高，家庭年人均收入越多。

②父母职业地位。参考吴菲（2021）的研究，父母职业与家庭经济资本联系紧密，是一个非常客观地测量家庭经济资本的指标。参考以往研究（张兴祥等，2022）和中国家庭追踪调查的《职业社会经济地位测量指标构建》指南，本书的父母职业地位的测量采用国际社会经济指数。本书先对父母职业信息进行人工编码，先归类、再处理为国际社会经济指数。本书得到的国际社会经济指数在 20~80 分之间，将父母职业地位加总后取平均值，并进行标准化处理，得到 0~1 分，得分越高，父母职业地位越高。

③家庭资产。根据高功敬（2023）的研究，家庭资产包括多个方面，如现住房资产、金融资产（如存款、股票和债券等）、生产性固定资产（农业机械、公司资产等）、耐用消费品等。在中国家庭追踪调查中，关于家庭资产相关变量的详细清理方法可以参考技术报告《中国家庭追踪调查 2012 年和 2010 年财产数据技术报告》（CFPS-29）。简要来说，家庭资产的计算方法是从家庭总财产中扣除家庭债务，然后将家庭净资产除以家中 16 岁及以上成年人的人数（负债家庭设置为 0），于资产数值上加 1，最后进行对数转换。并且将其进行标准化处理，得到 0~1 分，得分越高，家庭资产越多。

④父母自评社会经济地位。参考肖琦琪和韩彩欣（2021）的研究，将父母自评收入和社会地位作为衡量家庭经济资本的变量。受访者回答"您认为您在本地的收入如何""您认为您的社会地位如何"。通过李克特 5 级量表进行评估，赋值 0~4 分。将父母自评收入和社会地位的得分加总后取平均值，得分范围为 0~8 分。并且将其进行标准化处理，得到 0~1 分，得分越高，父母的自评社会经济地位越高。

另外，参考朱晓文（2023）的研究，本书对上述家庭年人均收入、父母职业地位、家庭资产和父母自评社会经济地位对应的结果进行了验证性因子分析。生成一个代表家庭经济资本的综合指标，家庭经济资本的综合指标具有良好的内部一致性，克朗巴赫 α 系数为 0.82，克朗巴赫 α 系数大于 0.7，这表明家庭经济资本的综合指标在测量家庭方面具有较高的可信度。家庭经济资本综合指标的取值范围是 0～1 分，得分越高，家庭经济资本水平越高。

（2）家庭文化资本。

本书的家庭文化资本使用父母教育水平、父母健康素养、文化休闲支出、家风建设和父母言传身教来表示。家庭文化资本测量的构成及其赋值情况如表 3.3 所示。

表 3.3　　　　　　　　　家庭文化资本构成及其赋值情况

指标	指标描述
父母教育水平	将教育年限进行以下划分：小学以下 = 3、小学 = 6、初中 = 9、高中或者中专职校 = 12、大专及本科 = 16、硕士及以上 = 19，将父母亲教育年限加总后取均值。并且将其进行标准化处理，得到 0～1 分，得分越高，父母教育水平越高
父母健康素养	父母回答：运动、吸烟、睡眠、饮食、就医行为这 5 个相关问题，对每个问题设置 "0 = 未达标，1 = 达标"，将父母各项健康素养得分加总后取均值。并且将其进行标准化处理，得到 0～1 分，得分越高，父母的健康素养水平越好
文化休闲支出	家庭的总文化消费支出除以家庭总人口，于支出数值上加 1，最后进行对数转换。并且将其进行标准化处理，得到 0～1 分，得分越高，家庭文化休闲支出越高
家风建设	8 道关于测量日常行为审视和文化观念认同程度的题项，通过李克特 5 级量表进行评估，将父母对这些题项的得分加总后取均值。并且将其进行标准化处理，得到 0～1 分，得分越高，家风建设水平越高
父母言传身教	5 道关于父母的自律/责任感、自尊、自控、努力的题项，通过李克特 5 级量表进行评估，将父母对这些题项的得分加总后取均值。并且将其进行标准化处理，得到 0～1 分，得分越高，父母言传身教越好

①父母教育水平。父母教育水平是现有文献中最常用的家庭文化资本衡量标准之一（Gebremariam et al., 2017）。本书中父母受教育水平是通过父母受访者报告的信息与同一家庭中的儿童青少年匹配起来而获得的。值得注意

的是，父母的受教育水平在成年期相对稳定（99.1% 的样本显示在调查期间保持稳定）。另外，本书将教育程度对应于教育年限（Wu et al.，2015），并且将父母受教育年限加总后的均值进行标准化处理，得到 0 ~ 1 分，得分越高，父母教育水平越高。

②父母健康素养。参考李浩淼等（2023）的研究，健康素养包括运动、吸烟、睡眠、饮食、就医行为等。因此，本书关于健康素养具体有以下问题：

第一，运动。根据世界卫生组织 2020 年发布的《关于身体活动和久坐行为指南》，成年人每周应至少进行中等强度有氧运动 150 ~ 300 分钟，或高强度有氧活动 75 ~ 100 分钟。在本书中，运动时间被分成两个类别，根据每周运动时间是否超过 150 分钟来划分，其中"0 = 运动未达标"表示运动时间未达到建议标准，而"1 = 运动达标"表示运动时间达到或超过建议标准。

第二，饮食。根据《中国居民健康膳食指南》，饮食健康从每天摄入水果、每天摄入蔬菜、每周摄入鱼类、经常摄入豆类、奶制品、蛋类、肉类摄入这 6 个维度评价。3 个及以上维度健康视为饮食健康（得分为 1 分），否则视为饮食不健康（得分为 0 分）（宁艳等，2022）。

第三，睡眠。问卷中"我感觉睡眠不好"，该问题采用 4 级计分法，将得分 1 ~ 2 分为较高睡眠质量（1 分），得分 3 ~ 4 分为较低睡眠质量（0 分）（May et al.，2020）。

第四，吸烟。借鉴世界卫生组织使用的"吸烟指数"，吸烟指数 = 每天吸烟支数 × 吸烟年数，吸烟指数 ≤ 200 为轻度吸烟，则将吸烟划分"0 = 轻度吸烟及以上"，"1 = 轻度吸烟以下"。

第五，就医行为。本书将人们处理疾病的方式，划分为"立即找医生看病或自己找药 = 1，不采取任何措施 = 0"（Wu et al.，2021）。

本书将父母各项健康素养得分加总取平均值，得分范围为 0 ~ 5 分，并且将其进行标准化处理，得到 0 ~ 1 分，得分越高，父母的健康素养水平越好

（宁艳等，2022）。

③文化休闲支出。参考宋啸天和高莉莉（2023）的做法，中国家庭追踪调查有"文化教育娱乐支出"这一指标，将其作为家庭文化休闲支出。人均文化休闲支出的计算方式是家庭总文化消费支出除以家庭总人口，于支出数值上加1，最后进行对数转换。并且将其进行标准化处理，得到 0～1 分，得分越高，家庭文化休闲支出越高。

④家风建设。参考陆杰华和郭荣荣（2023）的研究，中国家庭追踪调查共有 8 个关于测量日常行为审视和文化观念认同程度的题项。例如："无论父母对子女如何不好，子女仍应该善待他们""人应该做一些光宗耀祖的事情""子女即使在外工作也应常回家探望父母""公平竞争才有和谐人际""努力工作能有回报"（Mollborn et al.，2021）。本书通过李克特 5 级量表进行评估，分别表示"十分不同意""不同意""既不同意也不反对""同意""十分同意"。本书将父母对这些题项的得分加总后取平均值，得分范围为 0～32 分。并且将其进行标准化处理，得到 0～1 分，得分越高，家风建设水平越高。

⑤父母言传身教。参考李佳丽等（2023）的研究，父母的自律/责任感、自尊、自控、努力和子女教育是父母潜移默化形成的行为和态度，其能够对子女健康产生间接效益（Pedebos，2021）。具体问题为："我总是准备充分""我很注意细节""我喜欢有条理""我会按照自己的日程做事""自我感觉对孩子教育的关心程度"。这 5 个指标通过李克特 5 级量表进行评估，从完全不符合到完全符合赋值为 0～4 分，将父母对这些题项的得分加总后取平均值。并且将其进行标准化处理，得到 0～1 分，得分越高，父母言传身教越好。

另外，参考朱晓文（2023）的研究，本书对上述父母受教育水平、父母健康素养、家庭文化休闲支出、父母对家风的建设、父母的言传身教对应的结果进行了验证性因子分析。生成一个代表家庭文化资本的综合指标，家庭文化资本的综合指标具有良好的内部一致性，克朗巴赫 α 系数为 0.89，这表明家庭文化资本的综合指标在测量家庭方面具有较高的可信度。家庭文化资本综合指标的取值范围是 0~1 分，得分越高，家庭文化资本水平越高。

（3）家庭社会资本。

本书的家庭社会资本使用亲子关系、家庭氛围、春节亲友互动、日常亲友互动、邻里信任、邻里整合度、学校整合度、父母网络社交和隔代照料来表示。家庭社会资本测量的构成及其赋值情况如表 3.4 所示。

表 3.4　　　　　　　　　　家庭社会资本构成及其赋值情况

指标	指标描述
亲子关系	包括日常关怀（3 个题项）和了解程度（1 个题项），通过李克特 5 级量表进行评估，赋值 1~5 分，将父母对这些题项的得分加总后取均值。并进行标准化处理，得到 0~1 分，得分越高表示亲子关系越好
家庭氛围	将父母对这 3 道关于家庭氛围的得分加总后取均值，并且将其进行标准化处理，得到 0~1 分，得分越高，家庭氛围越好
春节亲友互动	将两道关于春节亲友互动的题项，作为春节亲友来访数变量，其原始取值范围为 0~100 分。本书将 0~100 按百分位数划分为四分类，编码为 0~3 的计数变量，将父母的得分加总后取均值。并且将其进行标准化处理，得到 0~1 分，得分越高，春节亲友互动越好
日常亲友互动	将两道关于日常亲友互动的题项，作为日常亲友来访数变量，其原始取值范围为 0~100 分。本书将 0~100 按百分位数划分为四分类，编码为 0~3 的计数变量，将父母的得分加总后取均值。并且将其进行标准化处理，得到 0~1 分，得分越高，日常亲友互动越好
邻里信任	将关于邻里信任的题项进行赋值，0~10 分，10 分代表非常信任，将父母对关于邻里信任的得分进行加总后取均值。并且将其进行标准化处理，得到 0~1 分，得分越高，邻里信任越高
邻里整合度	将关于邻里整合度的题项，设置为 1~5 的等级变量，将父母的得分进行加总后取均值。并且将其进行标准化处理，得到 0~1 分，得分越高，邻里整合度越高
学校整合度	将关于学校整合度的题项，设置二分类的回答项，将父母的得分进行加总后取均值。并且将其进行标准化处理，得到 0~1 分，得分越高，学校整合度越高

指标	指标描述
父母网络社交	将题项"一般情况下您使用互联网进行社交活动的频率有多高"视为网络社交程度。本书将原选项重新编码为"0 = 低水平（从不），1 = 中等水平（不是每天），2 = 高水平（几乎每天）"。本书将父母对此题项的得分进行加总取均值。并且将其进行标准化处理，得到 0~1 分，得分越高，父母网络社交程度越高
隔代照料	用"孩子白天由谁照料""孩子晚上由谁照料"两个问题来构造一个二分类虚拟变量，当孩子是由祖父母等老人照料时，则变量赋值为 1，否则取 0。本书将这些题项的得分进行加总后取均值。并且将其进行标准化处理，得到 0~1 分，得分越高，隔代照料程度越高

①亲子关系。根据刘保中等（2015）的研究，亲子关系的测量包括两个方面：日常关怀和了解程度。日常关怀的测量包括 3 个题项，回答者需要根据过去一年的实际情况，使用李克特 5 级量表进行评估（Ali et al.，2023）。这 3 个问题分别是"您和子女讨论学校里的事情的频率如何""您检查子女的家庭作业的频率如何""您要求子女完成家庭作业的频率如何"。本书通过李克特 5 级量表进行评估，赋值 1~5 分。了解程度的测量包括一个问题："当子女不在家时，您知道他和谁在一起吗"。通过李克特 5 级量表进行评估，赋值 1~5 分。在这项研究中，将父母对这四道题项的得分加总后取平均值。然后，进行标准化处理，得到 0~1 分，得分越高表示亲子关系越好。

②家庭氛围。参考吴贾等（2022）的研究，将设问"上个月父母之间争吵的次数""过去一个月子女与父母争吵的次数""与父母谈心次数（次/月）"。本书将这 3 个变量都处理成 0~1 分虚拟变量，其中 0 表示发生过争吵、无谈心，1 表示没有争吵和有谈心（Krass et al.，2021）。本书将父母对这 3 个题项的得分加总后取平均值，得分范围为 0~3 分。并且将其进行标准化处理，得到 0~1 分，得分越高，家庭氛围越好。

③春节亲友互动。参考边燕杰等（2021）的研究，将"今年春节期间有

几家亲戚拜访您家""今年春节期间有几家朋友拜访您家"作为春节亲友来访数变量，其原始取值范围为 0 ~ 100 家。本书将 0 ~ 100 按百分位数划分为四分类，编码为 0 ~ 3 的计数变量。本书将父母对这些题项得分加总后取平均值，得分范围为 0 ~ 6 分。并且将其进行标准化处理，得到 0 ~ 1 分，得分越高，春节亲友互动越好。

④日常亲友互动。参考姜俊丰（2023）的研究，将"上个月您家与周围亲戚是否有以下交往""上个月您家与朋友家是否有以下交往"作为日常亲友互动数的变量，本书将具体回答"提供帮助""看望""聊天"等 5 个题项，每个题项设置为"是 =1，否 =0"。本书将父母对所有回答的二分类指标相加得到一个 0 ~ 5 的计数变量，将父母对这些题项的得分进行加总后取平均值。并且将其进行标准化处理，得到 0 ~ 1 分，得分越高，日常亲友互动程度越高。

⑤邻里信任。参考方超（2023）的研究，将"对邻居的信任程度能打几分"作为邻里信任的变量，0 分代表非常不信任，10 分代表非常信任。本书将父母对此道题的得分进行加总后取平均值。并且将其进行标准化处理，得到 0 ~ 1 分，得分越高，邻里信任越高。

⑥邻里整合度。参考姜俊丰（2023）的研究，将"小区邻里关系如何""邻居是否会帮助您""您对小区的感情如何"视为邻里整合度，它们均为 1 ~ 5 的等级变量。本书将父母对这些题项得分进行加总后取平均值，得分范围为 3 ~ 15 分。并且将其进行标准化处理，得到 0 ~ 1 分，得分越高，邻里整合度越高。

⑦学校整合度。参考刘国艳（2015）的研究，将问卷中关于家庭与学校社会关系的变量视作学校整合度，本书将父母对"孩子成绩不如意，是否会选择联系孩子老师"的回答，进行相加后取平均值。并且将其进行标准化处理，得到 0 ~ 1 分，得分越高，学校整合度越高。

⑧父母网络社交。参考姜俊丰（2023）的研究，将题项"一般情况下您使用互联网进行社交活动的频率有多高"视为网络社交程度。本书将原选项重新编码为"0 = 低水平（从不），1 = 中等水平（不是每天），2 = 高水平

（几乎每天）"（Li et al.，2021）。本书将父母对此题项的得分进行加总后取平均值，并且将其进行标准化处理，得到 0～1 分，得分越高，父母网络社交程度越高。

⑨隔代照料。参考敦灿等（Duncan et al.，2022）的研究，将"孩子白天由谁照料""孩子晚上由谁照料"两个问题来构造一个二分类变量，当孩子是由祖父母等老人照料时，则变量赋值为 1，否则取 0。本书将这些题项的得分进行加总后取平均值。并且将其进行标准化处理，得到 0～1 分，得分越高，隔代照料程度越高。

另外，参考朱晓文（2023）的研究，本书对上述亲子关系、家庭氛围、春节亲友互动、日常亲友互动、邻里信任、邻里整合度、学校整合度、父母网络社交、隔代照料对应的结果进行了验证性因子分析，生成一个代表家庭社会资本的综合指标。家庭社会资本的综合指标具有良好的内部一致性，克朗巴赫 α 系数为 0.88，克朗巴赫 α 系数大于 0.7，这表明家庭社会资本的综合指标在测量家庭方面具有较高的可信度。家庭社会资本综合指标的取值范围是 0～1 分，得分越高，家庭社会资本水平越高。

（4）城乡。

城乡按照受访者的居住地址类型区分，分为城镇和农村，城镇编码为 1，农村编码为 0。

（5）出生世代。

以往研究证明社会变迁的代理变量为出生世代，因为世代效应刻画了在生命历程的不同阶段所经历的同一社会历史事件的不同世代在较长时间跨度上的差异（李春玲，2022）。中国家庭追踪调查是一种加速的纵向设计，该数据库同时包含多个时期的多个年龄组，属于纵向加速纵向队列设计，即不同的出生世代人群在不同的时间点开始和结束。该数据库追踪的次数多，可以分离出时期、世代和年龄效应，因此可以基于生命历程理论进行群组之间的比较（McMunn et al.，2020；Luo & Hodges，2022）。与单一纵向队列设计相比，加速纵向队列设计允许对多个出生世代的年龄信息进行更多的积累，使估算出生世代特定年龄轨迹变得越来越有可能（Lynch，2003；Bell，2014）。因此在本书中，我们根据"出生世代＝时期－年龄"的关系计算出不同的出生世代，其他与健康相关的研究中也进行过类似的处理（Liang et al.，2020；Wu，2021）。本书通过中国家庭追踪调查计算出 3 个 5 年出生世代：出生于 1995～1999 年，命名为"95 后"出生世代；出生于 2000～2004 年，命名为"00 后"出生世代；出生于 2005～2009 年，命名为"05后"出生世代。这样划分可以使每个出生世代的儿童青少年都有较长的重叠年份。另外，本书还用每 3 年划分的出生世代和每 10 年划分的出生世代重复了估计，结果与使用 5 年出生世代测量获得的结果没有显著差异。

3.1.3.3 中介变量

本书将儿童青少年健康行为作为家庭资本对儿童青少年健康影响的中介变量。儿童青少年健康行为是个复合指标，具体包括：

（1）运动。根据世界卫生组织 2020 年发布的《关于身体活动和久坐行为指南》，儿童青少年指南建议每天至少 1 个小时的中度到剧烈强度运动，以及每周至少 3 天进行肌肉增强活动。本书按照以上标准，将运动时间划分为"0＝运动未达标""1＝运动达标"。

（2）饮食。根据《中国居民健康膳食指南》，饮食健康从每天摄入水果和蔬菜、每周摄入鱼类、经常摄入豆类、经常摄入奶制品、经常摄入蛋类、经常摄入肉类这 6 个维度评价，3 个及以上维度的健康视为饮食健康（得分为 1 分），否则视为饮食不健康（得分为 0 分）（宁艳等，2022）。

（3）睡眠。问卷中"我感觉睡眠不好"，该问题采用 4 级计分法，将得分 1～2 分为较高睡眠质量（1 分），得分 3～4 分为较低睡眠质量（0 分）（May et al.，2020）。参考以往文献的基础上，本书将得分加总得到健康行为总得分，得分范围为 0～3 分。并且将其进行标准化处理，得分越高，儿童青少年健康行为越好（黄倩等，2020）。

3.1.3.4　调节变量

（1）社区居住环境水平。社区环境指数是由经济状况、马路整洁程度、成员精神面貌、居民同质性、建筑格局、房屋拥挤程度六个问题组成的综合衡量指标（Liang et al.，2021）。每个问题的得分从 1 分到 7 分，根据调查者对成员和社区的感受和印象进行评价。在本书中，将这 6 项得分进行加总，取值范围为 6～42 分，得分越高表明社区居住环境水平越高（见表 3.4）。

（2）社区卫生服务水平。社区物力资源和人力资源构成了社区卫生服务水平的评价指标，它们能够直接反映社区卫生服务水平（张瑞洁、夏昉，2019）。本书社区卫生服务水平的评价指标包括"就诊机构医疗条件（指就诊、设备、就医的交通便利程度等条件）"和"就诊机构医疗水平"。就诊机构医疗条件和就诊机构医疗水平的评价使用李克特 5 级量表，赋值为 1～5 分，将这两项得分进行加总，取值范围为 2～10 分，得分越高，表明社区卫生服务水平越高（见表3.4）。

3.1.3.5　控制变量

对于控制变量，本书评估了人口学特征和其他因素。控制变量包括人口特征：性别、年龄和民族。其他因素：地区（东、中、西部）、是否为独生子女、是否为母乳喂养、父母自评健康、父母抑郁水平、父母四周患病、学校评价[①]。这些因素可能与儿童青少年健康具有关联性，本书将其纳入分析中，以控制其对结果的影响。

[①] 参考李忠路（2016）的研究，采用"对学校的满意程度、对班主任的满意程度、对语文老师的满意程度以及对数学老师的满意程度"衡量学校评价，每题以李克特 5 级量表计量，对儿童青少年的回答进行加总，得分范围为 4～20 分。

3.2　统计分析方法

本部分主要介绍实证研究所用到的统计学方法。首先，采用固定效应模型、工具变量法、滞后项回归分析家庭资本与儿童青少年健康的因果关系。其次，利用潜变量增长中介效应模型和分层交互项来分析作用机制。最后，使用限制性立方样条发展模型分析家庭资本对儿童青少年健康的年龄效应和世代效应影响。统计分析方法的逻辑关系如图 3.2 所示。

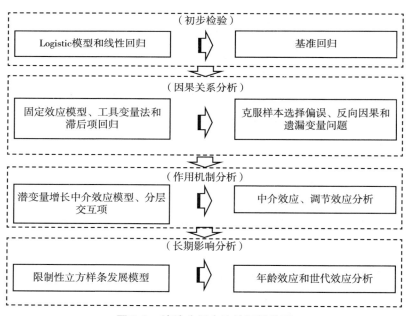

图 3.2　统计分析方法的逻辑关系

在使用统计分析方法之前，本书先对数据进行描述性分析和清理，分为以下两步。第一步：通过描述性统计分析调查样本的基本情况，分析自变量、因变量的情况，分类变量采用构成比，而连续变量采用均值和标准差来描述。第二步：缺失值会影响到模型系数估计的精确性，缺失值处理是纵向数据分析中的重要问题。多重插补法（multiple imputation，MI）是纵向数据分析中处理缺失值的常用手段，能有效处理纵向数据中变量的随机缺失问题。因此，本书将通过 MI 填补法对数据分析过程中自变量的缺失值进行填补处理。对于因变量的缺失，在潜变量增长中介模型中，本书采用全信息极大似然估计（full information maximum likelihood，FIML）法进行处理。

3.3 技 术 路 线

本书的技术路线图如图 3.3 所示，按照问题提出、框架构建、研究假设、实证分析和研究总结来构建。首先，本书通过文献分析法对已有文献、政策文件进行系统分析。在明确现实背景、政策背景、现有学术研究局限的基础上提出研究问题和初步形成研究思路。其次，在健康社会决定因素理论、家庭资本理论和生命历程理论等理论基础的指导下，构建理论分析框架。再其次，在理论分析框架指导下，通过实证分析方法分别从家庭资本与儿童青少年健康的因果关系（固定效应模型、工具变量法）、家庭资本对儿童青少年健康的作用机制（潜变量增长中介效应模型、分层交互）和家庭资本对儿童青少年健康的长期影响（限制性立方样条发展模型）三个方面展开实证分析。并具体细分为因果关系、中介效应、调节效应、年龄效应和世代效应这五个方面，分别对相关具体问题进行回应与讨论。最后，综合实证分析的研究结果，回归到家庭资本如何影响儿童青少年健康这一研究主题上，总结研究结论并提出政策启示和未来展望。

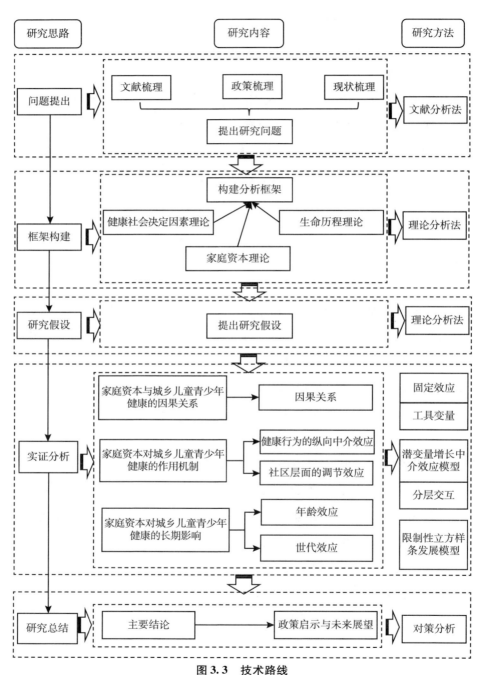

图 3.3　技术路线

第 4 章

因果关系的研究方法及应用

因果关系的研究在社会科学和自然科学领域均占有重要地位。通过明确变量之间的因果联系，研究者能够深入理解现象背后的机制，并为政策制定提供有力的科学依据。本章将围绕因果关系的定量分析方法及其应用展开讨论。

4.1　方法：因果关系的定量分析方法

因果关系的定量分析方法是研究因果效应的基础。通过这些方法，研究者可以精确地估计一个变量对另一个变量的影响，从而揭示隐藏在数据背后的因果机制。本节将详细介绍几种主要的因果分析方法，包括固定效应模型、工具变量法。

我们将探讨这些方法的理论基础、适用条件、优缺点。

4.1.1　固定效应模型

固定效应模型（fixed effects model）在因果推断中是一种常用的方法，尤其是在处理面板数据时。这种模型的关键优势在于它能够控制未观察到的个体特征对因果关系的影响，从而减少因这些特征带来的混淆偏差。本书采用固定效应模型探讨家庭经济资本、家庭文化资本和家庭社会资本是否对儿童青少年健康产生影响。固定效应模型是一种纵向数据分析模型，它将个体间不同的，且不随时间变化的变量视为固定参数并将其从等式中消除。在固定效应模型中，β 系数代表自变量每增加 1 个单位，因变量相应地改变 β 个单位。与其他面板回归模型不同，固定效应模型能够有效控制无法测量或未测量时的不变量对因变量估计的影响。使用固定效应模型的主要前提是，每个个体的因变量必须至少在两个不同的时间点上进行测量，并且因变量在这些时间点上需要有变化（Allison，2009）。本书中固定效应模型的公式如下：

$$H_{it} = a_i + \beta_1 FJ_{it} + \beta_2 FW_{it} + \beta_3 FS_{it} + \delta k_{it} + T_t + u_{it} \tag{4.1}$$

其中，H_{it} 代表儿童青少年 i 在 t 时刻的健康状况，FJ_{it} 代表儿童青少年 i 在 t 时刻的家庭经济资本水平，FW_{it} 代表儿童青少年 i 在 t 时刻的家庭文化资本水平，FS_{it} 代表儿童青少年 i 在 t 时刻的家庭社会资本水平，δk_{it} 代表一系列时变控制变量，包括年龄、性别、是否为独生子女、地区、是否母乳喂养等。β_1、β_2、β_3 是本书主要关注的效应，分别代表家庭经济资本、家庭文化资本和家庭社会资本，其每增加 1 个单位，儿童青少年的健康状况分别改变 β_1、β_2、β_3 个单位。T_t 代表时间固定效应，表示在个体间变化相同的趋势；a_i 代表可观测或不可观测的非时变变量；u_{it} 代表随机扰动项。相比一般截面回归模型（如一般线性回归模型），固定效应模型通过内部转换进行系数估计，转换后的方程表达式为：

$$H_{it} - \hat{H}_i = \beta_1 (FJ_{it} - \widehat{FJ}_i) + \beta_2 (FW_{it} - \widehat{FW}_i) + \beta_3 (FS_{it} - \widehat{FS}_i)$$
$$+ \delta (k_{it} - \hat{k}_i) + T_t - \hat{T} + u_{it} - \hat{u}_i \qquad (4.2)$$

通过转换，可观测和不可观测的非时变变量被消除了，因此因变量的变化主要依赖于时变变量以及扰动项。本书采用了稳健标准误（robust standard error，RSE）用以调整因变量的非正态性及观测值间相关导致的估计偏倚。另外，如果结局为二分类变量，式（4.1）左边则以概率的形式表示，且式（4.1）右边不存在残差项。

4.1.2 工具变量法

工具变量法（instrument variables）是一种重要的因果推断工具，用于处理反事实因果框架中的内生性问题。在本书中，进一步采用了工具变量回归来检验遗漏变量、反向因果和不可观测变量可能引起的样本自选择内生性。工具变量法的核心原理是寻找一个工具变量，该变量只通过内生变量影响因变量（陈云松，2012）。因此，选取合理的工具变量是工具变量回归的关键。本书参考尹柯坞等（Inekwe et al.，2022）的研究，以同调查年份、同社区其他儿童青少年相应的家庭经济资本、家庭文化资本和家庭社会资本指标平均数，作为工具变量。选择其作为工具变量的理由如下：同性别、出生年代接近，居住于同一社区的人群所生存的自然环境、气候相同，具备相似的经济收入、物质资源等，在生命历程经历类似的社会变迁，故而同地区、同年龄段、生活方式、经济水平等互相联系，满足工具变量与内生解释变量的相关性。其他家庭资本通常不会直接影响被访者的健康状况。尹柯坞等（Inekwe et al.，2022）也使用同社区人群的社会经济地位测量指标均值作为被访者社会经济地位的工具变量，结果显示良好。

本书参考陈云松（2012）提出的内生性检验方法，研究选取了工具变量两阶段模型对内生性进行了检验。模型构建如下。

第一阶段：

$$X_i = \eta_0 + \eta_1 + IV_i + \sum \beta_k k_i + \xi \tag{4.3}$$

第二阶段：

$$Y_j = \theta_0 + \theta_1 X_i + \sum \beta_k k_i + \mu \tag{4.4}$$

其中，X_i 代表研究探讨的核心自变量，IV_i 代表选取的工具变量，Y_j 代表研究讨论的儿童青少年健康状况，$\sum \beta_k k_i$ 代表控制变量的总效应。

值得注意的是，为了确保工具变量分析结果稳健可信，首先对几个至关重要的统计量进行判别：第一，IV_i 和 X_i 必须是强相关。如果不是强相关，则会带来弱工具变量问题，估计量就会有偏。对于弱工具变量问题，可以使用 F 统计量来判断两者之间的关系强弱。一般而言，F 统计量大于 10，则认为不存在弱工具变量问题（Stock & Yogo，2005）。第二，当工具变量的外生性无法用统计方法直接验证，是可以借助沙根检验，对多个工具变量进行检验。第三，对于一般线性回归模型和工具变量模型之间是否存在系统差异的问题，常用豪斯曼内生性检验来检测，当存在系统差异的问题，则应采纳工具变量估计量。第四，检验单方程 Probit 模型与 IV-Probit 模型之间是否存在系统差异，常用瓦尔德内生性检验（Wald test of endogeneity），当存在系统差异的问题时，则应采纳 IV-Probit 模型估计量。

在本书中，采用 Stata 16 来分析工具变量和固定效应法。

4.2 应用：家庭资本对儿童青少年健康的因果性影响

目前，国内外研究较少考虑两个方面的问题。一方面，尽管很多学者已经开展了家庭收入、亲子关系等因素与儿童青少年健康的相关性研究

（Chen et al.，2014；Daniels et al.，2018），但仍缺少因果探究。其主要原因在于社会决定论和健康选择论的相悖，使确立因果方向面临着挑战。另一方面，我国城乡独特的二元结构，使儿童青少年拥有的资源质量和数量存在差异。目前学界对"资源替代"和"资源强化"这两个假说在家庭资本与儿童青少年健康的争论，暂未形成统一的结论。本书关注于家庭资本的健康影响效果是在城市儿童青少年中更强，还是在农村儿童青少年中更强这一问题上。因此，本章主要探究以下两个问题：第一，家庭经济资本、家庭文化资本与家庭社会资本对儿童青少年健康的因果性影响有何不同？第二，拥有不同资源的城乡儿童青少年群体，家庭资本对其健康的影响有何不同？

本章的研究思路如下：首先，将 2010～2020 年的中国家庭追踪调查数据作为独立的横截面数据集合起来，初步分析家庭资本与儿童青少年健康的关联性。其次，基于中国家庭追踪调查纵向数据的特点，充分利用其面板设计，采用固定效应模型、滞后项回归和工具变量等因果推断方法探索家庭资本对儿童青少年健康的因果性影响，并进行内生性处理和稳健性检验。最后，探究家庭资本对儿童青少年健康因果性影响的城乡异质性。

4.2.1 家庭资本与儿童青少年健康的关联性

本小节将六期追踪调查数据作为独立的横截面数据集合起来进行分析，探索家庭资本与儿童青少年健康之间的相关性。表 4.1 的模型 1 表示家庭资本对儿童青少年自评健康的影响，结果显示仅纳入家庭经济资本、家庭文化资本和家庭社会资本，以及城乡居住地和控制变量后，家庭经济资本越高，儿童青少年自评健康的水平越高（$\beta = 0.129$，$p < 0.001$），说明呈现出了正向相关。家庭文化资本与儿童青少年自评健康之间存在显著的正向相关（$\beta = 0.118$，$p < 0.001$）。

表 4.1　　　　家庭资本对儿童青少年健康影响的关联性估计

变量	自评健康		抑郁水平		四周患病	
	模型 1	模型 2	模型 3	模型 4	模型 5	模型 6
截距	3.271 *** (0.006)	3.267 *** (0.006)	13.932 *** (0.111)	13.544 *** (0.152)	11.798 *** (0.266)	11.427 *** (0.393)
家庭经济资本	0.129 *** (0.001)	0.119 *** (0.001)	−0.203 *** (0.024)	−0.127 *** (0.028)	−0.185 * (0.071)	−0.020 * (0.010)
家庭文化资本	0.118 *** (0.002)	0.113 *** (0.002)	−0.151 *** (0.027)	−0.212 * (0.090)	−0.191 ** (0.059)	−0.359 ** (0.074)
家庭社会资本	0.119 *** (0.002)	0.112 *** (0.002)	−0.170 *** (0.025)	−0.096 *** (0.014)	−0.197 (0.193)	−0.165 (0.166)
城市（参照：农村）	0.023 *** (0.004)	0.034 *** (0.003)	−0.370 *** (0.038)	−0.340 *** (0.042)	0.173 ** (0.044)	0.196 * (0.067)
健康行为		0.017 * (0.006)		−0.043 *** (0.005)		−0.041 *** (0.006)
社区居住环境水平		0.024 *** (0.004)		−0.076 * (0.001)		−0.021 *** (0.003)
社区卫生服务水平		0.017 *** (0.003)		−0.232 *** (0.018)		−0.055 *** (0.006)
汉族（参照：少数民族）	0.009 (0.005)	0.009 (0.006)	0.021 (0.025)	−0.075 (0.038)	0.185 (0.161)	0.020 (0.075)
独生子女	0.013 (0.011)	0.012 (0.011)	0.220 *** (0.027)	0.133 *** (0.026)	−0.010 (0.066)	−0.052 (0.069)
母乳喂养	0.001 (0.002)	0.001 (0.002)	0.110 (0.098)	−0.057 (0.109)	−0.254 *** (0.037)	−0.024 (0.039)
年龄	0.004 * (0.002)	0.005 * (0.002)	0.054 *** (0.010)	0.061 * (0.029)	0.082 (0.078)	0.059 (0.081)
父母健康状况[a]	0.003 (0.002)	0.003 (0.002)	0.102 (0.082)	−0.032 (0.087)	−0.359 *** (0.032)	−0.222 *** (0.033)

续表

变量	自评健康		抑郁水平		四周患病	
	模型 1	模型 2	模型 3	模型 4	模型 5	模型 6
学校评价	0.012 *** (0.002)	0.012 *** (0.002)	− 0.070 *** (0.015)	− 0.096 *** (0.014)	− 0.197 *** (0.033)	− 0.165 * (0.026)
东部（参照：西部）	0.041 (0.037)	0.005 (0.044)	− 0.230 *** (0.020)	− 0.158 *** (0.036)	− 0.145 *** (0.011)	− 0.019 (0.068)
中部（参照：西部）	0.038 (0.063)	0.084 *** (0.013)	− 0.135 *** (0.010)	− 0.141 *** (0.011)	− 0.038 *** (0.006)	− 0.163 (0.138)
男孩（参照：女孩）	0.001 (0.001)	0.001 (0.001)	0.134 (0.132)	0.124 (0.130)	0.100 (0.092)	0.057 (0.049)
$R^2/Pseudo\_R^2$	0.083		0.084		0.091	
样本量	8886		8839		10375	

注：展示的是估计系数，括号内为标准误。*** 表示 $p < 0.001$，** 表示 $p < 0.01$，* 表示 $p < 0.05$。a 表示父母的健康得分均值，在估计儿童青少年健康相关指标时，对应的父母健康状况，例如，在估计儿童抑郁水平时，模型纳入的是父母抑郁水平均值。模型 5 的结果展示了家庭资本对儿童青少年四周患病率的影响。其中，家庭文化资本与儿童青少年四周患病率呈负相关。出现这种现象可能是父母教育程度和健康素养越好，其能在日常生活中纠正儿童青少年不良生活习惯，使儿童青少年患病率降低。

家庭社会资本与儿童青少年自评健康之间也存在显著的正向相关（$\beta = 0.119$，$p < 0.001$）。模型 3 的结果展示了家庭经济资本越高，儿童青少年的抑郁水平越低（$\beta = -0.203$，$p < 0.001$），家庭文化资本、家庭社会资本与儿童青少年抑郁水平之间也存在显著的负向相关（$\beta = -0.151$，$p < 0.001$；$\beta = -0.170$，$p < 0.001$）。

另外，模型 2、模型 4 和模型 6 分别在模型 1、模型 3 和模型 5 的基础上纳入了健康行为、社区居住环境水平和社区卫生服务水平变量。结果发现，儿童青少年健康行为、社区居住环境水平和社区卫生服务水平与儿童青少年健康在一定程度上呈现相关关系。这说明需要进一步验证健康行为、社区居住环境水平和社区卫生服务水平在家庭资本与儿童青少年健康之间是否发挥作用。同时，其他控制变量也显示了相关关系。

虽然以上相关性分析能揭示家庭资本与儿童青少年健康的初步关联模式，但仍不足以形成因果关系的证据。因此，接下来本书将利用纵向数据的优势，逐一克服遗漏变量偏误和忽略双向因果等内生性问题。

4.2.2　家庭资本对儿童青少年健康的因果性影响

本小节主要探究家庭资本对儿童青少年健康的因果性影响。具体而言，本书在纵向数据的基础上，利用固定效应模型，纳入调查年份的虚拟变量，以处理随时间变化的宏观因素的混淆性偏误。然后，通过设置滞后项和工具变量法进行内生性处理。最后，使用多种方法进行稳健性检验分析。

4.2.2.1　基准回归模型

表4.2展示了利用固定效应模型探究家庭资本对儿童青少年健康的因果性影响。与表4.1相比，表4.2的一个明显变化是：家庭经济资本与儿童青少年四周患病率的关系在5%水平上不具有统计显著性。另外，家庭经济资本、家庭文化资本与儿童青少年自评健康的估计系数虽然降低，但仍然存在。最后，家庭经济资本、家庭文化资本与儿童青少年抑郁水平的估计系数虽然降低，但仍然存在。上述分析结果揭示了潜在混淆性因素不可忽视的影响。基于横截面数据分析发现的家庭经济资本和家庭社会资本与儿童青少年四周患病率的关联，很可能是由未观测到的遗漏变量引起的。这表明普通回归估计方法可能会高估家庭资本对健康的影响，而固定效应模型消除了那些不随时间变化，且与家庭资本之间具有关联的混杂因素，从而得到更加可靠的估计。

为了探究家庭社会资本是否能解释一部分家庭经济资本、家庭文化资本对儿童青少年健康的影响，本书在表4.2的模型7、模型9、模型11中未纳入家庭社会资本的变量，而在模型 8、模型 10 和模型 12 中纳入了家庭社会资本变量。

表 4.2　　　　　家庭资本对儿童青少年健康影响的因果性估计

变量	自评健康		抑郁水平		四周患病	
	模型 7	模型 8	模型 9	模型 10	模型 11	模型 12
截距	3.261 *** (0.007)	3.277 *** (0.003)	13.962 *** (0.097)	13.534 *** (0.126)	11.778 *** (0.006)	11.457 *** (0.032)
家庭经济资本	0.048 *** (0.001)	0.046 *** (0.001)	− 0.059 *** (0.013)	− 0.051 ** (0.012)	− 0.024 (0.017)	− 0.023 (0.017)
家庭文化资本	0.049 *** (0.001)	0.045 ** (0.012)	− 0.128 * (0.045)	− 0.119 * (0.045)	− 0.022 * (0.018)	− 0.014 * (0.006)
家庭社会资本		0.020 *** (0.002)		− 0.056 *** (0.011)		− 0.008 (0.005)
城市（参照：农村）	0.039 ** (0.012)	0.036 ** (0.011)	− 0.370 *** (0.038)	− 0.340 *** (0.042)	0.008 (0.012)	0.009 (0.012)
健康行为	− 0.017 * (0.006)	− 0.013 (0.007)	− 0.040 *** (0.006)	− 0.038 *** (0.006)	− 0.038 *** (0.009)	− 0.071 *** (0.010)
社区居住环境水平	0.024 *** (0.004)	0.024 *** (0.004)	− 0.076 * (0.031)	− 0.070 * (0.031)	− 0.053 *** (0.003)	− 0.049 *** (0.002)
社区卫生服务水平	0.017 *** (0.003)	0.014 *** (0.002)	− 0.035 * (0.018)	− 0.031 * (0.011)	− 0.055 * (0.023)	− 0.051 * (0.020)
控制变量	控制		控制		控制	
年份固定效应	控制		控制		控制	
$R^2/Pseudo\_R^2$	0.085		0.088		0.093	
样本量	8886		8839		10375	

注：表内展示的是估计系数（标准误）。*** 表示 $p < 0.001$，** 表示 $p < 0.01$，* 表示 $p < 0.05$。控制变量是性别、年龄、母乳喂养、地区、父母自评健康、父母患病情况、父母抑郁水平、民族、学校评价、是否为独生子女。

表 4.2 的模型 7 显示，在控制其他变量的情况下，家庭经济资本和家庭文化资本的提高能够对儿童青少年产生积极的自评健康效应。对于家庭经济资本，每增加 1 个单位，儿童青少年自评健康水平则会增加 0.048 分（p <0.001）。家庭文化资本每上升 1 个单位，儿童青少年自评健康水平则增加 0.049 分（p < 0.001）。表 4.2 的模型 8 是在模型 7 的基础上纳入了家庭社会资本变量。结果发现，家庭社会资本每上升 1 个单位，儿童青少年自评健康水平则增加 0.020 分（p < 0.001）。与表 4.2 的模型 7 相比，模型 8 中家庭经济资本和文化资本变量的回归系数的绝对值都有所下降，该结果表明家庭社会资本解释了一部分家庭经济资本和家庭文化资本对儿童青少年自评健康的影响效应。

表 4.2 的模型 9 显示，在控制其他变量的情况下，家庭经济资本能够对儿童青少年产生积极的心理健康效应。对于家庭经济资本，每增加 1 个单位，儿童青少年抑郁水平则会下降 0.059 分（p < 0.001）。表 4.2 的模型 10 是在模型 9 的基础上纳入了家庭社会资本变量。结果发现，家庭社会资本每上升 1 个单位，儿童青少年抑郁水平下降 0.056 分（p < 0.001）。与表 4.2 的模型 9 相比，模型 10 中家庭经济资本和文化资本变量的回归系数的绝对值都有所下降，表明家庭社会资本解释了一部分家庭经济资本和家庭文化资本对儿童青少年抑郁的影响效应。

同样地，表 4.2 的模型 11 和模型 12 显示，家庭文化资本每增加 1 个单位，儿童青少年四周患病率则会下降（p < 0.05）。与模型 11 相比，模型 12 中家庭经济资本和家庭文化资本变量的回归系数的绝对值都有所下降。表明家庭社会资本解释了一部分家庭经济资本和家庭文化资本对儿童青少年四周患病率的影响效应。

4.2.2.2　内生性处理

家庭资本对儿童青少年健康的影响可能存在以下三种内生性问题。

其一，双向因果/联立偏误。例如，一方面，"社会决定论"认为家庭社会经济地位是儿童青少年健康的根本性原因。已有研究也证实家庭社会经济地位越高，居民健康的可能性越高（Terry，2019），因果方向应该由家庭资本指向儿童青少年健康。另一方面，"健康选择论"则认为由于儿童青少年本身健康状况不佳，会使家庭经济负担变重，因果方向由儿童青少年健康状况指向家庭资本（Ramos-Goñi et al.，2022；张兴祥等，2022）。因此，这样相悖的两个假设并不能确定是否是家庭资本影响了儿童青少年健康。

其二，遗漏变量。家庭的一些不可观测因素，可能同时影响家庭资本和儿童青少年的健康状况。以往研究显示，影响家庭收入的因素往往同时也影响着儿童的健康。例如，父母生病、职业地点变换、迁移等因素，这些因素或者通过改变家庭的资源供给，或者通过改变父母照料孩子的时间投入，而同时作用于家庭资本和儿童青少年的健康状况（吴贾等，2022）。因此难以识别家庭资本对儿童青少年健康影响的因果效应。

其三，选择偏误。在数据分析中，研究者需要注意样本选择的问题。如果在探讨家庭资本对儿童青少年健康的影响时，只分析家庭资本较高的样本，而忽略了那些家庭资本较低的样本，那么就可能导致对家庭资本与儿童青少年健康之间因果关系的估计不准确（陈云松、范晓光，2010）。

本章使用了固定效应模型来估计家庭资本与儿童青少年健康之间的因果关系。这一方法在一定程度上克服了不随时间变化的固定混杂带来的内生性问题，同时双向固定效应设计也能够在部分程度上控制随时间变化的内生性混杂。然而，这种方法没有充分利用面板数据中"因"与"果"的时间先后顺序进行因果推断。因此，接下来的研究中，将采用滞后项回归方法，将家庭资本变量和控制变量都设置为一阶滞后项，然后对儿童青少年健康进行回归估计。这个方法有助于更进一步地探讨家庭资本对儿童青少年健康的因果关系，考虑了时间上的滞后性，从而提高了因果推断的可信度。

另外，虽然对于那些随时间变化的宏观因素的混淆性偏误，本书通过在固定效应模型中纳入调查年份的虚拟变量来处理，但仍存在随时间变化的微观因素的内生性问题。本书参考陈云松（2012）的处理办法，使用固定效应与工具变量方法加以解决，以获得更为稳健的结论。因此，本小节先设置滞后项，再结合固定效应和工具变量法，以此解决内生性问题。在设置滞后项回归后，表4.3所得结果与表4.1的估计基本一致，但健康效应量存在明显减小，说明在克服双向因果问题后，家庭资本越高，依然给儿童青少年带来较好的健康效应。例如，家庭文化资本越高，儿童青少年越有可能得到较低的四周患病率（$\beta = -0.013$，p < 0.05）。家庭社会资本越高，其儿童青少年的抑郁水平越低（$\beta = -0.073$，p < 0.01）。这些积极的健康效应随着时间的推移，虽然会略微减弱，但依然可能长期存在。与表4.2的结果相比，滞后项回归结果更倾向于具有统计学意义，说明家庭资本影响儿童青少年健康的过程中，个体固有特征的内生性影响要比双向因果关系带来的联立偏误内生性问题要略强。

表4.3　基于滞后项回归的家庭资本对儿童青少年健康影响的因果性估计

变量	模型13 自评健康		模型14 抑郁水平		模型15 四周患病	
	β	R_SE	β	R_SE	β	R_SE
家庭经济资本	0.043 ***	0.001	− 0.054 **	0.012	− 0.011	0.007
家庭文化资本	0.042 ***	0.005	− 0.063 *	0.026	− 0.013 *	0.005
家庭社会资本	0.030 ***	0.001	− 0.073 **	0.021	− 0.008	0.005
控制变量	控制		控制		控制	
年份固定效应	控制		控制		控制	
R^2/Pseudo_R^2	0.081		0.085		0.087	
样本量	8886		8839		10375	

注：β 和 R_SE 展示的是估计系数和标准误。*** 表示 p < 0.001，** 表示 p < 0.01，* 表示 p < 0.05。控制变量为性别、年龄、是否为母乳喂养、地区、父母自评健康、父母患病情况、父母抑郁水平、民族、学校评价、是否为独生子女、健康行为、社区卫生服务水平和社区居住环境。

对于固定效应结合工具变量方法，本书选择同调查年份同社区其他家庭资本状况的平均数，作为工具变量，以缓解内生性问题（陈云松，2013）。本书针对所选工具变量的外生性和有效性进行了统计检验，相关检验的统计量如表4.4、表4.5和表4.6所示。弱工具变量检验显示的是 F 统计值，这些 F 统计值均大于 10，表明不存在弱工具变量问题，即研究选取的工具变量与家庭资本有着较强的相关性，符合工具变量回归的条件。

表 4.4　　家庭经济资本对儿童青少年健康影响的工具变量模型估计

阶段	变量	自评健康		抑郁水平		四周患病	
		β	R_SE	β	R_SE	β	R_SE
第一阶段	社区家庭经济资本均值	0.178 ***	0.012	− 0.057 ***	0.023	− 0.179	0.099
	截距	3.573 ***	0.006	13.034 ***	0.003	11.125 ***	0.097
	控制变量	控制		控制		控制	
	年份固定效应	控制		控制		控制	
	R^2/Pseudo_R^2	0.09		0.089		0.09	
	样本量	8886		8839		10375	
第二阶段	家庭经济资本	0.027 ***	0.003	− 0.051 *	0.022	− 0.018	0.012
	截距	3.452 ***	0.016	13.137 ***	0.005	11.147 ***	0.044
	控制变量	控制		控制		控制	
	年份固定效应	控制		控制		控制	
	弱工具变量检验	14.39		23.43		15.5	
	样本量	8886		8839		10375	

注：β 和 R_SE 展示的是估计系数和标准误。*** 表示 $p < 0.001$，** 表示 $p < 0.01$，* 表示 $p < 0.05$。控制变量为性别、年龄、是否为母乳喂养、地区、父母自评健康、父母患病情况、父母抑郁水平、民族、学校评价、是否为独生子女、健康行为、社区卫生服务水平和社区居住环境。

表4.4的研究结果发现，家庭经济资本对儿童青少年自评健康影响的工具变量回归结果与基准回归结果相类似，家庭经济资本越高，儿童青少年自

评健康水平越高（$\beta = 0.027$，$p < 0.001$），家庭经济资本越高，儿童青少年抑郁水平越低（$\beta = -0.051$，$p < 0.05$），这表明家庭经济资本越高，儿童青少年有更好的健康水平，且结果具有稳定的因果关系。对于家庭文化资本，工具变量回归的结果与基准回归结果类似。表4.5的结果表明，家庭文化资本越高，儿童青少年自评健康水平越高（$\beta = 0.025$，$p < 0.05$），家庭文化资本越高，儿童青少年抑郁水平越低（$\beta = -0.110$，$p < 0.05$），这表明家庭文化资本越高，儿童青少年有更好的健康水平，且结果具有稳定的因果关系。表4.6的结果表明，家庭社会资本对自评健康影响的工具变量回归结果与基准回归结果相类似，家庭社会资本越高，儿童青少年自评健康水平越高（$\beta = 0.019$，$p < 0.001$），家庭社会资本越高，儿童青少年抑郁水平越低（$\beta = -0.029$，$p < 0.001$）。这表明家庭社会资本越高，儿童青少年有更好的健康水平，且结果具有稳定的因果关系。

表 4.5　　家庭文化资本对儿童青少年健康影响的工具变量模型估计

阶段	变量	自评健康		抑郁水平		四周患病	
		β	R_SE	β	R_SE	β	R_SE
第一阶段	社区家庭文化资本均值	0.176 ***	0.012	−0.077 **	0.012	−0.175 ***	0.012
	截距	3.300 ***	0.112	13.305 ***	0.112	11.310 ***	0.113
	控制变量	控制		控制		控制	
	年份固定效应	控制		控制		控制	
	R^2/Pseudo_R^2	0.219		0.221		0.218	
	样本量	8886		8839		10375	
第二阶段	家庭文化资本	0.025 *	0.010	−0.110 *	0.042	−0.028 *	0.010
	截距	3.730 ***	0.310	13.541 ***	0.321	11.259 ***	0.331
	控制变量	控制		控制		控制	

续表

阶段	变量	自评健康		抑郁水平		四周患病	
		β	R_SE	β	R_SE	β	R_SE
第二阶段	年份固定效应	控制		控制		控制	
	弱工具变量检验	21.43		21.1		20.79	
	样本量	8886		8839		10375	

注：β 和 R_SE 展示的是估计系数和标准误。*** 表示 $p<0.001$，** 表示 $p<0.01$，* 表示 $p<0.05$。控制变量为性别、年龄、是否为母乳喂养、地区、父母自评健康、父母患病情况、父母抑郁水平、民族、学校评价、是否为独生子女、健康行为、社区卫生服务水平和社区居住环境。

表 4.6　　家庭社会资本对儿童青少年健康影响的工具变量模型估计

阶段	变量	自评健康		抑郁水平		四周患病	
		β	R_SE	β	R_SE	β	R_SE
第一阶段	社区家庭社会资本均值	0.169	0.203	−1.100 ***	0.212	−0.138	0.22
	截距	3.576 ***	0.154	13.426 ***	0.155	11.233 ***	0.021
	控制变量	控制		控制		控制	
	年份固定效应	控制		控制		控制	
	$R^2/Pseudo\_R^2$	0.219		0.221		0.218	
	样本量	8886		8839		10375	
第二阶段	家庭社会资本	0.019 ***	0.003	−0.029 ***	0.003	−0.009	0.005
	截距	3.555 ***	0.153	13.311 ***	0.122	11.212 ***	0.034
	控制变量	控制		控制		控制	
	年份固定效应	控制		控制		控制	
	弱工具变量检验	23.22		23.56		18.68	
	样本量	8886		8839		10375	

注：β 和 R_SE 展示的是估计系数和标准误。*** 表示 $p<0.001$，** 表示 $p<0.01$，* 表示 $p<0.05$。控制变量为性别、年龄、是否为母乳喂养、地区、父母自评健康、父母患病情况、父母抑郁水平、民族、学校评价、是否为独生子女、健康行为、社区卫生服务水平和社区居住环境。

4.2.2.3 稳健性检验

为了验证基准回归结果的可靠性，本书从以下两个方面进行稳健性检验：

（1）调整追踪次数。参考吴菲（2021）的研究，本书使用 2014 年、2016 年、2018 年和 2020 年连续四期均参与调查的样本，重新进行固定效应模型分析，回归结果如表 4.7 所示。对比表 4.2 的结果，可以发现，在调整追踪次数后，家庭经济资本、家庭文化资本和家庭社会资本对儿童青少年自评健康的积极效应仍保持稳健；家庭经济资本、家庭文化资本和家庭社会资本对儿童青少年抑郁水平的负向效应仍保持稳健；家庭经济资本、家庭文化资本和家庭社会资本对儿童青少年四周患病率的负向效应仍保持稳健。具体而言，在控制其他变量的情况下，家庭经济资本和家庭文化资本的提高能够对儿童青少年产生积极的自评健康效应。对于家庭经济资本，每增加 1 个单位，儿童青少年自评健康水平则会上升 0.056 分。家庭文化资本每上升 1 个单位，儿童青少年自评健康水平则增加 0.058 分。家庭社会资本每上升 1 个单位，儿童青少年自评健康水平则上升 0.055 分。

表 4.7 调整追踪次数的稳健性检验

变量	模型 16 自评健康		模型 17 抑郁水平		模型 18 四周患病	
	β	R_SE	β	R_SE	β	R_SE
家庭经济资本	0.056 ***	0.001	− 0.069 **	0.019	− 0.011	0.007
家庭文化资本	0.058 **	0.005	− 0.047 *	0.022	− 0.020 *	0.008
家庭社会资本	0.055 ***	0.002	− 0.055 *	0.023	− 0.016	0.009
控制变量	控制		控制		控制	
年份固定效应	控制		控制		控制	
R^2/Pseudo_R^2	0.082		0.083		0.092	
样本量	8886		8839		10375	

注：β 和 R_SE 展示的是估计系数和标准误。*** 表示 $p < 0.001$，** 表示 $p < 0.01$，* 表示 $p < 0.05$。控制变量为性别、年龄、是否为母乳喂养、地区、父母自评健康、父母患病情况、父母抑郁水平、民族、学校评价、是否为独生子女、健康行为、社区卫生服务水平和社区居住环境。

（2）调整因变量。本书将自评健康和抑郁水平由连续变量调整为二分类虚拟变量。具体而言，对自评健康的评价中"不好、一般"划分为不健康，赋值为 0，"比较好、好、非常好"划分为健康，赋值为 1。另外，本书将抑郁得分大于均值的表示有抑郁风险，将小于或等于抑郁得分均值的表示无抑郁风险（Tang et al.，2020）。表 4.8 给出了调整因变量的回归结果，对比表 4.2 的结果，可以发现，家庭经济资本、家庭文化资本和家庭社会资本变量与儿童青少年自评健康、抑郁水平的关系与基准回归结果类似。具体而言，在儿童青少年的自评健康方面，相比于拥有较低水平的家庭经济资本，拥有较高水平的家庭经济资本能够使儿童青少年自评健康的概率增加。相比于拥有较低水平的家庭文化资本、家庭社会资本，拥有较高水平的家庭文化资本、家庭社会资本能够使儿童青少年自评健康的概率增加。而在儿童青少年发生抑郁风险方面，相比于拥有较低水平的家庭经济资本，拥有较高水平的家庭经济资本能够使儿童青少年抑郁风险的概率降低。相比于拥有较低水平的家庭文化资本、家庭社会资本，拥有较高水平的家庭文化资本、家庭社会资本能够使儿童青少年抑郁风险的概率降低。这些结果说明了基准回归估计的结果较为稳健。更多的稳健性检验方法可以参考埃里克·诺伊迈耶的《定量研究中的稳健性检验》。

表 4.8　　　　　　　　　　　　**调整因变量的稳健性检验**

变量	模型 19 自评健康		模型 20 抑郁水平	
	β	R_SE	β	R_SE
家庭经济资本	0.145 ***	0.003	− 0.126 *	0.052
家庭文化资本	0.143 *	0.058	− 0.188 *	0.063
家庭社会资本	0.141 *	0.054	− 0.135 *	0.054
控制变量	控制		控制	
年份固定效应	控制		控制	
R^2/Pseudo_R^2	0.084		0.086	
样本量	8886		8839	

注：β 和 R_SE 展示的是估计系数和标准误。*** 表示 $p < 0.001$，** 表示 $p < 0.01$，* 表示 $p < 0.05$。控制变量为性别、年龄、是否为母乳喂养、地区、父母自评健康、父母患病情况、父母抑郁水平、民族、学校评价、是否为独生子女、健康行为、社区卫生服务水平和社区居住环境。

4.2.3　城乡异质性分析

本小节主要探索家庭资本对儿童青少年健康影响的城乡差异，即分析拥有不同资源数量和质量的城乡儿童青少年，家庭资本对其健康的影响效应有何不同。

图4.1展示了家庭经济资本对儿童青少年健康影响的城乡差异。随着家庭经济资本的增加，农村儿童青少年自评健康水平的上升速率更快，城市儿童青少年自评健康水平的上升速率相对较慢，自评健康的城乡差异随着家庭经济资本的增加而逐步缩小。在抑郁水平指标中，随着家庭经济资本的增加，农村儿童青少年抑郁水平下降的速率比城市儿童青少年更快，抑郁水平的城乡差异随着家庭经济资本的增加而逐步缩小，甚至出现农村反超的情况。可见，家庭经济资本对城市儿童青少年的健康影响，在家庭经济资本高水平时，是弱于农村儿童青少年。因此，"资源替代假说"得到验证，即家庭经济资本对弱势群体（在本文中表示的是农村儿童青少年）的健康影响效应更大。如同"资源替代假说"所述，农村儿童青少年享有的社会经济资源有限，其他可替代资源对健康产生作用的资源较少，故相对于城市儿童青少年，提升家庭经济资本对农村儿童青少年的健康发挥了更为重要的作用。

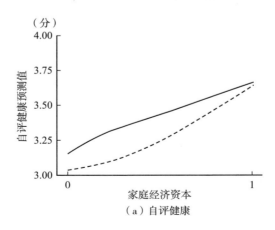

（a）自评健康

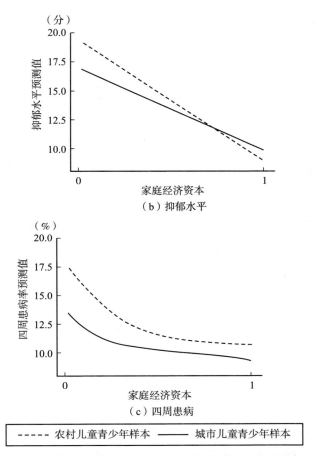

（b）抑郁水平

（c）四周患病

- - - - 农村儿童青少年样本　　——　城市儿童青少年样本

图 4.1　家庭经济资本对儿童青少年健康影响的城乡差异

注：横坐标中 0~1 表示家庭经济资本的取值范围，数值越大代表家庭经济资本水平越高。

　　进一步地，我们区分和估计家庭经济资本的具体指标（家庭收入、父母职业地位、家庭资产和父母自评社会经济地位）是否存在健康效应上的差异，这种更细致的分析有助于我们更好地解释为何家庭经济资本对城乡儿童青少年健康的影响存在差异。

　　表 4.9 和表 4.10 分别显示了家庭经济资本与城乡儿童青少年健康之间的联系。首先，对于儿童青少年的自评健康，家庭高收入仅与农村儿童青少年

较好的自评健康相联系（$\beta = 0.046$，$p < 0.001$），而与城市儿童青少年自评健康的关联在5%水平上无统计显著性。但是家庭资产与城市和农村儿童青少年自评健康均存在不同程度的积极联系，相较于城市家庭资产低水平，城市家庭资产高水平的儿童青少年自评健康水平较高（$\beta = 0.116$，$p < 0.001$）。父母职业地位较高的城市和农村儿童青少年，自评健康水平较高（$\beta = 0.067$，$p < 0.05$；$\beta = 0.187$，$p < 0.01$）。父母自评经济地位中等水平与城市儿童青少年的自评健康的关联在5%水平上无统计显著性，但父母自评经济地位中等水平的家庭与农村儿童的自评健康存在显著联系（$\beta = 0.102$，$p < 0.001$）。

对于儿童青少年抑郁水平，家庭资产较多的城市和农村儿童青少年，抑郁水平较低。父母职业地位较高的儿童青少年，抑郁水平较低（$\beta = -0.049$，$p < 0.05$；$\beta = -0.064$，$p < 0.05$）。父母自评社会经济地位较高的农村儿童青少年，抑郁水平越低。对于儿童青少年四周患病率，父母职业地位较高的城市和农村儿童青少年，四周患病率较低（$\beta = -0.070$，$p < 0.05$；$\beta = -0.107$，$p < 0.01$）。这可能的解释是父母职业地位较高的家庭，有足够的健康素养和文化水平，以增强儿童免疫力，减少患病概率。

以上结果说明了在城市儿童青少年中，家庭高收入水平并不能对城市儿童青少年有明显的积极健康效应，而是足够多的家庭资产和父母职业地位更能带给儿童青少年健康发展。并且，家庭经济资本中家庭年均收入、父母职业地位和家庭资产对城市儿童青少年的健康影响是弱于农村儿童青少年。

表4.9　　　家庭经济资本对儿童青少年健康的影响（城市样本）

指标项	变量	模型21 自评健康		模型22 抑郁水平		模型23 四周患病	
		β	R_SE	β	R_SE	β	R_SE
家庭收入（参照：低）	中	0.018 **	0.007	− 0.122 ***	0.015	− 0.022	0.039
	高	0.038	0.024	− 0.114 ***	0.007	− 0.045	0.021
父母职业地位（参照：低）	中	0.147 ***	0.011	0.002	0.058	− 0.045	0.028
	高	0.067 *	0.030	− 0.049 *	0.022	− 0.070 *	0.030

续表

指标项	变量	模型 21 自评健康		模型 22 抑郁水平		模型 23 四周患病	
		β	R_SE	β	R_SE	β	R_SE
家庭资产 （参照：低）	中	0.012 *	0.005	− 0.115 ***	0.017	− 0.042	0.036
	高	0.116 ***	0.014	− 0.170 ***	0.002	− 0.063	0.037
自评经济地位 （参照：低）	中	0.018	0.012	− 0.058 ***	0.002	0.053	0.032
	高	0.081 ***	0.010	− 0.075 ***	0.002	0.223	0.214
控制变量		控制		控制		控制	
年份固定效应		控制		控制		控制	
$R^2 / Pseudo\_R^2$		0.084		0.084		0.085	
样本量		3627		3467		4348	

注：β 和 R_SE 展示的是估计系数和标准误。*** 表示 $p < 0.001$，** 表示 $p < 0.01$，* 表示 $p < 0.05$。控制变量为性别、年龄、是否为母乳喂养、地区、父母自评健康、父母患病情况、父母抑郁水平、民族、学校评价、是否为独生子女、健康行为、社区卫生服务水平和社区居住环境。表中低、中、高表示家庭经济资本各具体指标的得分在标准化后，将其划分成三等分，分别为高水平、中等水平和低水平。

表 4.10 家庭经济资本对儿童青少年健康的影响（农村样本）

指标项	变量	模型 24 自评健康		模型 25 抑郁水平		模型 26 四周患病	
		β	R_SE	β	R_SE	β	R_SE
家庭收入 （参照：低）	中	0.023 *	0.011	− 0.103 ***	0.013	− 0.024	0.032
	高	0.046 ***	0.002	− 0.101 ***	0.016	− 0.040	0.043
父母职业地位 （参照：低）	中	0.174 ***	0.023	0.024	0.054	− 0.053	0.021
	高	0.187 **	0.056	− 0.064 *	0.022	− 0.107 **	0.030
家庭资产 （参照：低）	中	0.118 **	0.030	− 0.142 ***	0.012	− 0.052 ***	0.002
	高	0.213 ***	0.023	− 0.136 ***	0.014	− 0.073	0.034
自评经济地位 （参照：低）	中	0.102 ***	0.022	0.063 ***	0.002	0.062	0.043
	高	0.123 ***	0.020	− 0.081 ***	0.021	0.081	0.092
控制变量		控制		控制		控制	
年份固定效应		控制		控制		控制	
$R^2 / Pseudo\_R^2$		0.086		0.083		0.088	
样本量		5259		5372		6027	

注：β 和 R_SE 展示的是估计系数和标准误。*** 表示 $p < 0.001$，** 表示 $p < 0.01$，* 表示 $p < 0.05$。控制变量为性别、年龄、是否为母乳喂养、地区、父母自评健康、父母患病情况、父母抑郁水平、民族、学校评价、是否为独生子女、健康行为、社区卫生服务水平和社区居住环境。表中低、中、高表示家庭经济资本各具体指标的得分在标准化后，将其划分成的三等分，分别为高水平、中等水平和低水平。

图4.2展示了家庭文化资本对儿童青少年健康影响的城乡差异。随着家庭文化资本的提高，农村儿童青少年自评健康水平的上升速率更快，城市儿童青少年自评健康水平的上升速率相对较慢，即自评健康的城乡差异随着家庭文化资本的提高将逐步缩小。另外，随着家庭文化资本的增加，农村儿童青少年抑郁水平下降的速率比城市儿童青少年更快，抑郁水平的城乡差异随着家庭文化资本的增加而逐步缩小。可见，家庭文化资本对城市儿童青少年的健康影响，在家庭文化资本高水平时，是弱于农村儿童青少年。如同"资源替代假说"所述，农村儿童青少年享有的社会经济资源有限，其他可替代资源对健康产生作用的资源较少。故相对于城市儿童青少年，提升家庭文化资本对农村儿童青少年的健康发挥了更为重要的作用。

进一步地，我们区分和估计家庭文化资本的具体指标（父母教育水平、父母健康素养、家庭文化休闲支出、家风建设和父母言传身教）是否存在健康效应上的差异，这种更细致的分析有助于我们更好地解释为何家庭文化资本对城乡儿童青少年健康的影响存在差异。

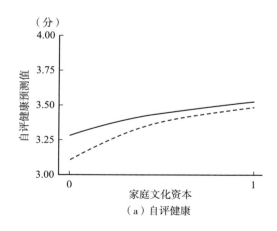

（a）自评健康

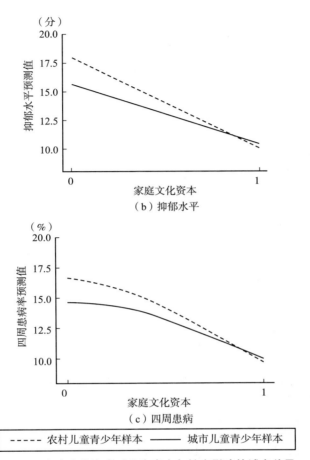

图4.2 家庭文化资本对儿童青少年健康影响的城乡差异

注：横坐标中0~1表示家庭文化资本的取值范围，数值越大代表家庭文化资本越高。

表4.11和表4.12分别显示了家庭文化资本与城乡儿童青少年健康之间的联系。对于儿童青少年的自评健康，父母教育中等水平仅与农村儿童青少年较好的自评健康相联系（$\beta = 0.026$，$p < 0.001$），而父母教育中等水平与城市儿童青少年的自评健康的关联在5%水平上无统计显著性。但是父母健康素养高水平与城乡儿童青少年自评健康均存在不同程度的积极联系，城市父母健康素养高水平，与儿童青少年自评健康高水平有关联（$\beta = 0.079$， p < 0.01），同样，农村父母健康素养高水平，与儿童青少年自评健康高水平有关联（$\beta = 0.046$，p < 0.01）。父母言传身教高水平的城市和农村儿童青少年，与自评健康高水平有关联（$\beta = 0.024$，p < 0.05；$\beta = 0.035$，p < 0.05）。对于儿童青少年抑郁水平，家庭文化休闲支出较多，农村儿童青少年的抑郁水平较低，但是家庭文化休闲支出较多的城市儿童青少年与抑郁水平的联系，在 5% 水平上无统计显著性。中等水平的父母言传身教仅与农村儿童青少年较低的抑郁水平相联系（$\beta = -0.012$，p < 0.01）。高水平的父母教育程度仅与农村儿童青少年较低的抑郁水平相联系（$\beta = -0.166$，p < 0.05）。这可能是父母高水平的教育程度对孩子的学习要求更严格，提高了孩子的抑郁水平。对于儿童青少年四周患病率，父母教育水平较高的农村儿童青少年，四周患病率较低（$\beta = -0.162$，p < 0.01）。父母健康素养水平越高，儿童青少年四周患病率越低。这可能的解释是教育水平和健康素养较高的家庭，有较好的生活习惯，能很好地采取预防措施。

表 4.11　　家庭文化资本对儿童青少年健康的影响（城市样本）

指标项	变量	模型 27 自评健康		模型 28 抑郁水平		模型 29 四周患病	
		β	R_SE	β	R_SE	β	R_SE
父母教育水平（参照：低）	中	0.043	0.028	− 0.086 ***	0.010	− 0.138	0.127
	高	0.086 **	0.024	− 0.145	0.091	− 0.130	0.117
父母健康素养（参照：低）	中	0.057 ***	0.008	− 0.182 ***	0.006	− 0.103 ***	0.002
	高	0.079 **	0.029	− 0.177 ***	0.012	− 0.157 ***	0.008
家庭文化休闲（参照：低）	中	0.064 *	0.023	− 0.058 *	0.024	− 0.033	0.024
	高	0.149 ***	0.026	0.026	0.024	− 0.042	0.046
家风建设（参照：低）	中	0.056 ***	0.001	− 0.057 **	0.015	− 0.074	0.131
	高	0.076 **	0.020	− 0.096 **	0.036	0.058	0.112

续表

指标项	变量	模型 27 自评健康		模型 28 抑郁水平		模型 29 四周患病	
		β	R_SE	β	R_SE	β	R_SE
父母言传身教（参照：低）	中	0.002	0.002	−0.018	0.013	−0.098	0.052
	高	0.024 *	0.008	−0.020 **	0.004	−0.101	0.088
控制变量		控制		控制		控制	
年份固定效应		控制		控制		控制	
R^2/Pseudo_R^2		0.084		0.083		0.083	
样本量		3627		3467		4348	

注：β 和 R_SE 展示的是估计系数和标准误。*** 表示 $p < 0.001$，** 表示 $p < 0.01$，* 表示 $p < 0.05$。控制变量为性别、年龄、是否为母乳喂养、地区、父母自评健康、父母患病情况、父母抑郁水平、民族、学校评价、是否为独生子女、健康行为、社区卫生服务水平和社区居住环境。低、中、高表示家庭文化资本各具体指标的得分在标准化后，将其划分成的三等分，分别为高水平、中等水平和低水平。

以上结果说明了中等水平的父母教育程度，有助于提高儿童青少年的自评健康水平，加大家庭文化休闲的支出，有助于降低儿童青少年的抑郁水平，这种促进作用仅体现在农村儿童青少年样本中，而城市高水平的家庭文化休闲支出与儿童青少年抑郁水平无联系，这可能的解释是城市儿童文化休闲较多时，并不会对心理健康产生积极作用。父母健康素养的提升有助于提高儿童青少年自评健康水平，降低儿童青少年抑郁水平，这种积极健康效应均体现在城乡儿童青少年样本中，且农村儿童青少年的估计系数普遍大于城市儿童青少年，说明父母健康素养的提高对农村儿童青少年的健康效应更大。家风建设水平越高，越有助于提高儿童青少年自评健康水平，降低抑郁水平，这种积极健康效应均体现在城乡儿童青少年样本中。这些结果表明我国需要提高农村的教育水平，积极提倡健康的家风建设、提高家庭成员的健康素养。

表 4.12　　　　　家庭文化资本对儿童青少年健康的影响（农村样本）

指标项	变量	模型 30 自评健康		模型 31 抑郁水平		模型 32 四周患病	
		β	R_SE	β	R_SE	β	R_SE
父母教育水平（参照：低）	中	0.026 ***	0.003	− 0.027 ***	0.004	− 0.146 *	0.062
	高	0.092 **	0.026	− 0.166 *	0.080	− 0.162 *	0.053
父母健康素养（参照：低）	中	0.037 ***	0.009	− 0.173 ***	0.009	− 0.109 ***	0.021
	高	0.046 **	0.012	− 0.198 ***	0.034	− 0.183 ***	0.018
家庭文化休闲（参照：低）	中	0.056 *	0.021	− 0.053 *	0.029	0.023	0.014
	高	0.109 *	0.048	− 0.030 ***	0.006	0.039	0.032
家风建设（参照：低）	中	0.059 ***	0.005	− 0.046 **	0.017	− 0.083	0.093
	高	0.079 **	0.026	− 0.102 **	0.034	0.098	0.088
父母言传身教（参照：低）	中	0.010	0.007	− 0.012 **	0.003	− 0.056	0.036
	高	0.035 *	0.013	− 0.024 **	0.007	− 0.129	0.078
控制变量		控制		控制		控制	
年份固定效应		控制		控制		控制	
$R^2/Pseudo\_R^2$		0.085		0.089		0.085	
样本量		5259		5372		6027	

　　注：β 和 R_SE 展示的是估计系数和标准误。*** 表示 $p < 0.001$，** 表示 $p < 0.01$，* 表示 $p < 0.05$。控制变量为性别、年龄、是否为母乳喂养、地区、父母自评健康、父母患病情况、父母抑郁水平、民族、学校评价、是否为独生子女、健康行为、社区卫生服务水平和社区居住环境。低、中、高表示家庭文化资本各具体指标的得分在标准化后，将其划分成三等分，分别为高水平、中等水平和低水平。

　　图 4.3 展示了家庭社会资本对儿童青少年健康影响的城乡差异。随着家庭社会资本的增加，城市儿童青少年的抑郁水平下降速率高于农村儿童青少年，抑郁的城乡差异将逐步增大，出现"资源强化假说"现象，即家庭社会资本对优势群体（在本书中表示的是城市儿童青少年）的健康影响效应更大。故相对于农村儿童青少年，提升家庭社会资本对城市儿童青少年的健康发挥了更为重要的作用。值得注意的是，家庭社会资本对城市儿童青少年健康的影响存在一个"适度性"的问题。具体表现为，随着家庭

社会资本的增加，城市儿童青少年的自评健康出现先上升后下降的趋势，这说明"适量性"的家庭社会资本可能更有助于提高儿童青少年自评健康水平。那么，到底是哪些家庭社会资本因素对儿童青少年健康存在着"适量性"的健康效应？本小节将进一步探讨分析家庭社会资本中具体指标（亲子关系、家庭氛围、春节亲友互动、日常亲友互动、邻里信任、邻里整合度、学校整合度、父母网络社交和隔代照料）对城乡儿童青少年健康的影响。

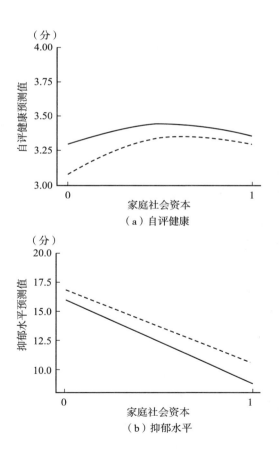

（a）自评健康

（b）抑郁水平

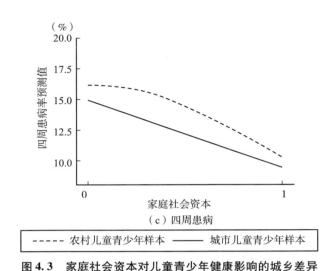

图 4.3 家庭社会资本对儿童青少年健康影响的城乡差异

注：横坐标中 0~1 表示家庭社会资本的取值范围，数值越大代表家庭社会资本越高。

　　表 4.13 和表 4.14 分别显示了家庭社会资本与城乡儿童青少年健康之间的联系。研究结果表明亲子关系、家庭氛围越好，越能够有效提升儿童青少年自评健康，这种促进作用均体现在城乡儿童青少年样本中。邻里信任、邻里整合度越高，越能够降低城乡儿童青少年的四周患病率。学校整合度越好，也能降低儿童青少年的抑郁水平。中等水平的春节亲友互动、日常亲友互动有助于提升儿童青少年自评健康。过多的亲友互动总体上会降低儿童青少年抑郁水平，但这种降低作用主要体现在农村儿童青少年中（$\beta = -0.019$，$p < 0.05$）。过多的父母网络社交与儿童青少年抑郁水平的关联在 5% 水平上无统计显著性，这种情况主要体现在城市儿童青少年。中等强度的隔代照料有助于提升城乡儿童青少年自评健康，也能降低城乡儿童青少年抑郁水平和四周患病率。这些结果说明了家庭内部社会资本的亲子关系和家庭氛围越高，对儿童青少年健康越有积极作用，但家庭外部社会资本的亲友互动、父母网络社交和隔代照料存在着"适量性"的健康效应。

表 4.13　　家庭社会资本对儿童青少年健康的影响（城市样本）

指标项	变量	模型 33 自评健康		模型 34 抑郁水平		模型 35 四周患病	
		β	R_SE	β	R_SE	β	R_SE
亲子关系 （参照：低）	中	0.040 **	0.012	− 0.069 ***	0.012	− 0.041 ***	0.009
	高	0.105 ***	0.021	− 0.143 ***	0.025	− 0.072 ***	0.011
家庭氛围 （参照：低）	中	0.105 **	0.031	− 0.192 **	0.050	− 0.043 **	0.015
	高	0.117 ***	0.010	− 0.345 **	0.110	− 0.038 *	0.015
春节亲友互动 （参照：低）	中	0.026 **	0.008	− 0.025 *	0.009	− 0.026 ***	0.005
	高	0.021	0.019	− 0.018	0.013	− 0.039 *	0.014
日常亲友互动 （参照：低）	中	0.041 *	0.020	− 0.048 **	0.014	0.019	0.068
	高	− 0.008 *	0.003	− 0.023	0.065	0.163	0.138
邻里信任 （参照：低）	中	0.017 *	0.006	− 0.026 ***	0.003	− 0.041 **	0.016
	高	0.016 ***	0.001	− 0.027 ***	0.002	− 0.074 **	0.020
邻里整合度 （参照：低）	中	0.012 ***	0.001	− 0.008 ***	0.001	− 0.098 ***	0.002
	高	0.026 ***	0.003	− 0.020 ***	0.001	− 0.021 ***	0.003
学校整合度 （参照：低）	中	0.017 ***	0.003	− 0.029 **	0.008	− 0.055 ***	0.008
	高	0.022 ***	0.003	− 0.038 ***	0.011	− 0.065 ***	0.002
父母网络社交 （参照：低）	中	0.014 *	0.006	− 0.031 ***	0.006	− 0.028	0.018
	高	0.022	0.021	− 0.025	0.018	− 0.001	0.004
隔代照料 （参照：低）	中	0.019 *	0.008	− 0.032 *	0.013	− 0.029 *	0.010
	高	0.012	0.011	− 0.027	0.017	− 0.021 *	0.009
控制变量		控制		控制		控制	
年份固定效应		控制		控制		控制	
R^2/Pseudo_R^2		0.083		0.084		0.089	
样本量		3627		3467		4348	

注：β 和 R_SE 展示的是估计系数和标准误。*** 表示 $p < 0.001$，** 表示 $p < 0.01$，* 表示 $p < 0.05$。控制变量为性别、年龄、是否为母乳喂养、地区、父母自评健康、父母患病情况、父母抑郁水平、民族、学校评价、是否为独生子女、健康行为、社区卫生服务水平和社区居住环境。表中低、中、高表示家庭社会资本各具体指标的得分在标准化后，将其划分成的三等分，分别为高水平、中等水平和低水平。

表 4.14   家庭社会资本对儿童青少年健康的影响（农村样本）

指标项	变量	模型 36 自评健康		模型 37 抑郁水平		模型 38 四周患病	
		β	R_SE	β	R_SE	β	R_SE
亲子关系 （参照：低）	中	0.140 **	0.042	− 0.073 ***	0.010	− 0.035 ***	0.006
	高	0.134 ***	0.022	− 0.184 ***	0.020	− 0.076 ***	0.007
家庭氛围 （参照：低）	中	0.118 ***	0.023	− 0.128 **	0.032	− 0.056 **	0.016
	高	0.136 ***	0.019	− 0.182 **	0.060	− 0.048 *	0.018
春节亲友互动 （参照：低）	中	0.021 **	0.006	− 0.032 *	0.013	− 0.027 ***	0.006
	高	0.018	0.019	− 0.027 *	0.010	− 0.032 *	0.013
日常亲友互动 （参照：低）	中	0.031 *	0.013	− 0.023 *	0.006	0.100	0.053
	高	− 0.029	0.043	− 0.019 *	0.009	0.103	0.102
邻里信任 （参照：低）	中	0.029 *	0.011	− 0.017	0.012	− 0.037 **	0.010
	高	0.022 ***	0.002	− 0.034 ***	0.003	− 0.056 **	0.019
邻里整合度 （参照：低）	中	0.010 **	0.003	− 0.018 ***	0.002	− 0.040 ***	0.009
	高	0.022 **	0.006	− 0.023 **	0.006	− 0.032 ***	0.009
学校整合度 （参照：低）	中	0.028	0.016	− 0.017 **	0.005	− 0.025 ***	0.005
	高	0.023	0.015	− 0.027 **	0.008	− 0.015	0.009
父母网络社交 （参照：低）	中	0.026 *	0.007	− 0.033 ***	0.005	− 0.024	0.019
	高	0.025	0.019	− 0.030 *	0.012	− 0.018	0.016
隔代照料 （参照：低）	中	0.012 *	0.005	− 0.032 *	0.012	− 0.024 *	0.009
	高	0.012 *	0.004	− 0.026	0.014	− 0.018 *	0.006
控制变量		控制		控制		控制	
年份固定效应		控制		控制		控制	
R^2/Pseudo_R^2		0.085		0.087		0.083	
样本量		5259		5372		6027	

注：β 和 R_SE 展示的是估计系数和标准误。*** 表示 $p < 0.001$，** 表示 $p < 0.01$，* 表示 $p < 0.05$。控制变量为性别、年龄、是否为母乳喂养、地区、父母自评健康、父母患病情况、父母抑郁水平、民族、学校评价、是否为独生子女、健康行为、社区卫生服务水平和社区居住环境。表中低、中、高表示家庭社会资本各具体指标的得分在标准化后，将其划分成三等分，分别为高水平、中等水平和低水平。

4.3 讨　论

本章利用纵向数据，对家庭资本与儿童青少年健康之间的因果关系及其城乡差异进行了考察，主要围绕以下研究发现进行初步探讨。

（1）良好的家庭资本对儿童青少年的健康具有积极效应，但家庭经济资本、家庭文化资本和家庭社会资本的健康效应存在一定差异。

本书结果显示，家庭经济和家庭社会资本能够提升儿童青少年自评健康水平、降低抑郁水平，家庭文化资本则能显著提升儿童青少年自评健康水平、降低抑郁水平和四周患病率。家庭社会资本对儿童青少年身体健康的影响明显低于家庭经济资本和家庭文化资本，但其对心理健康影响相对较强。家庭社会资本能够解释一部分家庭经济资本和家庭文化资本对儿童青少年健康的影响效应。另外，家庭社会资本中较高水平的父母网络社交、隔代照料和亲友互动，对儿童青少年健康的影响呈现"适量性"的问题。因此，假设 1 得以验证。

首先，家庭经济资本和家庭文化资本与儿童青少年身体健康的关联较强，而家庭社会资本对身体健康的影响相对较弱，但对心理健康影响相对较强。一个可能的解释是，尽管家庭社会资本可以通过提供更多社会关系、信息和资源来促进儿童青少年健康（Bataineh et al.，2019；Becker et al.，2021）。但也可能伴随一些潜在的危险行为（如打闹、摔跤等），这些危险行为可能直接损害健康（Huang et al.，2020）。这些积极和消极的影响可能会相互抵消，因此观察到了在身体健康方面较弱的影响。在儿童的身体健康方面，过去的研究表明，家庭经济地位较高和文化水平较高的父母，通常会让儿童青少年更容易接触到高质量的资源和健康信息，这些资源提供了多方面的健康支持（Dai et al.，2022）。因此，家庭经济资本和家庭文化资本对儿童青少年身体健康产生积极影响较为显著。另一方面，良好的家庭社会资本能提供社会支持，使父母更注重儿童青少年的抚养过程，增加了亲子互动、家庭和谐氛围。反之则会增加儿童青少年可能陷入忽视、沉迷电子设备等健康风险行为的机会（Dallacker et al.，2017）。因此，家庭社会资本对心理健康的影响相对较强，但家庭经济资本和家庭文化资本对儿童青少年身体健康的影响相对较强。

其次，当儿童青少年缺乏家庭经济资本时，利用家庭社会资本来获取社会支持、健康信息或健康资源，可以成为获得健康益处的有效替代途径，即家庭社会资本能够在家庭经济资本和家庭文化资本匮乏的情况下发挥补充性作用。一项研究指出，当家庭经济资本相对匮乏时，亲友互动和邻里之间的互助可以有效地提供所需的社会支持、健康信息和健康资源（Glanville & Story，2018）的。这在一定程度上可以解释，培育家庭社会资本有助于减轻家庭经济不利因素对儿童青少年健康的负面影响。另外，姜俊丰（2023）的研究发现，现实情境的社会资本匮乏时，虚拟情境的社会资本可以起到互补作用，以此提高居民的健康水平。这也说明了当家庭的一部分资本不足时，投入另一部分的资本可以起到补充作用。本书发现家庭社会资本是家庭经济资本和家庭文化资本的潜在补充方式，家庭社会资本可以解释一部分家庭经济资本和家庭文化资本对儿童青少年健康的影响。因此，可以认为，在家庭经济资本匮乏和家庭文化资本较低的情况下，家庭社会资本可以成为一个有效的替代品并带来实质性的心理健康收益。

最后，与以往研究不同的是，本书发现亲友互动和隔代照料对儿童青少年健康存在一种"适量性"问题，适量的家庭社会资本有助于提高儿童青少年的健康水平。出现这种情况，一种可能的解释是，本书的大多数儿童青少年属于独生子女一代，他们缺少亲兄弟姐妹。当他们获得适量的亲友互动时，这些亲友互动能够为儿童青少年提供更多的情感体验，从而有助于他们获得更好的主观健康评价（谭深，2020）。另一种可能的解释是，当儿童青少年的健康受到冲击时，亲友互动水平可能会增加，这可能是因为患病儿童青少年需要更多的外部支持和互动（李钟帅等，2014）。例如，在我国文化习俗中，亲友探病是一种传统美德。即当儿童青少年生病时，亲友往往会前来探望，这种文化规范使得高水平的亲友互动与儿童青少年健康的关联可能变得不显著。值得注意的是，当儿童青少年具有广泛的社交和人际范围时，过多的亲友互动可能会引发一些潜在的危险和伤害（例如儿童青少年之间的打闹）（Ji et al.，2020）。这些现象在某种程度上可能对儿童青少年的健康不利。另外，从心理健康的角度来看，已有研究表明，隔代照料对儿童青少年的认知幸福感具有显著的正向影响（徐岩，2017）。隔代照料提供了可替代父母所缺乏的经济和文化资源，许多研究中发现了隔代照料可以起到保护性缓冲作用，有利于儿童青少年的健康。在不完整家庭中，隔代照料可以缓解单亲家庭对儿童青少年社会支持的不足，同时也减轻了单身母亲忽视儿童青少年健康的风险（沈奕斐，2023）。然而，本书的结果显示，与同时由父母和祖父母照料的儿童青少年相比，过多的隔代照料可能会导致儿童青少年缺乏父母的关爱，从而对其心理健康状况产生不利影响。因此，适量的家庭内部社会资本有助于提升儿童青少年的健康水平。

（2）家庭资本对儿童青少年健康的影响存在城乡差异。

本书结果显示，家庭经济资本、家庭文化资本对农村儿童青少年的健康效应更大，而提高家庭社会资本则更能促进城市儿童青少年健康水平。因此，假设 6 得以验证。提高家庭经济资本和家庭文化资本对农村儿童青少年的健康影响更大。两种可能的解释是：首先，农村儿童青少年相较于城市儿童青少年，属于资源相对匮乏的群体。农村家庭的社会经济资源有限，而其他可以替代家庭经济资本和家庭文化资本对健康产生作用的资源相对较少（Lu et al.，2022）。相比之下，城市儿童青少年通常享有更高质量的医疗卫生服务、更好的居住环境和更完善的社会保障资源。城市地区拥有先进的医疗设施和技术，例如三甲医院主要分布在城市地区，同时运动设施也更好（Bhagwat et al.，

2019）。因此，相对于城市儿童青少年，农村儿童青少年会更依赖于家庭经济资本和家庭文化资本，以维持其健康水平。其次，已有研究发现"家庭收入水平越高，儿童青少年越健康"的关系可能受到遗漏变量与健康选择的共同作用影响（Schroeder et al.，2015）。这种作用机制表明，随着家庭经济水平的增加，儿童青少年更有可能获得更好的医疗服务和养成更健康的生活习惯。这一现象与发达国家中观察到的家庭社会经济地位促进儿童青少年健康发展的情况类似（Rutter et al.，2017）。相较于农村地区，城市地区的医疗资源和社会保障更为充足，因此在城市儿童青少年中，不同家庭资本水平之间的健康差异相对较小。本书结果表明，家庭经济资本对于处于社会弱势地位的群体，尤其是农村儿童青少年来说，是影响其健康水平的关键资源。

本书的结果显示，提高城市家庭文化资本与儿童青少年的自评健康和抑郁水平之间的因果关系并不显著。这是因为一些未观测到的遗漏变量可能同时影响家庭文化资本和儿童青少年健康（Chen et al.，2019）。在营养转型的过程中，科学健康饮食的理念滞后于高热量食物的普及，城市儿童青少年的饮食以动物产品和高脂食物为主，因此肥胖问题逐渐显现。在城市家庭中，高教育水平的家庭更有可能获得高热量食物。此外，随着社会的变革，人们的日常运动量不断减少，特别是父母受过高教育的家庭，他们通常对儿童青少年的教育期望更高。因此儿童青少年可能更容易久坐不动，心理压力增大，导致运动减少，出现超重肥胖和健康水平下降（Liang et al.，2021）。而对于农村儿童青少年来说，家庭文化资本的提高有助于更好地利用现有资源，以促进农村儿童青少年健康。宁光杰和宫杰婧（2022）关于农村营养计划的研究表明，母亲教育水平较高的农村儿童青少年更容易在营养计划中获得健康益处。因为母亲的高教育水平使她们更能够识别哪些资源对儿童青少年的健康发展是有益的，同时还会在日常生活中积极培养儿童青少年的健康生活方式。

此外，提高家庭社会资本则更能促进城市儿童青少年健康水平。在城市地区，良好的邻里信任有助于降低城市儿童青少年的抑郁水平。城乡人际关系模式存在差异，城市地区的邻里关系通常不如农村邻里关系紧密。然而，随着城镇化的推进，农村地区的邻里关系也逐渐出现疏远趋势，但相对而言，农村地区的邻里关系还是更为密切（Huang et al.，2020）。这种城乡差异模式使得邻居在城市儿童青少年中发挥了更强的积极作用。因为在城市地区，商品房的居住环境，让人们更难有机会进行邻里交往。但当城市孩子处于单亲家庭，或父母照料时间不足时，良好的邻里信任和交往可以对这些城市孩子的心理健康起到积极作用。在城市中，还有很多流动儿童，这些孩子即便和父母居住在城市，但是这些家庭的父母常常忙于工作，容易忽视对他们的照料，亲子关系和家庭氛围就会处于一种较低的水平（李升、苏润原，2020）。当培育这些城市中流动儿童的家庭社会资本时，其能够对流动儿童的健康水平产生积极效应。因此，家庭经济资本、家庭文化资本对农村儿童青少年的健康效应更大，而提高家庭社会资本则更能促进城市儿童青少年的健康水平。

4.4　本章小结

本章通过对作用机制定量分析方法的详细阐述，探析了家庭资本与儿童青少年健康之间的因果关系，并展示了该因果关系中清晰的城乡差异。最后得到如下结论：首先，良好的家庭经济资本、家庭文化资本和家庭社会资本的提高对儿童青少年健康具有促进作用，且存在剂量—反应关系。值得注意的是，家庭社会资本中的网络社交、亲友互动越频繁，以及隔代照料程度越高，则会体现出"适量性"条件下的积极健康效应。其次，本书还发现家庭社会资本对儿童青少年健康的促进作用显著低于家庭经济和文化资本，但其主要在心理健康方面起到积极作用。再次，家庭社会资本能够解释一部分家庭经济资本和家庭文化资本对儿童青少年健康的影响效应。最后，农村儿童青少年在拥有较少经济和卫生资源的情况下，更能将家庭经济资本、家庭文化资本优势转化为健康优势。即提高家庭经济资本、家庭文化资本对农村儿童青少年的健康影响效应更大。以上结果表明了家庭资本对儿童青少年健康存在积极影响；家庭社会资本对家庭经济资本和家庭文化资本存在互补关系；适量的家庭社会资本对儿童青少年的健康水平有积极影响，需要注意网络社交、亲友互动和隔代照料的适度性，以及城市和农村地区的不同情况。

第 5 章

作用机制的研究方法及应用

在科学研究中，理解变量之间的因果关系仅是第一步，进一步揭示这些因果关系背后的作用机制则是更为重要的一环。通过研究作用机制，研究者可以明晰影响的路径和中介因素，从而提供更精细的解释和更有针对性的干预。本章将探讨作用机制的定量分析方法及其在特定领域的实际应用。

5.1 方法：作用机制的定量分析方法

作用机制的定量分析方法是为了揭示因果关系背后的具体过程和路径。研究者通过这些方法，能够识别并量化中介变量的影响，从而更准确地理解变量之间的关系。本节将介绍几种主要的作用机制分析方法，包括结构方程模型，以及适用于纵向数据的潜变量增长中介效应模型。我们将详细讨论这些方法的理论基础、实施步骤、适用条件，帮助读者掌握分析作用机制的核心技术和实践经验。

5.1.1 结构方程模型

结构方程模型（structural equation model，SEM）可以在进行测量变量（measured variable）及其所代表的潜变量（latent variable）之间的关系估计时，分析各潜变量之间的关系，具备潜变量之间的关系估计不受测量误差影响的优势。SEM 是通过对变量协方差进行关系建构的多元统计方法，是一种验证性多元统计分析技术，故而也有学者将其称为协方差结构模型、因果模型等（孟鸿伟，1994）。

SEM 可以分为两个部分：测量模型（measurement model）与结构模型（structural model）。测量模型描述的是潜在变量如何被观测变量所反映，例如，生活满意度与其测量变量之间的关系，是 SEM 最基础的部分；而结构模型则表征了各潜在变量之间的关系，例如，生活满意度与主观幸福感之间的关系，是研究兴趣的重点，也是进行假设理论验证的主要部分。在进行 SEM 建模时，首先需要对研究需要估计的模型进行设定。一般来说，大多数研究者会使用路径图来描述模型变量之间的关系。在 SEM 的路径图中，潜在变量一般用椭圆形表示，而测量变量则用矩形来表示；变量之间的关系用箭头表示，箭头方向指向受影响的变量，双向的曲线箭头表示变量间相关，这种相关关系不一定是因果关系。我们可以通过以下三个矩阵方程式和图 5.1 的路径图来理解 SEM。

$$x = \Lambda_x \xi + \delta \tag{5.1}$$

$$y = \Lambda_y \eta + \varepsilon \tag{5.2}$$

$$\eta = B\eta + \Gamma\xi + \zeta \tag{5.3}$$

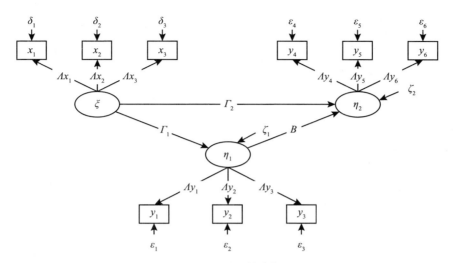

图 5.1　SEM 的路径

根据路径图 5.1 显示，ξ、η_1、η_2 为潜在变量，$x_1 \sim x_3$、$y_1 \sim y_3$、$y_4 \sim y_6$ 为 ξ、η_1、η_2 所对应的测量变量，$\delta_1 \sim \delta_3$ 和 $\varepsilon_1 \sim \varepsilon_6$ 则为 $x_1 \sim x_3$、$y_1 \sim y_6$ 所对应的测量误差。同时我们也可以看出，潜在变量 ξ、η_1、η_2 之间的关系估计不会受到测量误差影响。箭头由变量 ξ 指向变量 η，表明 η 受到 ξ 的影响，所以 ξ 为外生潜在变量，η 为内生潜在变量；相应地，$x_1 \sim x_3$ 为外生测量变量，$y_1 \sim y_6$ 为内生测量变量。Λ_x 和 Λ_y 分别是外/内生测量变量在外/内生潜在变量上的因子载荷矩阵，用于描述潜在变量 ξ 与测量变量 η 之间的线性关系，即潜在变量 ξ 和 η 如何被其所对应的测量变量所测量或概念化。δ 和 ε 分别为外/内生变量的误差项。B、Γ 都是路径系数，对应变量之间的作用效应，ζ 为结构方程的误差项。SEM 有如下假设：

（1）测量方程的误差 δ 和 ε 均值为 0；

（2）结构方程的残差项 ζ 均值为 0；

（3）误差项 δ 和 ε 与因子 ξ 和 η 不相关，δ 和 ε 间也不相关；

（4）残差 ζ 与 δ，ε 和 ξ 不相关。

在实际研究中，我们不需要汇报所有的模型拟合指标。通常而言，研究者们会对 χ^2/df、RMSEA、GFI、CFI、NFI 等拟合结果进行汇报。需要注意的是，卡方准则的检验结果往往会受到样本量的大小，故在样本量 $N \geqslant 1000$ 时，不推荐使用（温忠麟等，2004）。χ^2 评价标准是 $p \geqslant 0.05$，其余评价标准为：$\chi^2/df < 5$，GFI > 0.90，RMR < 0.08，RMSEA $\leqslant 0.06$，NFI > 0.95，TFI $\geqslant 0.90$，CFI $\geqslant 0.90$。

5.1.2 潜变量增长中介效应模型

在中介效应分析过程中，特别是至少有两个历时性变量时，纵向中介效应分析是一个重要的方法（温忠麟，2017）。纵向中介效应分析方法主要包括分层模型、交叉滞后面板模型和潜变量增长模型（方杰、温忠麟、邱皓政，2021）。由于本书中因变量（健康指标）和潜在的中介变量（儿童青少年健康行为）是历时性的纵向数据，都有三次以上的重复测量值。因此，本书选择了潜变量增长模型（latent growth model，LGM）进行中介效应分析。潜变量增长模型是一种在结构方程模型的基础上进一步分析随时间变化趋势的方法，它可以同时处理显变量和潜变量，同时分析多个自变量、因变量和中介变量之间的关系（温忠麟等，2022）。这种方法在医学、心理学和社会学领域得到了广泛的应用（方杰、温忠麟、邱皓政，2021）。通过使用潜变量增长模型，研究者可以更全面地理解儿童青少年健康指标、儿童青少年健康行为和家庭资本之间的中介关系，特别是在处理历时性纵向数据时，这种方法非常有用。

既往研究表明了潜变量增长模型可以被看作是分层模型在结构方程模型框架下的应用，其中潜变量对应于分层模型中的随机效应（王孟成等，2017）。这两种方法都有各自的局限性和优势。具体来说，分层模型相对较容易设置，而且在参数估计方面通常较为稳定。然而，分层模型有一些明显的限制，不能直接用于检验中介效应和整个模型的拟合检验。与此相反，潜变量增长模型能够弥补分层模型未考虑测量误差的不足，它具有更大的灵活性，可以纳入多种结局变量，并用于中介效应分析。其中，无条件线性潜变量增长模型的方程式：

$$y_{ti} = \alpha_i + \beta_i \lambda_t + \varepsilon_{ti} \tag{5.4}$$

$$\alpha_i = \mu_\alpha + \zeta_{\alpha i} \tag{5.5}$$

$$\beta_i = \mu_\beta + \zeta_{\beta i} \tag{5.6}$$

将上述公式进行合并：

$$y_{ti} = \mu_\alpha + \lambda_t \mu_\beta + (\zeta_{\alpha i} + \lambda_t \zeta_{\beta i} + \varepsilon_{ti}) \tag{5.7}$$

其中，y_{ti} 是儿童青少年 i 在时间点 t 的健康测量值，α_i 和 β_i 分别表示儿童青少年 i 的截距（初始水平）和斜率（发展速度），μ_α 和 μ_β 表示儿童青少年健康截距和斜率的总均值，$\zeta_{\alpha i}$ 和 $\zeta_{\beta i}$ 为误差项，分别表示儿童青少年健康截距和斜率与总均值间的差异，其值越大表明儿童青少年个体差异越大，ε_{ti} 表示儿童青少年个体 i 在时间点 t 的残差，服从均值为 0，方差为 σ 的正态分布。λ_t 是时间分值，用于表示不同的时间点。对于任何观测到的个体来说，截距的时间分值被固定为 1，表示每次测量的截距都保持不变，而斜率因子的时间分值被设置为 0、1、2、3 等，用于表示线性增长趋势。如果增长趋势是非线性的，可以通过添加二次项或更高阶项来构建潜变量非线性增长模型，或者采用数据驱动的方式来自由估计。在式（5.7）括号外为固定效应系数，所有个体相同，式（5.7）括号内为随机效应系数，反映个体间差异。模型拟合指标采用 CFI、TLI、RMSEA、SRMR 和 BIC，模型拟合较好的情况会出现：CFI > 0.90、TLI > 0.90、RMSEA < 0.08、SRMR < 0.08，BIC 越小（温忠麟、叶宝娟，2014）。缺失的数据采用全信息最大似然（FIML）方法进行处理（王孟成等，2017）。

为了探讨儿童青少年健康行为的纵向中介作用，本书构建了如图 5.2 所示的潜变量增长中介效应模型。图 5.2 展示了四个时间点（用矩形表示）的潜变量增长模型，$Y_1 \sim Y_4$ 分别为儿童青少年健康水平的四次重复测量值。潜变量增长模型中有两个潜变量（用椭圆表示）：截距因子（intercept）和斜率因子（slope）。其中，α 为截距因子，代表初始水平；β 为斜率因子，代表发展速度。两个潜变量的相关关系用双向箭头表示。本书中，Y 为儿童青少年健康，M 为健康行为，X 为家庭资本。本书的潜变量增长中介效应模型，存在以下三条路径：$X \rightarrow \alpha_m \rightarrow \beta_y$，$X \rightarrow \beta_m \rightarrow \beta_y$，$X \rightarrow \alpha_m \rightarrow \alpha_y$。以 $X \rightarrow \alpha_m \rightarrow \alpha_y$ 为例，探究的是初始水平的中介效应，直接效应为 c'，系数 ab 表示中介效应。通过系数乘积法计算中介效应，由于乘积通常不是正态分布（温忠麟等，2022），本书采用未校正的 Bootstrap 法检验中介效应。利用温忠麟等（2022）建议的Bootstrap 法是一种重复取样的方法，设置重复抽样次数为 5000 次，可以得到5000 个系数乘积的估计值，将其从小到大排序，其中第 2.5 百分位点和第97.5 百分位点就构成系数乘积的 95% 置信区间，如果置信区间不包含 0，则认为中介效应显著（温忠麟、叶宝娟，2014）。

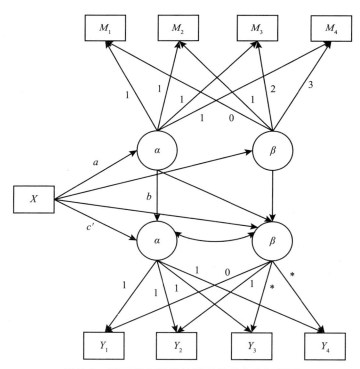

图 5.2　基于潜变量增长模型的中介分析模型

注：α 为截距因子，代表初始水平；β 为斜率因子，代表发展速度。

需要说明的是，首先，为了探究家庭资本、儿童青少年健康行为和健康水平变量随时间变化的发展趋势。首先，本书使用了无条件的潜在增长模型依次对家庭资本、儿童青少年健康行为和健康水平进行拟合，拟合指数如本书附录三的附表 1 所示，结果显示儿童青少年健康行为和健康水平的拟合良好，但家庭资本的模型拟合不成立。因此，借鉴常淑敏等（2020）的做法，在随后潜变量增长中介效应模型中，家庭资本水平使用 4 次均值代表。其次，本书使用的因变量（健康水平）和中介变量（健康行为）来自中国家庭追踪调查 2012 年、2014 年、2016 年和 2018 年四期调查数据，测量时间间隔均为两年，所以斜率因子的时间分值被设置为 0、2、4、6 来表示线性潜变量增长模型。最后，本书使用线性和二次项的潜变量增长模型进行拟合数据后，发现潜变量线性增长模型能够较好拟合数据。因此在进行纵向中介效应分析时，本书假定中介变量和因变量随时间发展呈线性变化。

在本书中，采用 Mplus 8.0 来分析潜变量增长中介效应模型。

5.2　应用：家庭资本对儿童青少年 健康的作用机制影响

第 4 章初步探讨了家庭资本与儿童青少年健康的因果性关系，还需进一步解释家庭资本究竟通过何种途径影响儿童青少年健康水平，深入探究社区层面因素对家庭资本与儿童青少年健康之间的调节作用。以往文献表明，健康行为和社区因素在家庭社会经济地位和儿童青少年健康的关系中扮演着间接效应的角色，但结果并不一致（Gebremariam et al.，2017；梁海祥，2019）。因此，本部分利用纵向数据开展更为深入的实证研究，主要回答以下核心问题：第一，家庭资本如何通过儿童青少年健康行为影响儿童青少年健康变化？第二，家庭资本对儿童青少年健康的作用是否受到社区层面因素的影响？本部分将采用潜变量增长中介模型进行分析，该方法能够将家庭资本、儿童青少年健康行为和儿童青少年健康水平分解为截距（初始水平）和斜率（发展速度），分析各变量初始水平和发展速度间的关系路径，回答究竟是哪一部分发挥了中介作用，抑或两者兼而有之。另外，由于个体聚合于社区内，本书将采用分层模型进行估计，以避免社区同质相关性问题。

本部分的研究结构如下：首先，利用潜变量增长中介效应模型，厘清儿童青少年健康行为在家庭资本与儿童青少年健康之间的纵向中介作用。其次，利用分层模型，探究社区环境是否可以调节家庭资本对儿童青少年健康的影响。最后，探讨家庭资本对儿童青少年健康作用机制的城乡异质性。

5.2.1 家庭经济资本对儿童青少年健康影响：健康行为的纵向中介作用

对于儿童青少年健康行为在家庭经济资本与儿童青少年自评健康之间的纵向中介作用，模型拟合情况表明，RMSEA、CFI、TLI 和 SRMR 分别为 0.038、0.938、0.985 和 0.043，均好于评价标准，说明模型拟合良好。图 5.3 显示了家庭经济资本、儿童青少年健康行为和儿童青少年自评健康的潜变量增长中介模型结果。根据标准化参数估计值，家庭经济资本可显著预测儿童青少年自评健康的初始水平（$\beta = 0.283$，$p < 0.05$）和儿童青少年自评健康的发展速度（$\beta = 0.008$，$p < 0.05$）。家庭经济资本对儿童青少年健康行为的初始水平（$\beta = 0.094$，$p = 0.084$）无显著影响，但对儿童青少年健康行为的发展速度（$\beta = 0.074$，$p < 0.05$）有显著影响。儿童青少年健康行为初始水平越高的儿童青少年，其自评健康初始水平越高（$\beta = 0.235$，$p < 0.01$），但儿童青少年健康行为的初始水平无法显著预测儿童青少年自评健康的发展速度（$\beta = 0.021$，$p = 0.071$）；儿童青少年健康行为的发展速度可显著预测儿童青少年自评健康的发展速度（$\beta = 0.311$，$p < 0.01$）。

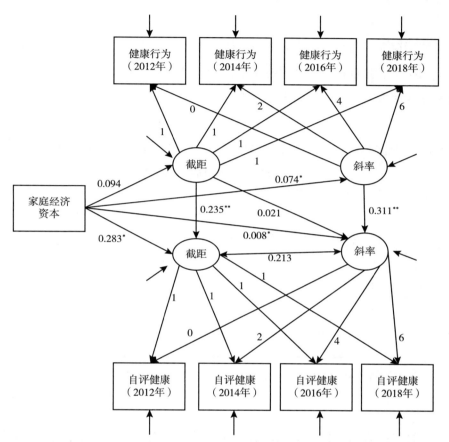

图 5.3 家庭经济资本、儿童青少年健康行为和儿童青少年自评健康的纵向中介模型

注：模型中的参数估计值均为标准化结果，＊＊＊ 表示 p＜0.001，＊＊ 表示 p＜0.01，＊ 表示 p＜0.05。

各类特殊间接效应的详细情况见表5.1。结果表明，儿童青少年健康行为的初始水平在家庭经济资本与儿童青少年自评健康初始水平之间并未发挥中介作用。但家庭经济资本可以通过促进儿童青少年健康行为的发展速度，进而促进儿童青少年自评健康的发展速度。儿童青少年健康行为的发展速度在家庭经济资本与儿童青少年自评健康的发展速度之间发挥中介作用。由于中介效应（$\beta = 0.023$，$p < 0.05$）和直接效应（$\beta = 0.008$，$p < 0.05$）同时存在，且方向一致，属于互补的中介，中介效应占总效应的比例为73.3%，提示可能还存在一些其他的中介变量未纳入模型。以上结果表明，家庭经济资本能间接影响儿童青少年自评健康的发展，其中是儿童青少年健康行为的发展速度在两者间发挥了纵向中介作用。

表5.1　家庭经济资本、儿童青少年健康行为和儿童青少年自评健康潜变量增长中介模型的间接效应

中介效应	β 值（标准误）
家庭经济资本→健康行为截距→自评健康截距	0.022 （0.014）
家庭经济资本→健康行为截距→自评健康斜率	0.002 （0.003）
家庭经济资本→健康行为斜率→自评健康斜率	0.023 * （0.008）

注：*** 表示 $p < 0.001$，** 表示 $p < 0.01$，* 表示 $p < 0.05$。截距代表初始水平，斜率代表发展速度。

上述结果表明，良好的家庭经济资本会通过促进儿童青少年健康行为，进而提高儿童青少年自评健康水平，因此可以通过对儿童青少年健康行为进行干预，提高家庭经济资本对儿童青少年自评健康的正向影响。针对健康行为的初始水平在家庭经济资本对儿童青少年自评健康影响中无显著性。其背后原因可能在于家庭经济资本高水平的儿童青少年在成长过程中，其生活方式呈现出健康型与风险型共存的状态，即拥有良好的食物物资和医疗资源，但是生活富裕也带来了一些不健康的生活方式，例如，吸烟、饮酒、睡眠不足、久坐等。因此，呈现出健康型与风险型共存的状态。这种健康型与风险型的生活方式可能产生对冲效应，致使健康行为的中介效应总体较弱。但是一旦

儿童青少年的健康行为得到有效的干预，开始积极的健康行为，那么就会大大促进自评健康水平的发展。

对于儿童青少年健康行为在家庭经济资本与儿童青少年抑郁水平之间的纵向中介作用，模型拟合情况表明，RMSEA、CFI、TLI 和 SRMR 分别为 0.032、0.962、0.969 和 0.044，均好于评价标准，说明模型拟合良好。图 5.4 显示了家庭经济资本、健康行为和抑郁水平的潜变量增长中介模型结果。根据标准化参数估计值，家庭经济资本无法显著预测儿童青少年抑郁水平的初始水平（$\beta = -0.093$，$p = 0.183$），但能显著预测儿童青少年抑郁水平的发展速度（$\beta = -0.191$，$p < 0.05$）。家庭经济资本对儿童青少年健康行为的初始水平（$\beta = 0.094$，$p = 0.084$）无显著影响，但对儿童青少年健康行为的发展速度（$\beta = 0.074$，$p < 0.05$）有显著影响；儿童青少年健康行为初始水平高的儿童青少年，其抑郁水平初始水平较低（$\beta = -0.345$，$p < 0.01$），但儿童青少年健康行为的初始水平无法显著预测儿童青少年抑郁水平的发展速度（$\beta = -0.085$，$p = 0.102$）；儿童青少年健康行为的发展速度可以显著预测儿童青少年抑郁水平的发展速度（$\beta = -0.298$，$p < 0.05$）。

各类特殊间接效应的详细情况见表 5.2。结果表明，儿童青少年健康行为的初始水平在家庭经济资本与抑郁水平的初始水平之间并未发挥中介作用。但家庭经济资本可以通过提高儿童青少年健康行为的发展速度，进而降低抑郁水平的发展速度。儿童青少年健康行为的发展速度在家庭经济资本与抑郁水平的发展速度之间发挥中介作用。由于中介效应（$\beta = -0.022$，$p < 0.05$）和直接效应（$\beta = -0.191$，$p < 0.05$）同时存在且方向一致，属于互补的中介，中介效应占总效应的比例为 10.3%，提示可能还存在一些其他的中介变量未纳入模型。以上结果表明，家庭经济资本可以通过提高儿童青少年健康行为的发展速度，降低儿童青少年抑郁水平的发展速度。

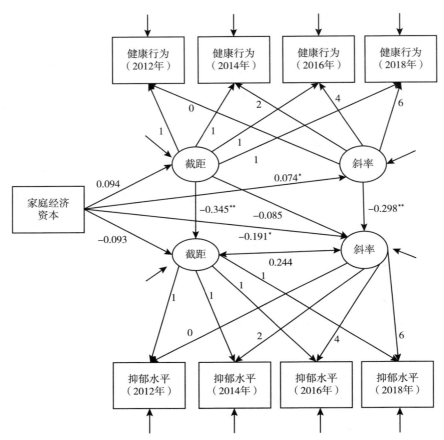

图 5.4　家庭经济资本、儿童青少年健康行为和儿童青少年抑郁水平的纵向中介模型

注：模型中的参数估计值均为标准化结果，＊＊＊ 表示 p < 0.001，＊＊ 表示 p < 0.01，＊ 表示 p < 0.05。

表 5.2　　　　　　家庭经济资本、儿童青少年健康行为和儿童青少年

抑郁水平潜变量增长中介模型的间接效应

中介效应	β 值（标准误）
家庭经济资本→健康行为截距→抑郁水平截距	− 0.032 (0.021)
家庭经济资本→健康行为截距→抑郁水平斜率	− 0.008 (0.005)

中介效应	β 值（标准误）
家庭经济资本→健康行为斜率→抑郁水平斜率	-0.022^* （0.008）

注：*** 表示 p＜0.001，** 表示 p＜0.01，* 表示 p＜0.05。截距代表初始水平，斜率代表发展速度。

对于儿童青少年健康行为在家庭经济资本与儿童青少年四周患病率之间的纵向中介作用，模型拟合情况表明，RMSEA、CFI、TLI 和 SRMR 分别为 0.031、0.976、0.978 和 0.041，均好于评价标准，说明模型拟合良好。图 5.5 显示了儿童青少年家庭经济资本、健康行为和四周患病率的潜变量增长中介模型结果。根据标准化参数估计值，家庭经济资本无法显著预测儿童青少年四周患病率的初始水平（$\beta = -0.012$，p＝0.076），以及家庭经济资本无法显著预测儿童青少年四周患病率的发展速度（$\beta = -0.087$，p＝0.182）。家庭经济资本对儿童青少年健康行为的初始水平（$\beta = 0.094$，p＝0.084）无显著影响。但是家庭经济资本对儿童青少年健康行为的发展速度（$\beta = 0.074$，p＜0.05）有显著影响；儿童青少年健康行为初始水平高的儿童青少年，其四周患病率的初始水平较低（$\beta = -0.301$，p＜0.01），但儿童青少年健康行为的初始水平无法显著预测四周患病率的发展速度（$\beta = -0.057$，p＝0.093）；儿童青少年健康行为的发展速度可以显著预测四周患病率的发展速度（$\beta = -0.215$，p＜0.05）。

各类特殊间接效应的详细情况见表 5.3。结果表明，儿童青少年健康行为的初始水平在家庭经济资本与四周患病率的初始水平之间并未发挥中介作用。但是家庭经济资本可以通过提高儿童青少年健康行为的发展速度，进而降低四周患病率的发展速度，儿童青少年健康行为的发展速度在家庭经济资本与四周患病率发展速度之间发挥中介作用。由于中介效应（$\beta = -0.016$，p＜0.05）和直接效应（$\beta = -0.087$，p＜0.05）同时存在且方向一致，属于互补的中介，中介效应占总效应的比例为 15.6% ，提示可能还存在一些其他的中介变量未纳入模型。以上结果表明，家庭经济资本可以通过提高儿童青少年健康行为的发展速度，降低儿童青少年四周患病率的发展速度。

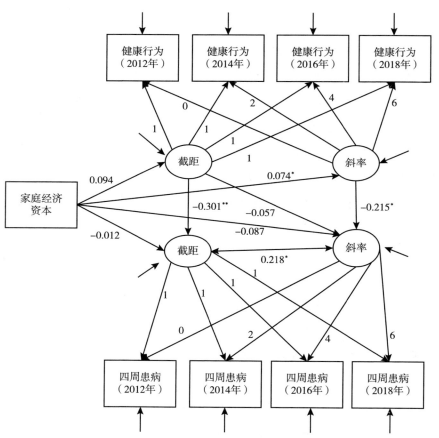

图 5.5　家庭经济资本、儿童青少年健康行为和儿童青少年四周患病的纵向中介模型

注：模型中的参数估计值均为标准化结果，*** 表示 p < 0.001，** 表示 p < 0.01，* 表示 p < 0.05。

表 5.3　　　　家庭经济资本、儿童青少年健康行为和儿童青少年
四周患病潜变量增长中介模型的间接效应

中介效应	β 值（标准误）
家庭经济资本→健康行为截距→四周患病截距	-0.028 (0.022)
家庭经济资本→健康行为截距→四周患病斜率	-0.005 (0.003)
家庭经济资本→健康行为斜率→四周患病斜率	-0.016^* (0.006)

注：*** 表示 $p < 0.001$，** 表示 $p < 0.01$，* 表示 $p < 0.05$。截距代表初始水平，斜率代表发展速度。

5.2.2　家庭文化资本对儿童青少年健康影响：健康行为的纵向中介作用

对于儿童青少年健康行为在家庭文化资本与儿童青少年自评健康之间的纵向中介作用，模型拟合情况表明，RMSEA、CFI、TLI 和 SRMR 分别 0.031、0.969、0.956 和 0.021，均好于评价标准，说明模型拟合良好。图 5.4 显示了儿童青少年家庭文化资本、健康行为和自评健康潜变量增长中介模型结果。根据图 5.6 结果显示的标准化参数估计值，家庭文化资本可显著预测儿童青少年自评健康的初始水平（$\beta = 0.221$，$p < 0.05$）和儿童青少年自评健康的发展速度（$\beta = 0.007$，$p < 0.05$）。家庭文化资本对儿童青少年健康行为的初始水平（$\beta = 0.095$，$p < 0.01$）和发展速度（$\beta = 0.091$，$p < 0.05$）均有显著影响；儿童青少年健康行为初始水平高的儿童青少年，其自评健康的初始水平较高（$\beta = 0.235$，$p < 0.01$），但儿童青少年健康行为的初始水平无法显著预测自评健康的发展速度（$\beta = 0.021$，$p = 0.071$）；儿童青少年健康行为的发展速度可显著预测自评健康的发展速度（$\beta = 0.311$，$p < 0.01$）。

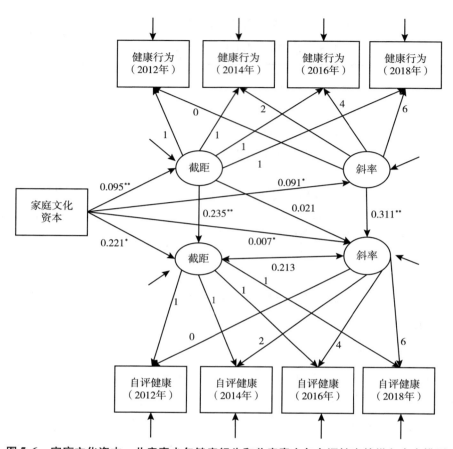

图5.6 家庭文化资本、儿童青少年健康行为和儿童青少年自评健康的纵向中介模型

注：模型中的参数估计值均为标准化结果，*** 表示 p < 0.001，** 表示 p < 0.01，* 表示 p < 0.05。

    各类特殊间接效应的详细情况见表5.4。儿童青少年健康行为的初始水平在家庭文化资本与自评健康的初始水平之间发挥部分中介作用。由于中介效应（β = 0.022，p < 0.05）和直接效应（β = 0.221，p < 0.05）同时存在且方向一致，属于互补的中介，中介效应占总效应的比例为 9.1%，提示可能还存在一些其他的中介变量未纳入模型。家庭文化资本也可以通过促进儿童青少年健康行为的发展速度，进而促进自评健康的发展速度，儿童青少年健

康行为的发展速度在家庭文化资本与自评健康的发展速度之间发挥中介作用。由于中介效应（$\beta = 0.028$，$p < 0.01$）和直接效应（$\beta = 0.007$，$p < 0.05$）同时存在且方向一致，属于互补的中介，中介效应占总效应的比例为80%，提示可能还存在一些其他的中介变量未纳入模型。因此，儿童青少年健康行为可以促进家庭文化资本对儿童青少年自评健康的正向作用。上述结果表明，良好的家庭文化资本会通过促进儿童青少年健康行为，进而提高儿童青少年自评健康水平，因此可以通过对儿童青少年健康行为的干预，以促进家庭文化资本对儿童青少年自评健康的正向影响。

表5.4　　　家庭文化资本、儿童青少年健康行为和儿童青少年自评
健康潜变量增长中介模型的间接效应

中介效应	β 值（标准误）
家庭文化资本→健康行为截距→自评健康截距	0.022 ** (0.006)
家庭文化资本→健康行为截距→自评健康斜率	0.002 (0.003)
家庭文化资本→健康行为斜率→自评健康斜率	0.028 * (0.010)

注：*** 表示 $p < 0.001$，** 表示 $p < 0.01$，* 表示 $p < 0.05$。截距代表初始水平，斜率代表发展速度。

对于儿童青少年健康行为在家庭文化资本与儿童青少年抑郁水平之间的纵向中介作用，模型拟合情况表明，RMSEA、CFI、TLI 和 SRMR 分别为0.028、0.975、0.964 和 0.023，均好于评价标准，说明模型拟合良好。

图5.7 显示了家庭文化资本、儿童青少年健康行为和儿童青少年抑郁水平的潜变量增长中介模型结果。根据标准化参数估计值，家庭文化资本无法显著预测儿童青少年抑郁水平的初始水平（$\beta = -0.093$，$p = 0.135$），但能显著预测儿童青少年抑郁水平的发展速度（$\beta = -0.123$，$p < 0.05$）。家庭文

化资本对儿童青少年健康行为的初始水平（$\beta = 0.095$，$p < 0.01$）和发展速度（$\beta = 0.091$，$p < 0.05$）均有显著影响；儿童青少年健康行为初始水平高的儿童青少年，其抑郁水平的初始水平较低（$\beta = -0.345$，$p < 0.01$），但儿童青少年健康行为的初始水平无法显著预测抑郁水平的发展速度（$\beta = 0.085$，$p = 0.102$）；儿童青少年健康行为的发展速度可以显著预测儿童青少年抑郁水平的发展速度（$\beta = -0.298$，$p < 0.05$）。

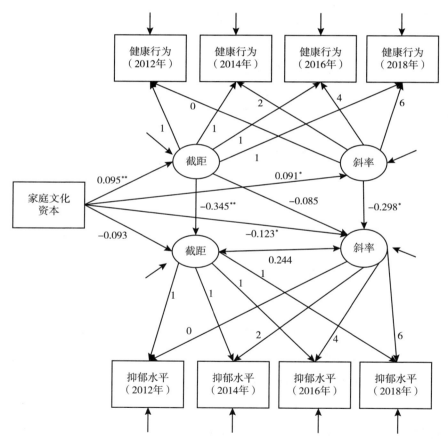

图5.7 家庭文化资本、儿童青少年健康行为和儿童青少年抑郁水平的纵向中介模型

注：模型中的参数估计值均为标准化结果，*** 表示 $p < 0.001$，** 表示 $p < 0.01$，* 表示 $p < 0.05$。

　　各类特殊间接效应的详细情况见表 5.5。表 5.5 的结果表明，儿童青少年健康行为的初始水平在家庭文化资本与抑郁水平的初始水平之间发挥了中介作用。由于中介效应（$\beta = -0.033$，$p < 0.05$）和直接效应（$\beta = -0.093$，$p < 0.05$）同时存在且方向一致，属于互补的中介，中介效应占总效应的比例为 26.2%，提示可能还存在一些其他的中介变量未纳入模型。另外，家庭文化资本也可以通过促进儿童青少年健康行为的发展速度，进而降低儿童青少年抑郁水平的发展速度，儿童青少年健康行为的发展速度在家庭文化资本与抑郁水平的发展速度之间发挥中介作用。由于中介效应（$\beta = -0.027$，$p < 0.05$）和直接效应（$\beta = -0.123$，$p < 0.05$）同时存在且方向一致，属于互补的中介，中介效应占总效应的比例为 18%，提示可能还存在一些其他的中介变量未纳入模型。以上结果表明，儿童青少年健康行为可以促进家庭文化资本对儿童青少年抑郁水平的负向作用。具体而言，家庭文化资本可以通过提高儿童青少年健康行为的初始水平和发展速度，降低儿童青少年抑郁水平的初始水平和发展速度。

表 5.5　　　　　家庭文化资本、儿童青少年健康行为和儿童青少年抑郁水平潜变量增长中介模型的间接效应

中介效应	β 值（标准误）
家庭文化资本→健康行为截距→抑郁水平截距	-0.033^{*} （0.015）
家庭文化资本→健康行为截距→抑郁水平斜率	-0.008 （0.005）
家庭文化资本→健康行为斜率→抑郁水平斜率	-0.027^{*} （0.010）

　　注：*** 表示 $p < 0.001$，** 表示 $p < 0.01$，* 表示 $p < 0.05$。截距代表初始水平，斜率代表发展速度。

对于儿童青少年健康行为在家庭文化资本与儿童青少年四周患病率之间的纵向中介作用，模型拟合情况表明，RMSEA、CFI、TLI 和 SRMR 分别为 0.029、0.979、0.974 和 0.026，均好于评价标准，说明模型拟合良好。图5.8 显示了儿童青少年家庭文化资本、健康行为和四周患病率的潜变量增长中介模型结果。

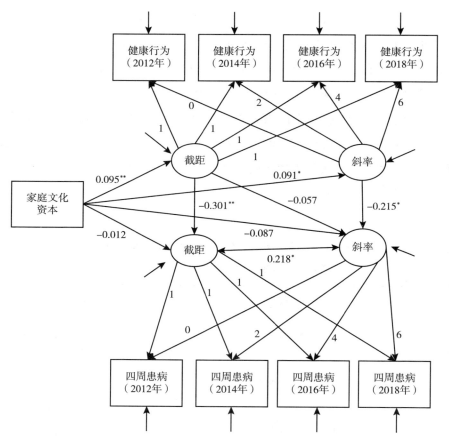

图5.8　家庭文化资本、儿童青少年健康行为和儿童青少年四周患病的纵向中介模型

注：模型中的参数估计值均为标准化结果，*** 表示 p < 0.001，** 表示 p < 0.01，* 表示 p < 0.05。

根据标准化参数估计值，家庭文化资本无法显著预测儿童青少年四周患病率的初始水平（$\beta = -0.012$，$p = 0.074$）和儿童青少年四周患病率的发展速度（$\beta = -0.087$，$p = 0.164$）。家庭文化资本对儿童青少年健康行为的初始水平（$\beta = 0.095$，$p < 0.01$）和发展速度（$\beta = 0.091$，$p < 0.05$）均有显著影响；儿童青少年健康行为初始水平高的儿童青少年，其四周患病率的初始水平较低（$\beta = -0.301$，$p < 0.01$），但儿童青少年健康行为初始水平无法显著预测四周患病率的发展速度（$\beta = 0.057$，$p = 0.093$）；儿童青少年健康行为的发展速度可以显著预测儿童青少年四周患病率的发展速度（$\beta = -0.215$，$p < 0.05$）。

各类特殊间接效应的详细情况见表 5.6。儿童青少年健康行为的初始水平在家庭文化资本与四周患病率的初始水平之间发挥中介作用。另外，家庭文化资本也可以通过提高儿童青少年健康行为的发展速度，进而降低四周患病率的发展速度，儿童青少年健康行为的发展速度在家庭文化资本与四周患病率的发展速度之间发挥中介作用，中介效应（$\beta = -0.020$，$p < 0.05$）和直接效应（$\beta = -0.087$，$p < 0.05$）同时存在且方向一致，属于互补的中介，中介效应占总效应的比例为 18.7%，提示可能还存在一些其他的中介变量未纳入模型。以上结果表明，家庭文化资本可以通过提高儿童青少年健康行为的初始水平和发展速度，降低儿童青少年四周患病率的初始水平和发展速度。

表 5.6 **家庭文化资本、儿童青少年健康行为和儿童青少年四周患病潜变量增长中介模型的间接效应**

中介效应	β 值（标准误）
家庭文化资本→健康行为截距→四周患病截距	-0.029^* (0.012)
家庭文化资本→健康行为截距→四周患病斜率	-0.005 (0.003)

续表

中介效应	β 值（标准误）
家庭文化资本→健康行为斜率→四周患病斜率	-0.020* (0.007)

注：*** 表示 p < 0.001，** 表示 p < 0.01，* 表示 p < 0.05。截距代表初始水平，斜率代表发展速度。

5.2.3　家庭社会资本对儿童青少年健康影响：健康行为的纵向中介作用

对于儿童青少年健康行为在家庭社会资本与儿童青少年自评健康之间的纵向中介作用，模型拟合情况表明，RMSEA、CFI、TLI 和 SRMR 分别为 0.028、0.976、0.971 和 0.024，均好于评价标准，说明模型拟合良好。图 5.9 显示了家庭社会资本、儿童青少年健康行为和儿童青少年自评健康的潜变量增长中介模型结果。根据标准化参数估计值，家庭社会资本可显著预测儿童青少年自评健康的初始水平（$\beta = 0.217$，p < 0.05）和自评健康的发展速度（$\beta = 0.009$，p < 0.05）；家庭社会资本无法显著预测儿童青少年健康行为的初始水平（$\beta = 0.084$，p = 0.085），但能显著预测儿童青少年健康行为的发展速度（$\beta = 0.092$，p < 0.05）。儿童青少年健康行为初始水平高的儿童青少年，其自评健康的初始水平较高（$\beta = 0.235$，p < 0.01），但儿童青少年健康行为的初始水平无法显著预测儿童青少年自评健康的发展速度（$\beta = 0.021$，p = 0.071）；儿童青少年健康行为的发展速度无法显著预测儿童青少年自评健康的发展速度（$\beta = 0.312$，p = 0.062）。

各类特殊间接效应的详细情况见表 5.7。儿童青少年健康行为在家庭社会资本与儿童青少年自评健康之间无显著的中介作用。以上结果提示，儿童青少年健康行为难以促进家庭社会资本对儿童青少年自评健康的正向作用。

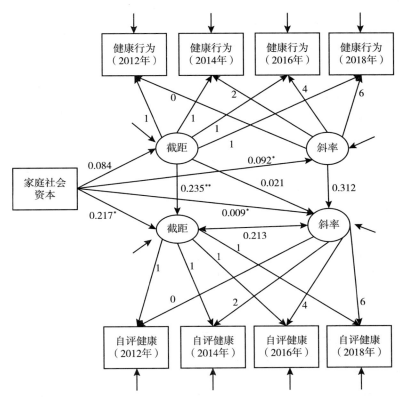

图 5.9　家庭社会资本、儿童青少年健康行为和儿童青少年自评健康的纵向中介模型

注：模型中的参数估计值均为标准化结果，***表示 p < 0.001，**表示 p < 0.01，*表示 p < 0.05。

表 5.7　　　家庭社会资本、儿童青少年健康行为和儿童青少年自评

健康潜变量增长中介模型的间接效应

中介效应	β 值（标准误）
家庭社会资本→健康行为截距→自评健康截距	0.020 （0.012）
家庭社会资本→健康行为截距→自评健康斜率	0.002 （0.005）
家庭社会资本→健康行为斜率→自评健康斜率	0.028 （0.015）

注：***表示 p < 0.001，**表示 p < 0.01，*表示 p < 0.05。截距代表初始水平，斜率代表发展速度。

　　对于儿童青少年健康行为在家庭社会资本与儿童青少年抑郁水平之间的纵向中介作用，模型拟合情况表明，RMSEA、CFI、TLI 和 SRMR 分别为 0.029、0.975、0.981 和 0.026，均好于评价标准，说明模型拟合良好。图 5.10 显示了家庭社会资本、儿童青少年健康行为和儿童青少年抑郁水平的潜变量增长中介模型结果。

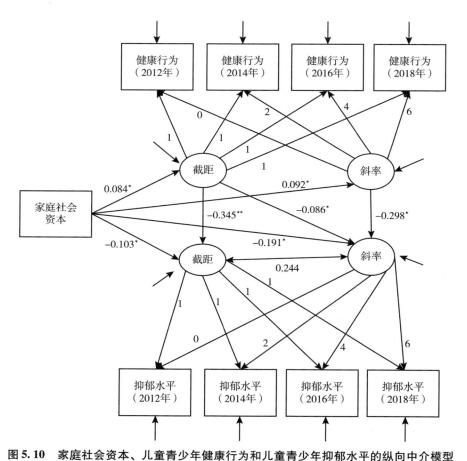

图 5.10　家庭社会资本、儿童青少年健康行为和儿童青少年抑郁水平的纵向中介模型

　　注：模型中的参数估计值均为标准化结果，＊＊＊表示 p < 0.001，＊＊表示 p < 0.01，＊表示 p < 0.05。

　　根据图 5.10 的标准化参数估计值，家庭社会资本可以显著预测儿童青少年抑郁水平的初始水平（$\beta = -0.103$，$p < 0.05$）和发展速度（$\beta = -0.191$，$p < 0.05$）；家庭社会资本可以显著预测儿童青少年健康行为的初始水平（$\beta = 0.084$，$p < 0.05$），能显著预测儿童青少年健康行为的发展速度（$\beta = -0.092$，$p < 0.05$）；儿童青少年健康行为初始水平高的儿童青少年，其抑郁水平的初始水平较低（$\beta = -0.345$，$p < 0.01$），但儿童青少年健康行为的初始水平可以显著预测儿童青少年抑郁水平的发展速度（$\beta = 0.086$，$p < 0.05$）；儿童青少年健康行为的发展速度显著预测儿童青少年抑郁水平的发展速度（$\beta = -0.298$，$p < 0.05$）。

各类特殊间接效应的详细情况见表 5.8。儿童青少年健康行为的初始水平在家庭社会资本与抑郁水平的初始水平之间发挥中介作用。家庭社会资本可以通过提高儿童青少年健康行为的初始水平，进而降低儿童青少年抑郁水平的发展速度。以上结果表明，家庭社会资本可以通过提高儿童青少年健康行为的初始水平和发展速度，降低儿童青少年抑郁水平的初始水平和发展速度。

表 5.8 　　　　家庭社会资本、儿童青少年健康行为和儿童青少年

抑郁水平潜变量增长中介模型的间接效应

中介效应	β 值（标准误）
家庭社会资本→健康行为截距→抑郁水平截距	-0.029^* (0.012)
家庭社会资本→健康行为截距→抑郁水平斜率	-0.007^* (0.003)
家庭社会资本→健康行为斜率→抑郁水平斜率	-0.027^* (0.010)

注：*** 表示 $p < 0.001$，** 表示 $p < 0.01$，* 表示 $p < 0.05$。截距代表初始水平，斜率代表发展速度。

对于儿童青少年健康行为在家庭社会资本与儿童青少年四周患病率之间的纵向中介作用，模型拟合情况表明，RMSEA、CFI、TLI 和 SRMR 分别为 0.032、0.968、0.973 和 0.025，均好于评价标准，说明模型拟合良好。

图 5.11 显示了家庭社会资本、儿童青少年健康行为和儿童青少年四周患病率的潜变量增长中介模型结果。根据标准化参数估计值，家庭社会资本无法显著预测儿童青少年四周患病率的初始水平（$\beta = -0.034$，$p = 0.192$）和儿童青少年四周患病率的发展速度（$\beta = -0.087$，$p = 0.163$）；另外，家庭社会资本无法显著预测儿童青少年健康行为的初始水平（$\beta = 0.084$，$p = 0.085$），但能显著预测儿童青少年健康行为的发展速度（$\beta = -0.092$，$p < 0.05$）；儿童青少年健康行为初始水平高的儿童青少年，其四周患病率的初始水平较低（$\beta = -0.301$，$p < 0.01$），但儿童青少年健康行为的初始水平和发展速度无法显著预测四周患病率的发展速度（$\beta = -0.057$，$p = 0.093$；$\beta = -0.217$，$p = 0.103$）。

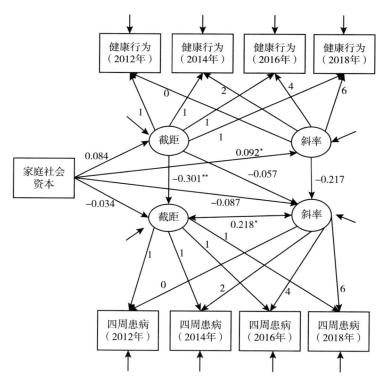

图 5.11　家庭社会资本、儿童青少年健康行为和儿童青少年四周患病的纵向中介模型

注：模型中的参数估计值均为标准化结果，*** 表示 $p < 0.001$，** 表示 $p < 0.01$，* 表示 $p < 0.05$。

各类特殊间接效应的详细情况见表 5.9。儿童青少年健康行为在家庭社会资本与儿童青少年四周患病之间无显著的中介作用。以上结果提示，虽然家庭社会资本可以提高健康行为的发展速度，但是健康行为并不能影响儿童的四周患病率情况，这样的结果表明，家庭社会资本对儿童的身体急慢性疾病的影响并不会通过健康行为来解释。

表 5.9　　　　家庭社会资本、儿童青少年健康行为和儿童青少年
四周患病潜变量增长中介模型的间接效应

中介效应	β 值（标准误）
家庭社会资本→健康行为截距→四周患病截距	-0.025 (0.013)
家庭社会资本→健康行为截距→四周患病斜率	-0.005 (0.003)
家庭社会资本→健康行为斜率→四周患病斜率	-0.020 (0.011)

注：*** 表示 $p < 0.001$，** 表示 $p < 0.01$，* 表示 $p < 0.05$。截距代表初始水平，斜率代表发展速度。

5.2.4　家庭资本对儿童青少年健康的影响：社区层面的调节作用

本小节在分层模型中纳入社区层面因素（社区卫生服务水平、社区居住环境水平）与家庭资本的交互项，以探究社区层面因素是否能调节家庭资本对儿童青少年健康的影响。

社区卫生服务水平在家庭资本与儿童青少年健康之间的调节作用如表 5.10 所示。在对儿童青少年自评健康的影响上，家庭经济资本与社区卫生服务水平的交互项显著（$\beta = 0.007$，$p < 0.05$）。这说明社区卫生服务水平促进了家庭经济资本对儿童青少年自评健康的正向影响。

表 5.10　　社区卫生服务水平在家庭资本与儿童青少年健康之间的调节作用

因素	模型 1 自评健康	模型 2 自评健康	模型 3 抑郁水平	模型 4 抑郁水平	模型 5 四周患病	模型 6 四周患病
家庭经济资本	0.050 *** (0.003)	0.039 *** (0.002)	−0.090 * (0.039)	−0.083 * (0.035)	0.027 (0.016)	0.026 (0.019)
家庭文化资本	0.043 *** (0.005)	0.031 *** (0.002)	−0.029 * (0.014)	−0.026 * (0.011)	−0.038 * (0.013)	−0.031 * (0.011)
家庭社会资本	0.035 * (0.012)	0.026 * (0.012)	−0.049 ** (0.014)	−0.043 ** (0.013)	−0.035 * (0.015)	−0.030 * (0.011)
社区卫生服务水平	0.028 * (0.012)	0.022 * (0.010)	0.303 (0.256)	0.300 (0.274)	−0.057 (0.064)	−0.058 (0.066)
家庭经济资本×社区卫生服务水平		0.007 * (0.003)		0.025 (0.027)		0.005 (0.014)
家庭文化资本×社区卫生服务水平		0.008 * (0.003)		−0.022 (0.029)		−0.066 ** (0.020)
家庭社会资本×社区卫生服务水平		0.003 (0.003)		−0.027 (0.017)		0.012 (0.015)
控制变量	控制	控制	控制	控制	控制	控制
年份固定效应	控制	控制	控制	控制	控制	控制
$R^2/Pseudo\_R^2$	0.083	0.083	0.085	0.085	0.092	0.092
样本量	8804	8804	8804	8804	10375	10375

注：结果展示的是估计系数，以及括号内的标准误。 *** 表示 $p < 0.001$， ** 表示 $p < 0.01$， * 表示 $p < 0.05$。

　　另外，在对儿童青少年自评健康的影响上，家庭文化资本与社区卫生服务水平的交互项显著（ $\beta = 0.008$ ， $p < 0.05$ ）。这说明当家庭文化资本越高时，更高的社区卫生服务水平有助于提高自评健康水平。在对抑郁的影响上，家庭经济资本、家庭文化资本和家庭社会资本与社区卫生服务水平的交互项均未能通过 0.05 水平的显著性检验。在对四周患病率的影响上，家庭文化资

本与社区卫生服务水平的交互项显著（$\beta = -0.066$，$p < 0.01$）。该结果说明当家庭文化资本越高时，更高的社区卫生服务水平有助于降低四周患病率。

社区居住环境水平在家庭资本与儿童青少年健康之间的调节作用如表 5.11 所示。在对儿童青少年自评健康的影响上，家庭经济资本与社区居住环境的交互项显著（$\beta = 0.005$，$p < 0.05$），这说明社区居住环境水平越高时，更高的家庭经济资本有助于提高儿童青少年的自评健康水平。

表 5.11　　　社区居住环境水平在家庭资本与儿童青少年健康之间的调节作用

因素	模型 7 自评健康	模型 8 自评健康	模型 9 抑郁水平	模型 10 抑郁水平	模型 11 四周患病	模型 12 四周患病
家庭经济资本	0.026 * (0.010)	0.022 * (0.009)	- 0.077 * (0.030)	- 0.074 * (0.027)	0.010 (0.056)	0.009 (0.083)
家庭文化资本	0.022 ** (0.006)	0.019 ** (0.005)	- 0.036 * (0.015)	- 0.032 * (0.011)	- 0.173 * (0.084)	- 0.164 * (0.080)
家庭社会资本	0.024 * (0.010)	0.023 * (0.009)	- 0.052 * (0.021)	- 0.047 * (0.019)	0.049 (0.039)	0.047 (0.032)
社区居住环境水平	0.064 ** (0.015)	0.059 ** (0.015)	- 0.030 (0.199)	- 0.028 (0.185)	0.044 * (0.019)	0.037 * (0.015)
家庭经济资本 × 社区居住环境水平		0.005 * (0.002)		- 0.053 (0.037)		- 0.002 (0.011)
家庭文化资本 × 社区居住环境水平		0.003 (0.002)		0.065 (0.079)		- 0.030 ** (0.009)
家庭社会资本 × 社区居住环境水平		0.003 (0.002)		- 0.007 * (0.003)		- 0.007 (0.004)
控制变量	控制	控制	控制	控制	控制	控制
年份固定效应	控制	控制	控制	控制	控制	控制
R^2/Pseudo_R^2	0.085	0.084	0.087	0.085	0.089	0.087
样本量	8804	8804	8804	8804	10375	10375

注：结果展示的是估计系数，以及括号内的标准误。$***$ 表示 $p < 0.001$，$**$ 表示 $p < 0.01$，$*$ 表示 $p < 0.05$。

在对抑郁水平的影响上，家庭社会资本与社区居住环境的交互项显著（$\beta = -0.007$，$p < 0.05$），这说明社区居住环境水平越高时，更高的家庭社会资本有助于降低儿童青少年的抑郁水平。在对儿童青少年四周患病率的影响上，家庭文化资本与社区居住环境水平的交互项显著（$\beta = -0.030$，$p < 0.01$），而其他家庭资本变量与社区居住环境水平的交互项均未能通过 5% 水平的显著性检验。这些结果说明当家庭文化资本越高时，更高的社区居住环境水平有助于降低四周患病率。而社区居住环境水平无法调节家庭经济资本和家庭文化资本对四周患病率的影响。

5.2.5 城乡异质性分析

5.2.5.1 健康行为纵向中介作用的城乡差异

为了进一步探究家庭资本如何通过健康行为影响儿童青少年健康水平的城乡差异，本小节对城市和农村儿童青少年分别进行分析。各类特殊间接效应的详细情况见表 5.12～表 5.14。

表 5.12 家庭经济资本、儿童青少年健康行为和儿童青少年健康潜变量增长中介模型的间接效应（城乡异质性）

类别	中介效应	β 值（标准误）
	家庭经济资本→健康行为截距→自评健康截距	0.022 (0.014)
城市儿童青少年	家庭经济资本→健康行为截距→自评健康斜率	0.002 (0.003)
	家庭经济资本→健康行为斜率→自评健康斜率	0.023 (0.012)

续表

类别	中介效应	β 值（标准误）
城市儿童青少年	家庭经济资本→健康行为截距→抑郁水平截距	−0.032 （0.021）
	家庭经济资本→健康行为截距→抑郁水平斜率	−0.008 （0.005）
	家庭经济资本→健康行为斜率→抑郁水平斜率	−0.022 * （0.008）
	家庭经济资本→健康行为截距→四周患病截距	−0.028 （0.022）
	家庭经济资本→健康行为截距→四周患病斜率	−0.005 （0.003）
	家庭经济资本→健康行为斜率→四周患病斜率	−0.015 （0.012）
农村儿童青少年	家庭经济资本→健康行为截距→自评健康截距	0.021 （0.013）
	家庭经济资本→健康行为截距→自评健康斜率	0.002 （0.003）
	家庭经济资本→健康行为斜率→自评健康斜率	0.021 * （0.008）
	家庭经济资本→健康行为截距→抑郁水平截距	−0.032 （0.021）
	家庭经济资本→健康行为截距→抑郁水平斜率	−0.008 （0.005）
	家庭经济资本→健康行为斜率→抑郁水平斜率	−0.023 * （0.008）
	家庭经济资本→健康行为截距→四周患病截距	−0.028 （0.022）

续表

类别	中介效应	β 值（标准误）
农村儿童青少年	家庭经济资本→健康行为截距→四周患病斜率	−0.005 （0.003）
	家庭经济资本→健康行为斜率→四周患病斜率	−0.017 * （0.006）

注：*** 表示 p < 0.001，** 表示 p < 0.01，* 表示 p < 0.05。截距代表初始水平，斜率代表发展速度。

表 5.13 家庭文化资本、儿童青少年健康行为和儿童青少年健康潜变量增长

中介模型的间接效应（城乡异质性）

类别	中介效应	β 值（标准误）
城市儿童青少年	家庭文化资本→健康行为截距→自评健康截距	0.016 （0.009）
	家庭文化资本→健康行为截距→自评健康斜率	0.002 （0.003）
	家庭文化资本→健康行为斜率→自评健康斜率	0.015 （0.009）
	家庭文化资本→健康行为截距→抑郁水平截距	−0.031 * （0.011）
	家庭文化资本→健康行为截距→抑郁水平斜率	−0.008 （0.005）
	家庭文化资本→健康行为斜率→抑郁水平斜率	−0.027 * （0.010）
	家庭文化资本→健康行为截距→四周患病截距	−0.028 （0.016）
	家庭文化资本→健康行为截距→四周患病斜率	−0.005 （0.003）
	家庭文化资本→健康行为斜率→四周患病斜率	−0.021 （0.013）

续表

类别	中介效应	β 值（标准误）
农村儿童青少年	家庭文化资本→健康行为截距→自评健康截距	0.025 ** (0.007)
	家庭文化资本→健康行为截距→自评健康斜率	0.002 (0.003)
	家庭文化资本→健康行为斜率→自评健康斜率	0.029 * (0.0011)
	家庭文化资本→健康行为截距→抑郁水平截距	−0.033 * (0.012)
	家庭文化资本→健康行为截距→抑郁水平斜率	−0.008 (0.005)
	家庭文化资本→健康行为斜率→抑郁水平斜率	−0.026 * (0.010)
	家庭文化资本→健康行为截距→四周患病截距	−0.029 * (0.013)
	家庭文化资本→健康行为截距→四周患病斜率	−0.005 (0.003)
	家庭文化资本→健康行为斜率→四周患病斜率	−0.022 * (0.008)

注： *** 表示 $p < 0.001$，** 表示 $p < 0.01$，* 表示 $p < 0.05$。截距代表初始水平，斜率代表发展速度。

表 5.14 家庭社会资本、儿童青少年健康行为和儿童青少年健康潜变量增长

中介模型的间接效应（城乡异质性）

类别	中介效应	β 值（标准误）
城市儿童青少年	家庭社会资本→健康行为截距→自评健康截距	0.019 (0.012)
	家庭社会资本→健康行为截距→自评健康斜率	0.002 (0.005)

续表

类别	中介效应	β值（标准误）
城市儿童青少年	家庭社会资本→健康行为斜率→自评健康斜率	0.025 (0.015)
	家庭社会资本→健康行为截距→抑郁水平截距	− 0.028 * (0.013)
	家庭社会资本→健康行为截距→抑郁水平斜率	− 0.007 * (0.003)
	家庭社会资本→健康行为斜率→抑郁水平斜率	− 0.026 * (0.009)
	家庭社会资本→健康行为截距→四周患病截距	− 0.025 (0.013)
	家庭社会资本→健康行为截距→四周患病斜率	− 0.005 (0.003)
	家庭社会资本→健康行为斜率→四周患病斜率	− 0.022 (0.012)
农村儿童青少年	家庭社会资本→健康行为截距→自评健康截距	0.020 (0.012)
	家庭社会资本→健康行为截距→自评健康斜率	0.002 (0.005)
	家庭社会资本→健康行为斜率→自评健康斜率	0.029 (0.015)
	家庭社会资本→健康行为截距→抑郁水平截距	− 0.029 * (0.012)
	家庭社会资本→健康行为截距→抑郁水平斜率	− 0.007 * (0.003)
	家庭社会资本→健康行为斜率→抑郁水平斜率	− 0.025 * (0.009)
	家庭社会资本→健康行为截距→四周患病截距	− 0.025 (0.013)

续表

类别	中介效应	β 值（标准误）
农村儿童青少年	家庭社会资本→健康行为截距→四周患病斜率	−0.005 (0.003)
	家庭社会资本→健康行为斜率→四周患病斜率	−0.019 (0.011)

注：*** 表示 p < 0.001，** 表示 p < 0.01，* 表示 p < 0.05。截距代表初始水平，斜率代表发展速度。

对于家庭经济资本如何通过健康行为影响儿童青少年健康发展的城乡差异，表 5.12 结果表明，城市儿童青少年健康行为在家庭经济资本与自评健康之间无显著的中介作用。但是农村儿童青少年健康行为的发展速度在家庭经济资本与自评健康的发展速度之间发挥中介作用。家庭经济资本可以通过促进农村儿童青少年健康行为的发展速度，进而促进自评健康的发展速度；城乡儿童青少年健康行为的发展速度在家庭经济资本与抑郁的发展速度之间发挥中介作用。同时，农村儿童青少年健康行为的初始水平在家庭经济资本与四周患病率的发展速度之间发挥中介作用。因此，家庭经济资本可以通过促进农村儿童青少年健康行为的发展速度，进而使农村儿童青少年自评健康水平上升变快、四周患病率下降速度变快。

对于家庭文化资本如何通过健康行为影响儿童青少年健康发展的城乡差异，表 5.13 结果表明，城市儿童青少年健康行为在家庭文化资本与自评健康、四周患病率的发展速度之间无显著的中介作用，但对抑郁的初始水平和发展速度有显著的中介作用。家庭文化资本可以通过提高农村儿童青少年健康行为的初始水平，进而影响农村儿童青少年自评健康、抑郁水平和四周患病率的初始水平。另外，农村儿童青少年健康行为的发展速度在家庭文化资本与自评健康、抑郁水平和四周患病率的发展速度之间发挥中介作用。以上结果表明，家庭文化资本可以通过促进农村儿童青少年健康行为的发展速度和初始水平，进而使农村儿童青少年自评健康上升速度变快、抑郁下降速度变快、四周患病率的下降速度变快。这说明了在农村家庭开展健康素养宣传和干预健康行为的重要性。

对于家庭社会资本如何通过健康行为影响儿童青少年健康发展的城乡差异，表 5.14 结果表明，在城市样本中，家庭社会资本通过儿童青少年健康行为的初始水平分别对抑郁的初始水平和发展速度起间接作用，家庭社会资本通过儿童青少年健康行为的发展速度对抑郁的发展速度起间接作用。同时，农村样本也出现同样的结果。家庭社会资本可以通过提高农村儿童青少年健康行为的初始水平和发展速度，进而降低农村儿童青少年抑郁的初始水平和发展速度。以上结果表明，家庭社会资本可以通过提高城市和农村儿童青少年健康行为的初始水平和发展速度，降低儿童青少年抑郁水平的初始水平和发展速度。

综上所述，家庭经济资本、家庭文化资本和家庭社会资本通过健康行为影响儿童青少年健康发展的城乡差异，其研究结果表明，家庭经济资本会提高儿童青少年的健康行为，从而使儿童青少年的自评健康上升速度变快，使四周患病率下降变快，这种情况仅在农村儿童青少年中出现。家庭文化资本会提高儿童青少年健康行为，从而使儿童青少年的四周患病率下降速度变快，使自评健康上升速度变快，这种情况仅在农村儿童青少年中出现。家庭社会资本会提高儿童青少年健康行为，从而使儿童青少年的抑郁水平下降速度变快，这种情况均在城市和农村儿童青少年中出现。

5.2.5.2 社区层面调节作用的城乡差异

社区卫生服务水平在家庭资本与城乡儿童青少年健康之间的调节作用，估计结果如表 5.15 所示。在对城市儿童青少年自评健康的影响上，家庭经济资本、家庭文化资本和家庭社会资本与社区卫生服务水平的交互项均未能通过 5% 水平的显著性检验，说明社区卫生服务水平未能促进家庭资本对城市儿童青少年自评健康的影响。在对城市儿童青少年抑郁水平的影响上，家庭经济资本、家庭文化资本和家庭社会资本与社区卫生服务水平的交互项均未能通过5%水平的显著性检验。在对城市儿童青少年四周患病率的影响上，家庭文化资本与社区卫生服务水平的交互项显著（$\beta = -0.018$，$p < 0.05$），而家庭社会资本、家庭经济资本与社区卫生服务水平的交互项均未能通过0.05水平的显著性检验。这些结果说明了当家庭文化资本越高时，更高的社区卫生服务水平有助于降低城市儿童青少年的四周患病率。

表 5.15　　社区卫生服务水平在家庭资本与儿童青少年健康之间的
调节作用（城乡异质性）

类别	因素	自评健康	抑郁水平	四周患病
城市儿童青少年	家庭经济资本	0.033 * (0.014)	− 0.027 * (0.011)	− 0.020 (0.019)
	家庭文化资本	0.034 *** (0.004)	− 0.036 * (0.013)	− 0.012 * (0.005)
	家庭社会资本	0.034 * (0.013)	− 0.117 ** (0.038)	− 0.020 (0.013)
	社区卫生服务水平	0.036 (0.026)	− 0.569 (0.426)	− 0.009 * (0.004)
	家庭经济资本 × 社区 卫生服务水平	0.003 (0.005)	− 0.062 (0.079)	− 0.051 (0.027)
	家庭文化资本 × 社区 卫生服务水平	0.013 (0.016)	0.202 (0.129)	− 0.018 * (0.007)
	家庭社会资本 × 社区 卫生服务水平	0.006 (0.004)	− 0.048 (0.054)	− 0.001 (0.019)
	控制变量	控制	控制	控制
	年份固定效应	控制	控制	控制
	$R^2/Pseudo\_R^2$	0.080	0.084	0.091
	样本量	8804	8804	10375

续表

类别	因素	自评健康	抑郁水平	四周患病
农村儿童青少年	家庭经济资本	0.036 ** (0.011)	− 0.138 *** (0.033)	− 0.011 (0.012)
	家庭文化资本	0.031 *** (0.004)	− 0.444 *** (0.092)	− 0.030 * (0.011)
	家庭社会资本	0.014 * (0.006)	− 0.101 *** (0.025)	− 0.011 (0.009)
	社区卫生服务水平	0.024 * (0.011)	− 0.251 (0.272)	− 0.012 * (0.005)
	家庭经济资本×社区 卫生服务水平	0.007 (0.004)	− 0.039 (0.046)	− 0.018 (0.013)
	家庭文化资本×社区 卫生服务水平	0.011 * (0.005)	− 0.059 (0.119)	− 0.051 * (0.020)
	家庭社会资本×社区 卫生服务水平	0.003 (0.002)	− 0.026 (0.035)	− 0.003 (0.012)
	控制变量	控制	控制	控制
	年份固定效应	控制	控制	控制
	$R^2/Pseudo\_R^2$	0.081	0.082	0.093
	样本量	8804	8804	10375

注：结果展示的是估计系数（标准误）。*** 表示 $p < 0.001$，** 表示 $p < 0.01$，* 表示 $p < 0.05$。

在对农村儿童青少年自评健康的影响上，家庭文化资本与社区卫生服务水平的交互项显著（$\beta = 0.011$，$p < 0.05$），而家庭社会资本、家庭经济资本与社区卫生服务水平的交互项均未能通过5%水平的显著性检验。在对农村儿童青少年抑郁水平的影响上，家庭资本与社区卫生服务水平的交互项均未通过5%水平的显著性检验。在对农村儿童青少年四周患病率的影响上，家庭文化资本与社区卫生服务水平的交互项显著（$\beta = -0.051$，$p < 0.05$），而其他变量与社区卫生服务水平的交互项均未通过5%水平的显著性检验。这

些结果说明了当家庭文化资本越高时，更高的社区卫生服务水平有助于提高农村儿童青少年自评健康水平、降低农村儿童青少年的四周患病率。

表 5.16 显示了社区居住环境水平在家庭资本与城乡儿童青少年健康之间的调节作用结果。在对城市儿童青少年自评健康的影响上，家庭经济资本、家庭文化资本和家庭社会资本与社区居住环境水平的交互项均未能通过 5% 水平的显著性检验。但是在对城市儿童青少年抑郁水平的影响上，家庭文化资本、家庭社会资本与社区居住环境水平的交互项显著（$\beta = -0.012$，$p < 0.05$；$\beta = -0.078$，$p < 0.05$）。在对城市儿童青少年四周患病率的影响上，家庭文化资本与社区居住环境水平的交互项显著（$\beta = -0.026$，$p < 0.05$）。这些结果说明了当家庭文化资本越高时，更高的社区居住环境水平有助于降低城市儿童青少年的抑郁水平和四周患病率。另外，当家庭社会资本越高时，更高的社区居住环境水平有助于降低城市儿童青少年的抑郁水平。

表 5.16 社区居住环境水平在家庭资本与儿童青少年健康之间的调节作用（城乡异质性）

类别	因素	自评健康	抑郁水平	四周患病
城市儿童青少年	家庭经济资本	0.009 (0.031)	−0.175* (0.074)	−0.014 (0.147)
	家庭文化资本	−0.018 (0.027)	0.355* (0.121)	−0.219* (0.100)
	家庭社会资本	0.049* (0.024)	−0.402* (0.148)	−0.033 (0.119)
	社区居住环境水平	−0.027* (0.012)	−0.003 (0.081)	0.057* (0.022)
	家庭经济资本×社区 居住环境水平	−0.001 (0.004)	0.091 (0.053)	0.027 (0.019)
	家庭文化资本×社区 居住环境水平	0.003 (0.003)	−0.012* (0.05)	−0.026* (0.010)

续表

类别	因素	自评健康	抑郁水平	四周患病
城市儿童青少年	家庭社会资本×社区居住环境水平	−0.005 (0.003)	−0.078* (0.029)	0.045 (0.035)
	控制变量	控制	控制	控制
	年份固定效应	控制	控制	控制
	R^2/Pseudo_R^2	0.082	0.075	0.089
	样本量	8804	8804	10375
农村儿童青少年	家庭经济资本	−0.048* (0.020)	−0.068 (0.038)	0.041 (0.102)
	家庭文化资本	−0.049* (0.020)	−0.087** (0.029)	−0.090*** (0.016)
	家庭社会资本	−0.014 (0.012)	−0.161 (0.177)	−0.054 (0.063)
	社区居住环境水平	−0.025** (0.007)	−0.041 (0.117)	−0.014* (0.006)
	家庭经济资本×社区居住环境水平	0.005* (0.002)	−0.054 (0.035)	−0.006 (0.013)
	家庭文化资本×社区居住环境水平	0.006* (0.003)	−0.014 (0.008)	−0.061** (0.019)
	家庭社会资本×社区居住环境水平	0.002 (0.002)	−0.022* (0.009)	0.008 (0.008)
	控制变量	控制	控制	控制
	年份固定效应	控制	控制	控制
	R^2/Pseudo_R^2	0.081	0.083	0.090
	样本量	8804	8804	10375

注：结果展示的是估计系数（标准误）。*** 表示 $p < 0.001$，** 表示 $p < 0.01$，* 表示 $p < 0.05$。

在对农村儿童青少年自评健康的影响上，家庭经济资本、家庭文化资本与社区居住环境水平的交互项显著（$\beta = 0.005$，$p < 0.05$；$\beta = 0.006$，$p <$

0.05），即社区居住环境水平能促进家庭经济资本对农村儿童青少年自评健康的积极影响。在对农村儿童青少年抑郁水平的影响上，家庭社会资本与社区居住环境水平的交互项显著（$\beta = -0.022$，$p < 0.05$）。说明当家庭社会资本越高时，更高的社区居住环境水平有助于降低农村儿童青少年的抑郁水平。在对农村儿童青少年四周患病率的影响上，家庭文化资本与社区居住环境水平的交互项显著（$\beta = -0.061$，$p < 0.01$）。这说明当家庭文化资本越高时，更高的社区居住环境水平有助于降低农村儿童青少年的四周患病率。

5.3 讨 论

本章在第 4 章的基础上，利用纵向数据深入探究家庭资本对儿童青少年健康的影响机制。首先，厘清了健康行为在其中起到的纵向中介作用；其次，分析了社区卫生服务水平、社区居住环境水平在家庭资本与儿童青少年健康之间的调节作用；最后，探讨了家庭资本对儿童青少年健康影响机制的城乡差异，主要围绕以下研究发现进行初步探讨。

（1）家庭资本能够通过儿童青少年健康行为的初始水平和发展速度对健康发展起间接作用。

首先，家庭经济资本通过健康行为进而影响儿童青少年健康水平，这与健康效率提升理论相符。因为家庭经济资本较高的儿童青少年通常拥有更良好的生活环境，从而降低了遭受健康伤害的风险（Bynner，2017）。家庭经济资本较高的儿童青少年也更有可能养成并维持健康的生活方式，因此，健康行为在影响人们健康水平时起到了间接的作用（Byrne et al.，2018）。家庭社会经济地位越高，儿童青少年的健康水平越高，而其中一个最为重要的中介机制就是良好的健康行为。然而，国内外的研究结果在这方面存在结论不一致的情况，主要是由于研究样本所在地的经济发展情况不同所致。在发达国家的研究中，家庭社会经济地位越高的儿童青少年更容易获得优质蛋白质，养成正常合理的作息习惯，并有足够的时间进行运动（Grant-Guimaraes et al.，2016）。在发达国家中，家庭社会经济地位越低，儿童青少年只能获取廉价的食物，这些食物大多为高热量、高油盐，其促进了身材肥胖，并且家庭社会经济地位越低，儿童青少年只能生活在环境潮湿、阴暗的居住环境，其患有疾病的概率较大（Grant-Guimaraes et al.，2016）。但在发展中国家，情况则和发达国家不同。在大多数发展中国家，家庭社会经济地位越高，儿童青少年可能并不会有很好的健康行为，因为他们在饮食方面没有节制，也不会进行锻炼和得到充足的睡眠时间（Ferrara et al.，2019）。本书结果显示，家庭经济资本能通过提高健康行为促进儿童青少年健康水平上升。这说明儿童青少年处于经济水平较高的家庭时，其生活方式得到有效促进，从而有效提高健康水平向上发展。

其次，家庭文化资本会通过影响儿童青少年的健康行为初始水平和发展速度，从而对儿童青少年的健康初始水平和发展速度产生影响。由于教育本身可以提高健康生产效率，当父母的教育水平越高，他们在相同的健康投入水平下，可以为自己的孩子创造更多的健康产出（Jiang & Kang，2019）。这是因为父母的高水平教育意味着拥有更好的认知能力和适应能力，能够积极获取丰富的健康知识，并因此更可能选择健康的生活方式，从而提高了他们孩子的健康水平（Chatham et al.，2020）。已有研究也表明，父母的健康行为可以对下一代产生代际影响，从而使孩子受益于更健康的生活方式（Rabinowitz et al.，2020）。更高受教育水平的父母通常能够获得更好的职业和经济收入（Cho et al.，2021），这有助于提高他们获取优质医疗卫生资源、购买健康保险以及进行其他有益于健康的资源配置的能力，进而促进了儿童青少年的健康水平提高。因此，家庭文化资本可以通过优化物质资源配置、培养健康的生活方式，来促进个体的健康水平提升。综合考虑健康效率提升理论和收入回报促进理论的观点，家庭文化资本不仅会影响儿童青少年的健康行为初始水平和发展速度，还会通过这些健康行为的影响，对儿童青少年的健康初始水平和发展速度产生影响。本书的结果强调了提高家庭文化资本所带来积极健康影响的重要性。因此，需要特别关注那些健康行为较差的儿童青少年，以及那些健康行为下降幅度较大的儿童青少年，以制定有针对性的健康干预措施。

与家庭经济资本和家庭文化资本的研究结果不同的是，家庭社会资本能通过促进健康行为，使儿童青少年抑郁水平快速下降，而对其他健康指标无影响。这是因为家庭内部社会联系，例如，亲子关系越好的家庭，会更注重孩子的健康水平，也会适当地通过健康生活方式，促进儿童青少年的心理健康水平。儿童青少年的健康行为是走向心理健康的重要一步。当儿童青少年缺少健康行为，他就会陷入身体无力状态（Corley et al.，2015）。国外研究证明了儿童青少年缺少健康行为和生活方式时，下丘脑的感觉将会变弱，身体免疫系统功能减弱，患身体疾病和心理疾病的概率将增大（Wu，2021）。因此，家庭社会资本越高的儿童青少年，可以保持较高的社会活跃度，促进积极的健康行为。而家庭社会资本越差，可能会引发儿童青少年消极的生活方式。美国的一项研究显示，亲友可以提供有关疾病、治疗和健康服务的信息（Turney，2022）。另外，亲友可能会为父母提供社会心理支持（Adelman，2013）。亲友互动可以有效拓展个体的社会交往网络，进而改变个体获取健康知识的孤立状态，通过在社会网络中进行健康知识、健康信息的分享拓展了儿童青少年获取健康知识的渠道，为培养健康的生活方式提供可能（Gibbs & Forste，2014）。但需要注意的是，亲友更多的是提供健康服务的信息，但真正习得健康行为的主要路径是儿童青少年自己是否实施健康行为。

积极青少年发展观和发展自系统理论均指出，情境对发展结果的影响可能通过个体自系统及个体行为产生（Tian et al.，2016），在本书中，健康行为在家庭资本与健康发展之间发挥了桥梁作用。作为儿童青少年主观能动性的高级表现形式，健康行为的持续发展表现在以下几点：首先，增加了儿童青少年在家庭情境中获取各类资源的机会（Pontes，2017）；其次，健康行为有助于儿童青少年更好地管理该情境中的各种资源，提升个体与情境的匹配性（Kann et al.，2016）；最后，健康行为水平越高的个体越可能有效地权衡自身需求与情境中的资源，进而在此基础上制定合理的目标并设法实现，因此能够获得更高的健康水平（罗世兰等，2021）。这一结果提示我们，在儿童青少年期，良好且稳定的家庭资本不仅与健康的初始水平密切相关，还能在个体自身的发展中创造一种增长惯性，首先促进青少年健康行为的发展，进而有助于健康水平的提升。

综上所述，本书结果显示家庭经济资本、家庭文化资本的初始水平会通过儿童青少年健康行为初始水平、发展速度显著影响儿童青少年健康初始水平和发展速度。家庭社会资本的初始水平能通过健康行为初始水平、发展速度显著影响儿童青少年抑郁水平。本书结果部分验证了研究假设 2，这说明需要注意对儿童青少年健康行为定期进行干预。

（2）健康行为在家庭资本对儿童青少年健康影响的纵向中介作用中存在城乡差异。

本书结果显示，农村儿童青少年健康行为可以促进家庭经济资本、家庭文化资本对自评健康的正向作用。城乡儿童青少年健康行为可以间接影响家庭社会资本对抑郁的负面作用，该研究结果部分验证了研究假设 6。具体而言，家庭经济资本、家庭文化资本能通过影响儿童青少年健康行为初始水平，间接影响儿童青少年健康初始水平，且对农村儿童青少年的间接效应高于城市儿童青少年。家庭社会资本能通过影响儿童青少年健康行为的初始水平，对农村儿童青少年抑郁的初始水平和发展速度产生间接影响。以往研究表明，家庭社会经济地位、儿童青少年健康行为和儿童青少年健康状况存在显著的城乡差异（齐良书，2006）。一项研究发现我国多数城市力推"15 分钟生活圈计划"后，医疗服务可及性能够在城市中得到很好的体现。而农村的各类资源密度较小，较难达到这样的便利（Chen et al.，2019）。因此，家庭经济资本低水平的农村儿童青少年，较不易选择居住在医疗资源周边。而家庭经济资本高水平的农村儿童青少年，在医疗卫生资源以及服务可及性和利用水平上越具有优势。这些方便的医疗设施、公共设施等能够大大促进儿童青少年的健康行为。

同时，家庭社会资本、儿童青少年健康行为和儿童青少年健康状况之间存在显著的城乡差异。农村儿童青少年更注重邻里和家庭支持，而城市儿童青少年更注重朋友和社区的支持（Hikichi et al.，2020）。相比城市儿童青少年，农村儿童青少年健康素养更低，不良健康行为发生概率更高，相比农村儿童青少年，城市儿童青少年可能由于缺乏锻炼运动等原因，健康状况更差（Su et al.，2017）。因此，家庭社会资本、儿童青少年健康行为和儿童青少年健康之间的关系在城乡之间可能存在差异。本书表明，家庭社会资本能通过影响儿童青少年健康行为的初始水平，对农村儿童青少年抑郁的初始水平和发展速度产生间接影响，这说明应该关注农村儿童青少年健康行为的变化。家庭社会资本能通过健康行为的发展速度影响城市儿童青少年抑郁的发展速度，说明需要对城市儿童青少年健康行为实时监测，并通过及时干预，形成正确的健康生活方式，以降低儿童青少年抑郁的发展速度。

（3）提升社区卫生服务水平、社区居住环境水平能调节家庭资本对儿童青少年健康的影响，且存在城乡差异。

本书观察到提高社区卫生服务水平和社区居住环境水平，能促进家庭资本对儿童青少年健康的积极影响，且存在城乡差异。该研究结果部分验证了研究假设 3 和假设 6。提高社区居住环境水平，均能调节城乡家庭文化资本对儿童青少年四周患病率、抑郁水平的影响，但仅能调节农村家庭经济资本对儿童青少年自评健康的影响。提高社区卫生服务水平，仅能调节农村家庭文化资本对儿童青少年四周患病率的影响。这些发现与社区温暖模型（Obando et al.，2023）提供的建议一致，当长期生活处于贫困线以下的城市家庭，其父母没有足够的钱投资孩子身体健康，只能将钱用在维持基本生存。故当社区居住环境得到提高时，处于长期贫困家庭的儿童青少年则会获得社区居住环境带来的健康益处。另外，在心理健康方面，有研究指出良好的社区居住环境水平对儿童青少年的认知幸福感有显著的正向影响（Yang et al.，2020）。良好的社区居住环境是重要且有效的社会支持来源。许多研究表明良好的社区居住环境水平和社区卫生服务水平对儿童青少年存在保护性缓冲等有利影响（方亚琴、夏建中，2014；Liang et al.，2020；Ali et al.，2023）。例如，在家庭内部关系较差的儿童青少年，社区居住环境水平能缓冲家庭对儿童青少年低社会支持的影响，而获得更多家庭外部社会支持（Hikichi et al.，2020）。此外，一项基于上海的研究发现，良好的社区卫生服务水平为一些经济脆弱、受教育水平低和农村户口家庭的儿童青少年健康提供了重要的保护性缓冲作用（Qiao et al.，2020）。在农村家庭中，良好的社区居住环境水平和社区卫生服务水平可以提供免费的基本公共卫生服务，这大大降低了家庭经济资本低水平对农村儿童青少年健康的负面影响（李升、苏润原，2020）。另外，良好的社区居住环境水平也可能会为父母提供社会心理支持。例如，明亮、安静的环境可改善家庭父母的潜在心理健康问题，进而使移民的孩子能获得心理健康（Wang & Zhang，2023）。在韩国，拥有社区居住环境水平的家庭能够更好地抵御家庭经济冲击，从而有利于儿童青少年的营养状况（Choi et al.，2019）。因此，提高社区居住环境水平和社区卫生服务水平，能促进农村家庭资本对儿童健康的积极作用，提高城市社区居住环境水平，也能促进城市家庭资本对儿童健康的积极作用。

5.4　本章小结

本章通过对作用机制定量分析方法的详细阐述，并分析了健康行为在家庭资本对儿童青少年健康影响的作用机制，然后分析了社区卫生服务水平、社区居住环境在家庭资本对儿童青少年健康影响的调节作用。最后得到如下结论：第一，家庭经济资本、家庭文化资本能通过影响儿童青少年健康行为初始水平和发展速度，间接影响儿童青少年健康初始水平和发展速度，且对农村儿童青少年的间接效应高于城市儿童青少年；家庭社会资本能通过影响儿童青少年健康行为初始水平，对儿童青少年抑郁初始水平和发展速度产生间接影响；第二，社区居住环境水平的提高，能调节家庭社会资本对城市儿童青少年健康的影响，而社区卫生服务水平、社区环境水平的提高，主要调节家庭经济资本、家庭文化资本对农村儿童青少年健康的影响。这些结果表明要实现儿童青少年健康的持续增长，仅仅拥有良好且稳定的家庭资本是不够的，还需要有较好的健康行为，并持续不断地改善健康行为，才能实现健康的持续增长。因此，需要对城乡儿童青少年健康行为进行实时监测和及时干预，并提高农村社区卫生服务水平、社区居住环境水平，以促进家庭资本对农村儿童青少年健康的积极影响。

第6章

长期影响的研究方法及应用

在社会科学和自然科学的研究中，理解变量的长期影响对于全面认识现象具有重要意义。通过研究长期影响，研究者可以揭示某一变量在较长时间跨度内的持久效应和变化趋势。本章将探讨长期影响的定量分析方法及其在特定领域的实际应用。

6.1 方法：长期影响的定量 分析方法

随着研究设计的延续性和大数据的集成性，科研人员获得的纵向数据（longitudinal data）越来越多。在流行病、医学等领域，纵向数据多来自队列设计或同期组群设计，即同期出生的一群人为出生群组或队列，对其进行追踪观察。目前在我国也有很多大型纵向研究设计为固定样本设计，即抽取横向样本，并追踪观察，在不同时点进行重复数据测量。相对于横断面研究，纵向研究（longitudinal studies）的主要优势是能够帮助我们观察到测量结果变量随时间变化的过程，但在实际调查中，收集到可能是追踪对象不同测量时间，不同测量间隔的数据，这不能满足以往常用的重复测量的方法，此时我们需要采用较为前沿的发展模型（growth model）进行分析。

纵向研究指的是对结果变量进行两次以上重复测量的研究，例如，对同一个体的某一测量结果在不同时间点进行多次测量（Jos，2016），这样产生的纵向数据与横向数据比较有几个明显的特征。第一，由于每一个研究对象被反复地收集数据，研究对象内的观测值之间会存在相关；第二，纵向数据有两种变异来源，一种是对象个体内变异，另一种是研究对象个体间变异，而且这些变异可能会随时间的变化而发生改变；第三，很多情况下纵向数据不是完整数据或非平衡数据，因为某些研究对象会因各种原因"失访"，而那些仍留在研究中的人也可能由于某些原因错过某些随访观察的机会，因此就会出现研究对象间实际随访次数和随访间隔不同。

纵向数据通常有宽数据和长数据两种格式。我们常见的数据格式如下。长数据格式是每个个体观测的数据在每次测量后被写一行，变量 *id* 标识着属于同一个个体的数据集的行；*time* 是时间度量变量；*y* 是结局变量。长数据文件的长度取决于个体的数量和每个个体重复评估的数量。需要注意的是，对每个个体来说，*time* 变量允许不同，例如 *id* = 1 在 3、4、6 和 7 的时间点进行了观测，*id* = 2 在 2、3 和 4 的时间点进行了观测。宽数据格式是每个个体的重复观测的结局变量在单行中（例如，*y*2、*y*3、*y*4）；在这种格式中，很容易看出两个个体没有在同一时间点进行测量，因为在 *id* = 1 的 *y*2 和 *y*5 处以及 *id* = 2 的 *y*5、*y*6 和 *y*7 处有缺失值（用"."表示）。宽数据文件的长度只取决于个体的数量；变量的数量取决于每次测量的变量数量和测量的时间点数量。一般来说，长数据用于拟合多级建模框架中的发展模型（Kevin，2017）。

纵向数据具有分级结构，即研究对象的重复测量嵌套于个体中。我们可以将研究对象在各时点的测量看作是水平1单位，研究对象则看作为水平2单位，这样就可以应用多层模型来分析纵向数据。应用于纵向数据的多层模型也称为发展模型（growth model）。对纵向数据进行统计分析时，需要能处理个体内同质性（即观察的个体内相关）、个体间异质性、非常数方差，以及由失访造成的非平衡数据等问题。用传统的分析方法处理纵向数据中这些问题比较困难，运用发展模型分析纵向数据则可以很好地处理以上问题。

与传统模型相比较，发展模型的优点如下：第一，在随机缺失（missing at random，MAR）的前提下，发展模型具有处理非平衡数据和不完整数据的能力，可在最大似然或限制性最大似然的基础上，利用全部可以利用的数据进行模型估计。此时，我们既不需要剔除那些带有缺失观察值的研究对象，也不需要弥补性地输入缺失的观察值。第二，发展模型具有较大的灵活性，该模型不仅能够处理各研究对象重复测量次数不等的问题，而且还可以处理重复测量间隔时间不等的现象。第三，发展模型既不需要研究对象内的观察值相互独立，也不受某些限制性假设（如"复合对称"假设）的制约。该方法既可以从研究对象个体内变异的角度，也可以从研究个体间变异的角度，或同时从以上两个角度出发来分析纵向数据。

从个体变异的角度出发，模型假设观察对象在不同时间的观察值相关，是由于非测量因素产生的对象变异质性引起的。因此，在模型中设定随机回归系数，如随机截距反映个体结局测量值的不同初始水平，用时间变量的随机斜率反映个体结局测量随时间的不同变化率，从而引入个体特定效应来处理对象间异质性的问题。

从对象内变异角度出发，可在构建模型时通过设定一个适当的残差方差/协方差结构来处理数据的序列相关。如果用以上两种途径中的任何一种（即分别在模型引入随机回归系数或设定残差方差/协方差结构）仍不足以解释结局测量方差，我们可以构建一个全混合效应线性模型，即在随机回归系数纳入模型的同时，又在模型中设定适当的残差方差/协方差结构。

最后，发展模型能够非常容易地在模型中纳入时间变化协变量。在重复测量数据中，个体水平的协变量，例如，性别是"时间恒定"协变量，因为它们不随时间变化而变化。但观察水平的测量，例如，随访时观察对象婚姻状况、经济收入、行为测量及健康状况等都可能是时间变化协变量，因为它们的值可随时间的变化而发生改变。

6.1.1 线性发展模型

线性发展模型（linear growth model）假设随时间或变量变化的趋势是线性的，即变量的变化与时间成比例。在线性发展模型中，因变量的变化可以通过时间变量的线性函数来描述。用于纵向数据分析的发展模型是多层模型，在分析纵向数据的两个水平发展模型中，分为个体内和个体间模型，个体内观察单位是各研究对象内的重复观察值，而个体间观察单位则是个体研究对象。个体内模型可表述为：

$$y_{ij} = \beta_{0j} + \beta_{1j}t_{ij} + e_{ij} \tag{6.1}$$

其中，y_{ij} 为研究对象 j 的第 i 次的结局测量；β_{0j} 为截距；t_{ij} 是个体内单位时间变量，如时间分值；β_{1j} 是 t_{ij} 的回归斜率；e_{ij} 是误差项（假设其服从以零为均数、以 σ^2 为方差的正态分布）。注意，β_{0j} 和 β_{1j} 都是随机回归系数，代表不同研究对象有不同的结局测量初始值和结局测量随时间变化的不同变化率。个体间模型或个体/对象间模型为：

$$\beta_{0j} = \beta_{00} + \beta_{01}x_j + u_{0j} \tag{6.2}$$

$$\beta_{1j} = \beta_{10} + \beta_{11}x_j + u_{1j} \tag{6.3}$$

其中，β_{00} 和 β_{10} 分别代表控制个体水平解释变量 x_j 后的结局测量平均初始水平和平均变化率。系数 β_{01} 和 β_{11} 为解释变量 x_j 的回归斜率，分别解释结局测量初始水平和变化率在个体间的变异。u_{0j} 和 u_{1j} 分别代表第 j 个观察个体结局测量初始水平和变化率与平均初始水平和变化率的差异；该随机效应假设分别服从以零为均数、以 σ_{u0}^2、σ_{u1}^2 为方差的正态分布。将式（6.2）和式（6.3）代入式（6.1），得到以下组合模型：

$$y_{ij} = \beta_{00} + \beta_{01}x_j + \beta_{10}t_{ij} + \beta_{11}x_jt_{ij} + (u_{0j} + u_{1j}t_{ij} + e_{ij}) \qquad (6.4)$$

其中，$\beta_{00} + \beta_{01}x_j + \beta_{10}t_{ij} + \beta_{11}x_jt_{ij}$ 是模型的固定效应成分；（$u_{0j} + u_{1j}t_{ij} + e_{ij}$）是模型的随机效应成分，其中 $u_{0j} + u_{1j}t_{ij}$ 为个体水平或个体间随机效应，e_{ij} 为个体内随机效应或残差项。

发展模型也可以表达成矩阵形式。结局变量的总方差可表达为：

$$\text{Var}(y) = ZGZ' + R \qquad (6.5)$$

如同线性模型，y 的均数或期望值是通过固定效应 β 来分析的，而 y 的方差是通过 G（随机效应的方差/协方差）矩阵和 R（水平 1 误差的方差/协方差）矩阵来分析的。在一个完整混合效应线性模型中，我们既可为 G 矩阵，也可为 R 矩阵设定合适的方差/协方差结构。但如前所述，对于纵向数据，我们并不一定非要构建一个完整模型。第一，如果我们把回归系数的随机变异纳入模型，残差方差/协方差结构可以设定为 $R = \sigma^2 I$，即假设残差相互独立，且残差方差相等；第二，如果我们侧重于用适当的个体内方差/协方差结构来处理个体内的观察相关问题，则可以为 R 矩阵设定适当的方差/协方差结构，而将随机效应成分 U 设置为 0（Luke，2004）。在后一种情况下，方程简化成了固定效应模型，但带一个结构性残差矩阵。

$$y = X\beta + e \qquad (6.6)$$

其中，$e \sim N(0, R)$，R 矩阵可以被设定为各种适当的形式。如果我们进一步假设 R 为 $\sigma^2 I$，则模型便简化成传统的固定效应线性模型。

在实际研究中，人们通常先从亚模型开始，然后再考虑完整模型。完整模型含有固定效应和随机效应，其两个随机成分（U 和 e）的方差/协方差矩阵的结构需要恰当地设定。

6.1.2 限制性立方样条发展模型

限制性立方样条发展模型（restricted cubic spline growth model）用于捕捉因变量随时间或其他连续变量变化的非线性关系。它能够更好地适应数据中的复杂趋势，避免过拟合的风险。本书对每个儿童青少年进行了多次重复测量，整合的数据为纵向数据。由于在调查过程中可能会出现失访，或者部分儿童青少年在某些调查时期没有参与，因此最终的纵向数据是"非平衡数据"（Huang & Fitzmaurice，2005）。传统的分析方法在处理这种类型的纵向数据时存在一些限制，因为它们无法充分考虑个体内和个体间的变异，也难以处理"非平衡数据"。为了更好地应对这一挑战，研究者们通常使用发展模型，这种方法特别适用于追踪多个出生世代的数据（王济川，2008）。通过发展模型，可以深入探讨随着年龄变化而发生的真实个体内部变化，以及影响因素如何随年龄变化而变化（Goldstein et al.，2002；王济川，2008）。因此，发展模型能够很好地对多个出生世代追踪数据进行分析，也可以探讨个体内部随着年龄变化的真实情况，得到影响因素随年龄的变化规律（Yang & Land，2013）。本书中采用了发展模型来分析儿童青少年健康的年龄效应和世代效应。另外，为了更精确地捕捉儿童青少年在不同年龄的健康水平微小变化，采用了限制性立方样条发展模型。本书采用限制性立方样条发展模型分析步骤如下：

第一步：选择并改进发展模型。在研究儿童青少年健康轨迹时，学者们已经使用多种模型方法（Gasser et al.，1991；Botton et al.，2008；Liang et al.，2020）。根据世界卫生组织的指南，儿童青少年的生长发育轨迹在青春期到来时会发生变化，这些轨迹呈现出非线性的特点（WHO，2022）。因此，本书选择改进发展模型，采用了限制性立方样条（restricted cubic spline，RCS）函数，以更好地适应这种非线性特征。这样做的目的是更精确地捕捉儿童青少年在不同年龄段健康水平的微小变化（Howe et al.，2016）。通过使用这种改进后的模型，我们能够更好地理解儿童青少年健康轨迹的非线性变化趋势。这一方法有助于处理非线性数据，以便更好地研究儿童青少年健康轨迹。限制性立方样条发展模型函数公式如下：

$$y_{ij} = \beta_{0j} + x_1\beta_{1j} + x_2\beta_{2j} + \cdots + x_{k-1}\beta_{(k-1)j} + e_{ij}$$

$$x_p = (x - t_{p-1})^3 + \frac{(x - t_{k-1})^3 + (t_k + t_{p-1})}{(t_k - t_{k-1})} + \frac{(x - t_k)^3 + (t_{k-1} + t_{p-1})}{(t_k - t_{k-1})} \qquad (6.7)$$

其中，x_p = 时间，$p = 2$，…，$k - 1$，k 表示节点数量，t 表示节点的位置。

罗剑锋等（2010）的研究显示，通常情况下，节点数量在 3～5 个效果较好，比较特殊的计算方法是在节点选择上一般使用百分位数节点。最后，具体的节点位置可以通过比较两个拟合指标：贝叶斯信息准则（Bayesian information criterion，BIC）和赤池信息准则（Akaike information criterion，AIC），来确定节点的个数（k）和位置（t）。此外，有研究还指出，对于儿童青少年健康的研究也可以考虑使用标准生长曲线中的拐点或关键点来进行分析（Liang et al.，2020）。这种方法可以帮助更好地理解儿童青少年健康轨迹的特点，进一步丰富了分析方法。

第二步，拟合限制性立方样条发展模型。根据世界卫生组织的儿童青少年生长发育标准，本书选择了 3 个节点位置，分别设置在 11 岁、13 岁和 16 岁。这些年龄被认为是世界卫生组织儿童青少年生长标准曲线中的重要参考点（Howe et al.，2016），在调试过多个节点位置和节点数量，以及对比其他多项式发展模型、线性发展模型之后，该节点位置的拟合指标最优（见附录三的附表 2）。接下来，使用这些节点位置，计算了年龄的样条项，具体计算公式为：样条项 = $\{(age - 11)^3 + [(age - 13)^3 + (16 - 11)]/(16 - 13) + [(age - 16)^3 + (13 - 11)]/(16 - 13)\}$。模型包括了截距的随机效应以及年龄（斜率）的线性和样条项。

在本书中，限制性立方样条发展模型采用 SAS 9.4 来进行分析。

6.2 应用：家庭资本对儿童青少年 健康的长期影响

第 4 章和第 5 章分别从家庭资本对儿童青少年健康的因果性影响和作用机制进行了分析。本部分在第 4 章和第 5 章的基础上，进一步探讨家庭资本对儿童青少年健康的长期影响，重点分析家庭资本对儿童青少年健康影响的年龄效应和世代效应。分析家庭资本对儿童青少年健康的长期影响，对于不同年龄，以及处于生命不同阶段的儿童青少年进行精准干预、提高健康干预措施的效率具有重大意义。现有文献仍然缺乏家庭资本对儿童青少年健康长期影响的相关证据。因此，本部分主要探究以下问题：第一，在年龄增长的视角下，家庭资本对儿童青少年健康的影响是怎样变化的？第二，在社会变迁的视角下，家庭资本对儿童青少年健康的影响是怎样变化的？

本部分的研究结构如下：首先，使用限制性立方样条发展模型，分析家庭资本对儿童青少年健康影响的年龄效应。其次，采用限制性立方样条发展模型，分析家庭资本对儿童青少年健康影响的世代效应。最后，考虑到年龄效应和世代效应可能存在城乡差异，本书将进一步系统探讨家庭资本对儿童青少年健康长期影响的城乡异质性。

6.2.1 家庭资本对儿童青少年健康影响的年龄效应

本小节将通过纵向数据建立限制性立方样条发展模型，作如下分析：在模型中纳入年龄、年龄的样条项、各类型家庭资本、各类型家庭资本和年龄的交互项，纳入第 5 章已被验证的中介变量和调节变量，以及其他控制变量，用来分析家庭资本对儿童青少年健康影响的年龄效应。

为探讨儿童青少年健康的个体间差异是否显著，本书首先计算了限制性立方样条发展模型中空模型的组内相关系数（intraclass correlation coefficient, ICC），并对个体间方差 σ 进行了是否为 0 的 Z 检验。空模型的估计结果表明有 56.3% 的变异可由个体间差异解释，证实了采用发展模型进行分析的合理性。其次，在模型中加入年龄、年龄的样条项、年龄和家庭资本的交互项，以及相应的人口学特征的控制变量，以此更好地估计家庭资本对儿童青少年健康影响的年龄效应。

表 6.1 显示了家庭资本对儿童青少年健康影响的年龄效应。模型 1 显示，家庭经济资本与年龄交互项的系数值为 0.005，且在 1% 水平上具有统计显著性，表明随着年龄的增长，较之于家庭经济资本低水平的儿童青少年，家庭经济资本高水平的儿童青少年自评健康水平上升速率越快。家庭社会资本与年龄交互项的系数值为 0.006，且在 1% 水平上具有统计显著性，表明随着年龄的增长，较之于家庭社会资本低水平的儿童青少年，家庭社会资本高水平的儿童青少年自评健康水平上升速率越快。

表 6.1　　　　　　　　家庭资本对儿童青少年健康影响的年龄效应

类别	变量	模型 1 自评健康		模型 2 抑郁水平		模型 3 四周患病	
		β	R_SE	β	R_SE	β	R_SE
固定效应	截距	3.235 ***	0.020	12.153 ***	0.240	11.607 ***	0.092
	年龄	− 0.020 ***	0.002	0.065 ***	0.012	0.008 *	0.003
	年龄的样条 1	0.008 ***	0.001	− 0.025 ***	0.005	0.015 ***	0.002
	城市	0.004 ***	0.001	− 0.111 **	0.034	− 0.024 **	0.008
	家庭经济资本[a]	0.078 ***	0.006	− 0.151 **	0.048	0.014	0.037
	家庭文化资本[a]	0.074 ***	0.005	− 0.380 ***	0.081	− 0.026 **	0.007
	家庭社会资本[a]	0.078 ***	0.004	− 0.086 **	0.029	0.011	0.018
	世代	0.006	0.004	0.240 ***	0.050	− 0.033 *	0.016

续表

类别	变量	模型 1 自评健康		模型 2 抑郁水平		模型 3 四周患病	
		β	R_SE	β	R_SE	β	R_SE
固定效应	年龄×家庭经济资本[a]	0.005 ***	0.001	− 0.059 ***	0.005	− 0.001	0.003
	年龄×家庭文化资本[a]	0.003	0.002	− 0.010	0.006	− 0.012 *	0.005
	年龄×家庭社会资本[a]	0.006 ***	0.001	− 0.031 **	0.009	0.001	0.002
	年龄×世代	0.001	0.001	0.005	0.004	0.003 *	0.001
	健康行为	− 0.003 **	0.001	− 0.032 ***	0.006	0.001	0.002
	社区居住环境水平	− 0.004 ***	0.001	− 0.414 ***	0.018	0.003	0.004
	社区卫生服务水平	− 0.008 *	0.004	0.089	0.074	− 0.046 *	0.020
	控制变量	控制		控制		控制	
随机效应	截距	1.256 ***	0.019	0.520 ***	0.012	1.149 ***	0.054
	层 1：个体内	0.307 ***	0.010	1.604 ***	0.11	− 0.014 ***	0.002
	层 2：个体间	0.028 ***	0.001	0.123 ***	0.001	0.424 ***	0.007
− 2LL		29458.8		28827.2		36406.5	
BIC		29458.8		28831.2		36432.1	
样本量		8652		8823		10384	

注：β 和 R_SE 是估计系数和标准误。*** 表示 $p < 0.001$，** 表示 $p < 0.01$，* 表示 $p < 0.05$，×表示交互项。年龄的样条 1 是根据限制性三次样条的公式新生成的年龄变量。a 表示家庭资本按均值划分成家庭资本低水平和家庭资本高水平，并以家庭资本低水平为参照项。

模型 2 显示了家庭资本对儿童青少年抑郁水平影响的年龄效应，年龄系数具有统计学意义（$\beta = 0.065$，$p < 0.001$），即随着年龄的增长，儿童青少

年的抑郁得分在上升。家庭经济资本与年龄交互项的系数值为 -0.059，且在 1% 水平上具有统计显著性，表明随着年龄的增长，较之于家庭经济资本高水平的儿童青少年，家庭经济资本低水平的儿童青少年抑郁水平上升速率越快。家庭社会资本与年龄交互项的系数值为 -0.031，且在 1% 水平上具有统计显著性，表明随着年龄的增长，较之于家庭社会资本高水平的儿童青少年，家庭社会资本低水平的儿童青少年抑郁水平上升速率越快。

模型 3 显示了家庭资本对儿童青少年四周患病率影响的年龄效应，四周患病率的年龄系数具有统计学意义（$\beta = 0.008$，$p < 0.05$），即随着年龄的增长，儿童青少年的四周患病率在上升。家庭文化资本与年龄交互项的系数值为 -0.012，且在 5% 水平上具有统计显著性，表明随着年龄的增长，较之于家庭文化资本低水平的儿童青少年，家庭文化资本高水平的儿童青少年四周患病率上升速率越慢。

值得注意的是，基于限制性立方样条发展模型的年龄样条项参数不容易解释（Howe et al.，2016）。为了直观地显示家庭资本对儿童青少年健康影响的年龄效应，本书使用限制性立方样条发展模型的参数画出拟合图来解释上述参数的意义。

图 6.1 更加直观地展示了家庭经济资本对儿童青少年健康影响的年龄效应。本书发现，对于受家庭经济资本影响的儿童青少年自评健康差异，在 10 岁时，家庭经济资本高水平的儿童青少年自评健康，就高于家庭经济资本低水平的儿童青少年，并且受家庭经济资本影响的儿童青少年自评健康轨迹不平等趋势，随年龄增长呈"发散"趋势；同样地，对于受家庭经济资本影响的儿童青少年抑郁水平差异，在 12 岁时，家庭经济资本高水平的儿童青少年抑郁水平，才开始显著低于家庭经济资本低水平的儿童青少年，并且受家庭经济资本影响的儿童青少年抑郁水平轨迹不平等趋势随年龄增长呈"发散"趋势；对于受家庭经济资本影响的儿童青少年四周患病率差异，在年龄为 6 岁时，家庭经济资本高水平的儿童青少年四周患病率，就开始显著低于家

庭经济资本低水平的儿童青少年。这些结果说明，随着儿童青少年年龄增长，家庭经济资本差异影响下的儿童青少年自评健康、抑郁水平的差异逐渐扩大，这在一定程度上支持了"累积优势假说"，即早期家庭经济资本差异带来的儿童青少年初期的细小差异会随着时间的延续而不断扩大，这导致在生命早期处于家庭经济资本低水平或者健康劣势的个体持续处于劣势状态，且与家庭经济资本高水平群体的差距会不断扩大。上述结果部分验证了研究假设 4。

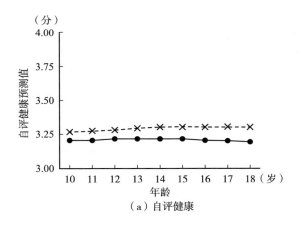

（a）自评健康

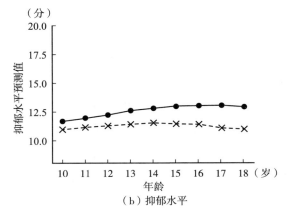

（b）抑郁水平

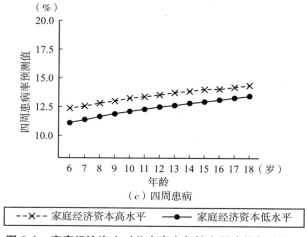

图6.1 家庭经济资本对儿童青少年健康影响的年龄效应

图 6.2 展示了家庭文化资本对儿童青少年健康影响的年龄效应。对于受家庭文化资本影响的儿童青少年自评健康差异，家庭文化资本高水平的儿童青少年自评健康高于家庭文化资本低水平的儿童青少年。虽然受家庭文化资本影响的儿童青少年自评健康轨迹不平等趋势随年龄增长呈"发散"趋势，但是这种趋势并不显著；对于受家庭文化资本影响的儿童青少年抑郁水平差异，在年龄为 14 岁时，家庭文化资本高水平的儿童青少年抑郁水平，才开始显著低于家庭文化资本低水平的儿童青少年，并且受家庭文化资本影响的儿童青少年抑郁水平轨迹不平等趋势随年龄增长呈"发散"趋势；对于受家庭文化资本影响的儿童青少年四周患病率差异，家庭文化资本高水平的儿童青少年四周患病率，从 6 岁就开始显著低于家庭文化资本低水平的儿童青少年，并且受家庭文化资本影响的儿童青少年四周患病率轨迹不平等趋势差异随年龄增长并不显著。这些结果说明在儿童青少年成长阶段支持"累积优势假说"。儿童青少年早期生活在文化氛围较好的家庭中，其精神健康和身体健康层面优于贫困家庭，这种影响也会随着年龄的增长形成累积效应。

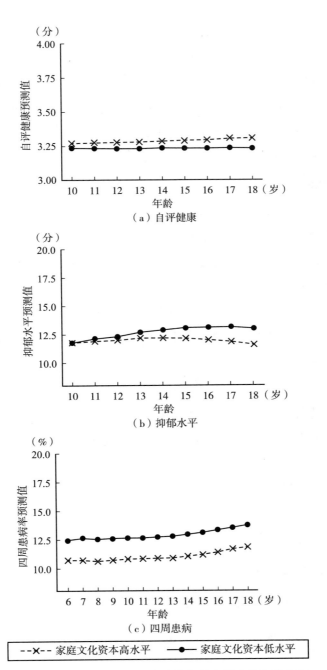

图 6.2 家庭文化资本对儿童青少年健康影响的年龄效应

　　图 6.3 展示了家庭社会资本对儿童青少年健康影响的年龄效应。对于受家庭社会资本影响的儿童青少年自评健康差异，在 10 岁时，家庭社会资本高水平的儿童青少年自评健康，才开始显著高于家庭社会资本低水平的儿童青少年。并且受家庭社会资本影响的儿童青少年自评健康轨迹不平等趋势，随年龄增长呈"发散"趋势；对于受家庭社会资本影响的儿童青少年抑郁水平差异，在年龄为 12 岁时，家庭社会资本高水平的儿童青少年抑郁水平，才开始显著低于家庭社会资本低水平的儿童青少年。并且受家庭社会资本影响的儿童青少年抑郁水平轨迹不平等趋势随年龄增长呈"发散"趋势；对于受家庭社会资本影响的儿童青少年四周患病率差异，家庭社会资本高水平的儿童青少年四周患病率，从 11 岁就开始显著低于家庭社会资本低水平的儿童青少年，并且受家庭社会资本影响的儿童青少年四周患病率轨迹不平等趋势随年龄增长呈"发散"趋势。这些结果表明在儿童青少年成长阶段支持"累积优势假说"。且家庭社会资本在儿童青少年成长过程中对健康有较大的累积影响。这表明儿童青少年早期生活在社会资本较好的家庭，能够获得更好的精神支持，这种精神支持能有效减少抑郁的发生。另外，家庭社会资本越高的家庭，父母能够尽早地发现儿童青少年是否需要营养物质，以及发现儿童青少年身体机能是否处于良好状态。这种家庭社会资本会对儿童青少年的健康产生累积影响。

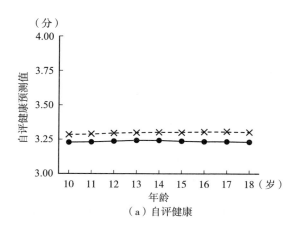

（a）自评健康

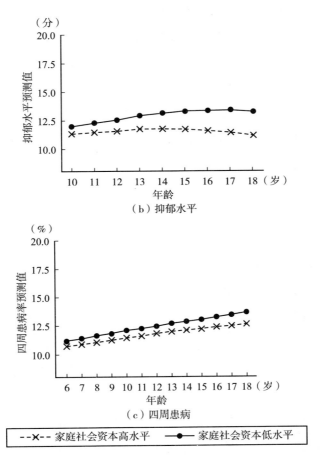

（b）抑郁水平

（c）四周患病

- - ✗ - - 家庭社会资本高水平   —●— 家庭社会资本低水平

图 6.3　家庭社会资本对儿童青少年健康影响的年龄效应

　　为了更好地确保分析的可靠性，本书采用如下两种方法进行稳健性检验：

　　一是建立多层纵向模型。由于个体聚合于社区内，可能存在社区同质相关性，需要建立社区、个体、时间组成的三层纵向发展模型。本书发现在使用三层纵向的发展模型与两层纵向的多项式发展模型结果相似（见附录三的附表 3），如果采用三层纵向的发展模型进行分析，其结果并没有减少偏倚，反而会增加模型的复杂运算（Peugh & Heck，2017）。因此，可以认为使用两层纵向的多项式发展模型结果相对比较稳定。

二是调整因变量。本书将自评健康和抑郁水平由连续变量调整为二分类虚拟变量。对自评健康的评价中"不好、一般"划分为不健康，赋值为 0，"比较好、好、非常好"划分为健康，赋值为 1。本书将抑郁得分大于均值的表示有抑郁风险，将小于或等于均值的表示无抑郁风险（Tang et al.，2020）。调整因变量后的结果显示与调整之前的结果类似（见附录三的附表 4），表明模型的结果相对比较稳定。

6.2.2　家庭资本对儿童青少年健康影响的世代效应

基于"重要性上升假说"，家庭资本对儿童青少年健康的影响将随出生世代的变化而发生变化。本小节将通过纵向数据建立限制性立方样条发展模型，作如下分析：在模型中纳入年龄、年龄的样条项、出生世代、各类型家庭资本、各类型家庭资本和出生世代的交互项，纳入第 5 章已被验证的中介变量和调节变量，以及其他控制变量，用来分析社会变迁视角下家庭资本对儿童青少年健康的影响。

表 6.2 显示了家庭资本对儿童青少年健康影响的世代效应。模型 4 显示，家庭经济资本和家庭文化资本与世代交互项的系数值在 5% 水平上不具有统计显著性。表明随着世代的年轻化，较之于家庭经济资本、家庭文化资本低水平的儿童青少年，家庭经济资本、家庭文化资本高水平的儿童青少年自评健康水平上升速率无显著差异。但是，家庭社会资本与世代交互项的系数值为 0.003，且在 5% 水平上具有统计显著性，表明随着世代的年轻化，较之于家庭社会资本低水平的儿童青少年，家庭社会资本高水平的儿童青少年自评健康水平上升速率越快。

模型 5 显示了家庭资本对儿童青少年抑郁水平影响的世代效应，世代系数具有统计学意义（$\beta = 0.160$，p < 0.001），即随着世代年轻化，儿童

青少年的抑郁得分在上升。其中，家庭经济资本与世代交互项的系数值为－0.019，且在1%水平上具有统计显著性。表明随着世代的年轻化，较之于家庭经济资本高水平的儿童青少年，家庭经济资本低水平的儿童青少年抑郁水平上升速率越快。另外，家庭社会资本与世代交互项的系数值为－0.023，且在1%水平上具有统计显著性。表明随着世代的年轻化，较之于家庭社会资本高水平的儿童青少年，家庭社会资本低水平的儿童青少年抑郁水平上升速率越快。

表 6.2　　　　　　　　家庭资本对儿童青少年健康影响的世代效应

类别	变量	模型4 自评健康		模型5 抑郁水平		模型6 四周患病	
		β	R_SE	β	R_SE	β	R_SE
固定效应	截距	3.518 ***	0.021	11.671 ***	0.289	11.152 ***	0.108
	年龄	－0.011 ***	0.001	0.050 ***	0.008	－0.018 ***	0.003
	年龄的样条项1	0.010 ***	0.001	－0.032 ***	0.005	0.012 ***	0.002
	城市	0.004 ***	0.001	－0.109 **	0.030	－0.022 **	0.006
	家庭经济资本[a]	0.025 ***	0.001	－0.027	0.055	－0.017 *	0.006
	家庭文化资本[a]	0.028 **	0.008	－0.115	0.132	－0.031 ***	0.007
	家庭社会资本[a]	0.019 *	0.008	－0.106 *	0.036	－0.006	0.021
	世代	0.002	0.003	0.160 ***	0.002	－0.015 **	0.004
	世代×家庭经济资本[a]	0.001	0.002	－0.019 ***	0.001	－0.010 *	0.004
	世代×家庭文化资本[a]	0.003	0.002	－0.011	0.058	－0.042 *	0.016
	世代×家庭社会资本[a]	0.003 *	0.001	－0.023 ***	0.003	－0.021	0.015

续表

类别	变量	模型 4 自评健康		模型 5 抑郁水平		模型 6 四周患病	
		β	R_SE	β	R_SE	β	R_SE
固定效应	年龄×世代	−0.001	0.002	0.111 ***	0.025	−0.009	0.014
	健康行为	0.010 **	0.003	−0.413 ***	0.018	0.003	0.004
	社区居住环境水平	0.017 ***	0.003	−0.102 ***	0.024	0.055	0.023
	社区卫生服务水平	0.023	0.021	−1.671	0.289	−0.021 *	0.010
	控制变量	控制		控制		控制	
随机效应	截距	0.006 ***	0.001	0.012 ***	0.001	1.105 ***	0.064
	层1：个体内	0.009 ***	0.001	0.010 ***	0.001	−0.012 ***	0.002
	层2：个体间	0.033 ***	0.001	0.134 ***	0.001	0.433 ***	0.009
−2LL		27725.5		31730.34		32490.2	
BIC		27719.5		31736.34		32514.8	
样本量		8804		8823		10384	

注：β 和 R_SE 是估计系数和标准误。*** 表示 $p < 0.001$，** 表示 $p < 0.01$，* 表示 $p < 0.05$，× 表示交互项。年龄的样条 1 是根据限制性三次样条的公式新生成的年龄变量。a 表示家庭资本按均值划分成家庭资本低水平和家庭资本高水平，并以家庭资本低水平为参照项。

模型 6 显示了家庭资本对儿童青少年四周患病率影响的世代效应，世代系数具有统计学意义（$\beta = -0.015$，$p < 0.01$），即随着世代的年轻化，儿童青少年的四周患病率在下降。其中，家庭经济资本与世代交互项的系数值为 −0.010，且在 5% 水平上具有统计显著性。表明随着世代的年轻化，较之于家庭经济资本低水平的儿童青少年，家庭经济资本高水平的儿童青少年四周患病率下降速率越快。另外，家庭文化资本与世代交互项的系数值为 −0.042，且在 5% 水平上具有统计显著性，表明随着世代的年轻化，较之于家庭文化资本低水平的儿童青少年，家庭文化资本高水平的儿童青少年四周患病率下降速率越快。

值得注意的是，基于限制性立方样条发展模型的参数不容易解释（Howe et al.，2016）。为了直观地显示家庭资本对儿童青少年健康影响的世代效应，本书使用限制性立方样条发展模型的参数画出拟合图来解释上述参数的意义。

图 6.4 更加直观地展示了家庭经济资本对儿童青少年健康影响的世代效应。本书发现随着世代的年轻化，家庭经济资本高水平的儿童青少年群体，其被估计的健康水平普遍高于家庭经济资本低水平儿童青少年。但随着世代的年轻化，受家庭经济资本影响的儿童青少年自评健康轨迹不平等趋势差异并不显著。

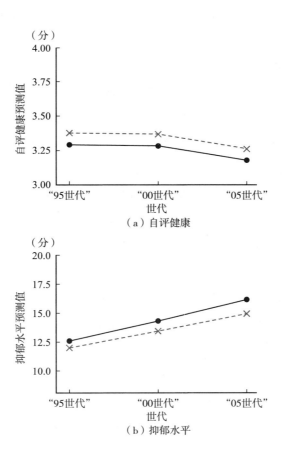

（a）自评健康

（b）抑郁水平

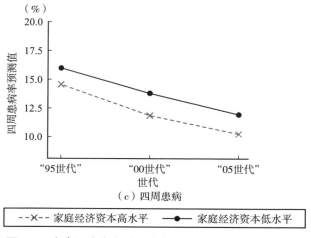

（c）四周患病

- - ✕ - - 家庭经济资本高水平　　—●— 家庭经济资本低水平

图6.4　家庭经济资本对儿童青少年健康影响的世代效应

对于受家庭经济资本影响的儿童青少年抑郁水平差异，随着世代的年轻化，家庭经济资本高水平的儿童青少年抑郁水平，在"00后"世代才开始显著低于家庭经济资本低水平的儿童青少年，并且受家庭经济资本影响的儿童青少年抑郁水平轨迹不平等趋势，呈"发散"趋势；对于受家庭经济资本影响的儿童青少年四周患病率轨迹不平等趋势变化不显著。这表明随着社会的变迁，家庭经济资本高水平的儿童青少年可获得优质的物质和医疗资源，对儿童青少年自评健康产生的作用无明显变化，但是对儿童青少年心理健康产生的作用逐渐增强，对儿童青少年四周患病率产生的作用并无明显变化。

图6.5展示了家庭文化资本对儿童青少年健康影响的世代效应。本书发现随着社会变迁，家庭文化资本高水平的儿童青少年群体，其被估计的自评健康水平普遍高于家庭文化资本低水平群体。对于受家庭文化资本影响的儿童青少年抑郁水平差异，随着世代的年轻化，受家庭文化资本影响的儿童青少年抑郁水平轨迹不平等趋势无明显差异；另外，家庭文化资本差异随着社会变迁对儿童青少年四周患病率影响的差异继续存在，受家庭文化资本影响

的儿童青少年四周患病率轨迹不平等趋势差异无显著变化。在"95 后"出生世代的儿童青少年中，家庭文化资本低水平的儿童青少年四周患病显著高于家庭文化资本高水平的儿童青少年，而家庭文化资本低水平的儿童青少年自评健康显著低于家庭文化资本高水平的儿童青少年。在"95 后"出生世代的儿童青少年中，家庭文化资本差异对儿童青少年抑郁水平并无显著影响。这表明随着社会变迁，家庭文化资本对儿童青少年心理健康的作用并没有减弱也没有增强。

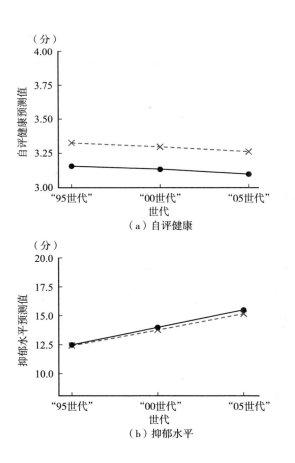

（a）自评健康

（b）抑郁水平

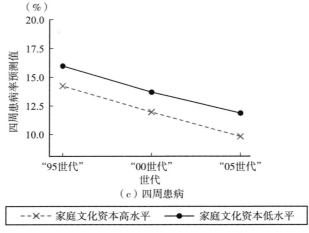

图 6.5 家庭文化资本对儿童青少年健康影响的世代效应

　　图 6.6 展示了家庭社会资本对儿童青少年健康影响的世代效应。本书发现随着社会变迁，家庭社会资本高水平的儿童青少年群体，其被估计的健康水平普遍高于家庭社会资本低水平群体。家庭社会资本随着社会变迁对儿童青少年自评健康影响的差异逐渐增大，在"95 后"儿童青少年中，家庭社会资本对儿童青少年自评健康并无显著影响。而在"00 后"儿童青少年中，家庭社会资本高水平的儿童青少年自评健康显著高于家庭社会资本低水平的儿童青少年。这表明随着社会变迁，家庭社会资本对儿童青少年自评健康的作用逐渐增大了。另外，对于受家庭社会资本影响的儿童青少年抑郁水平趋势差异，随着世代的年轻化，家庭社会资本高水平的儿童青少年抑郁水平，在"00 后"世代才开始显著低于家庭社会资本低水平的儿童青少年。并且受家庭社会资本影响的儿童青少年抑郁水平轨迹不平等趋势，呈"发散"趋势；对于受家庭社会资本影响的儿童青少年四周患病率轨迹不平等趋势变化不显著。这些结果表明随着社会变迁，家庭社会资本对儿童青少年自评健康和抑郁的作用逐渐增强。

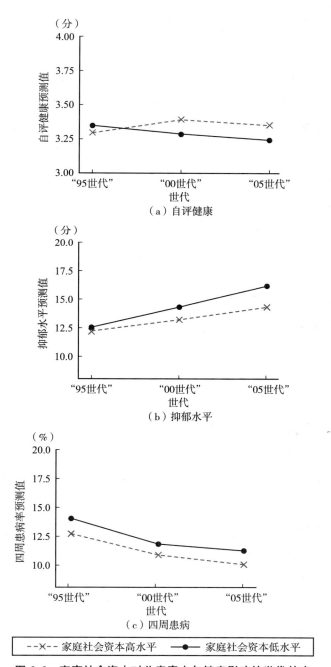

（a）自评健康

（b）抑郁水平

（c）四周患病

- - ×- - 家庭社会资本高水平　　—●— 家庭社会资本低水平

图6.6　家庭社会资本对儿童青少年健康影响的世代效应

为了更好地确保分析的可靠性，本书采用如下两种方法进行稳健性检验：

一是建立多层纵向模型。由于个体聚合于社区内，可能存在社区同质相关性，需要建立社区、个体、时间组成的三层纵向发展模型。本书发现在使用三层纵向的发展模型与两层纵向的多项式发展模型结果相似（见附录三的附表5），如果采用三层纵向的发展模型进行分析，其结果并没有减少偏倚，反而会增加模型的复杂运算（Peugh & Heck，2017）。因此，可以认为使用两层纵向的多项式发展模型结果相对比较稳定。

二是调整因变量。本书将自评健康和抑郁水平由连续变量调整为二分类虚拟变量。对自评健康的评价中"不好、一般"划分为不健康，赋值为0，"比较好、好、非常好"划分为健康，赋值为1。本书将抑郁得分大于均值的表示有抑郁风险，将小于或等于均值的表示无抑郁风险（Tang et al.，2020），调整因变量后的结果显示与调整之前的结果类似（见附录三的附表5），表明模型的结果相对比较稳定。

6.2.3 城乡异质性分析

本小节分析随着年龄的增长，家庭资本对儿童青少年健康的影响是否存在城乡差异，具体做法是将城市和农村样本分别进行分析。为了直观地显示家庭资本对儿童青少年健康影响的年龄效应的城乡差异，本书使用限制性立方样条发展模型的参数画出拟合图来表示模型结果。图6.7、图6.8和图6.9显示了在年龄变动轴线上，家庭资本对儿童青少年健康影响的年龄效应，城乡样本都在一定程度上支持了"累积优势假说"。仔细比较城乡差异，发现城市儿童青少年的健康水平普遍优于农村的儿童青少年。这是因为在经济、文化资源拥有方面，城市儿童青少年属于资源优势群体，而农村儿童青少年一直处于劣势地位，同时城乡资源差异持续存在。

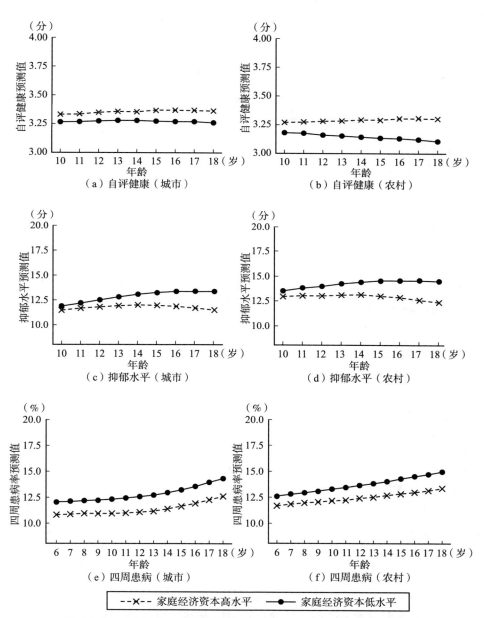

图 6.7　家庭经济资本对儿童青少年健康影响的年龄效应的城乡差异

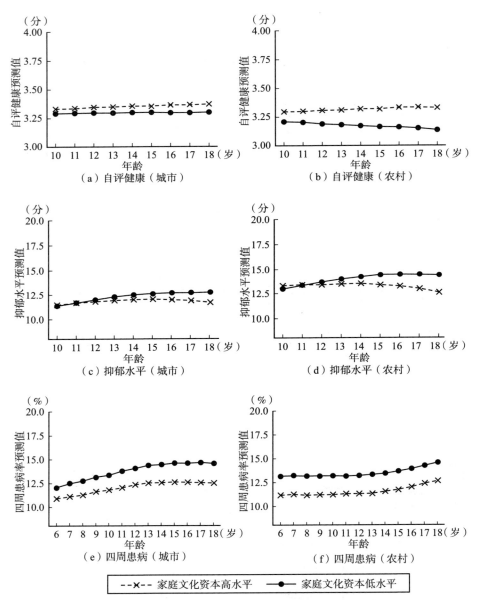

图 6.8　家庭文化资本对儿童青少年健康影响的年龄效应的城乡差异

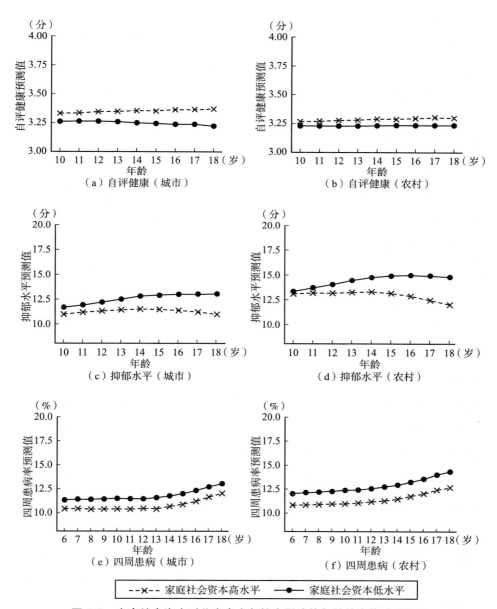

图 6.9　家庭社会资本对儿童青少年健康影响的年龄效应的城乡差异

图 6.7 表示相较于城市儿童青少年，家庭经济资本对儿童青少年健康的年龄效应影响，在农村儿童青少年中更明显。对于受家庭经济资本影响的儿童青少年自评健康差异，在城市儿童学龄期时，家庭经济资本高水平的儿童青少年自评健康，才开始高于家庭经济资本低水平的儿童青少年，但是这种情况在农村儿童 10 岁时就出现。并且受家庭经济资本影响的儿童青少年自评健康轨迹不平等趋势，随年龄增长呈"发散"趋势；对于受家庭经济资本影响的抑郁水平差异，在城市和农村儿童 13 岁时，家庭经济资本高水平的儿童青少年抑郁水平，才开始显著低于家庭经济资本低水平的儿童青少年，并且受家庭经济资本影响的儿童青少年抑郁水平轨迹不平等趋势随年龄增长呈"发散"趋势；对于受家庭经济资本影响的儿童青少年四周患病率差异，在农村和城市年龄为 6 岁时，家庭经济资本高水平的儿童青少年四周患病率，就开始显著低于家庭经济资本低水平的儿童青少年。

图 6.8 表示相较于城市儿童青少年，家庭文化资本差异对儿童青少年健康的年龄效应差异，在农村儿童青少年中更明显。例如，对于受家庭文化资本影响的儿童青少年自评健康差异，在农村儿童年龄为 10 岁时，家庭文化资本高水平的儿童青少年自评健康，就开始高于家庭文化资本低水平的儿童青少年，但是这种情况在城市儿童中并没有出现。并且受家庭文化资本影响的农村儿童青少年自评健康轨迹不平等趋势，随年龄增长呈"发散"趋势。

图 6.9 表示相较于农村儿童青少年，家庭社会资本差异对儿童青少年健康的年龄效应差异，在城市儿童青少年中更明显。例如，对于受家庭社会资本影响的儿童青少年抑郁水平差异，在城市儿童 11 岁时，家庭社会资本高水平的儿童青少年抑郁水平，就开始显著低于家庭社会资本低水平的儿童青少年，并且受家庭社会资本影响的儿童青少年抑郁水平轨迹不平等趋势随年龄增长呈"发散"趋势。

图 6.10 表示相较于城市儿童青少年，家庭经济资本差异对儿童青少年健康的世代效应差异，在农村儿童青少年中更明显。例如，随着世代的年轻化，

受家庭经济资本影响的儿童青少年自评健康轨迹不平等趋势，在农村儿童中
呈"发散"趋势。

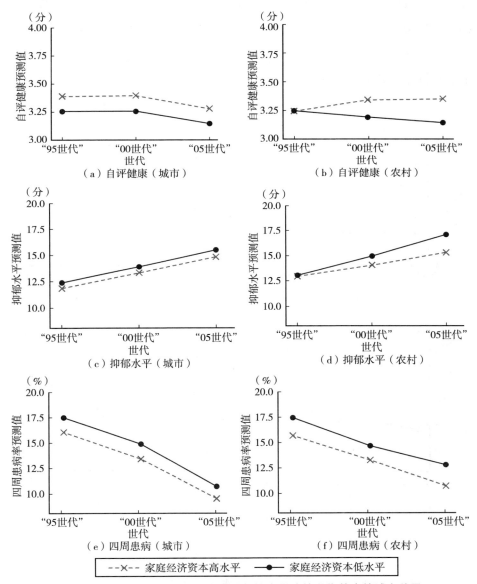

图 6.10 家庭经济资本对儿童青少年健康影响的世代效应的城乡差异

图 6.11 表示相较于城市儿童青少年，家庭文化资本差异对儿童青少年健康的世代效应差异，在农村儿童青少年中更明显。例如，对于 05 世代的儿童青少年，城市家庭文化资本差异导致的儿童青少年自评健康差异为 0.09（95% CI：0.04，0.14）。而农村家庭文化资本差异导致的儿童青少年自评健康差异为 0.23（95% CI：0.18，0.29）。这说明随着社会变迁，家庭文化资本对农村儿童健康的影响更大。

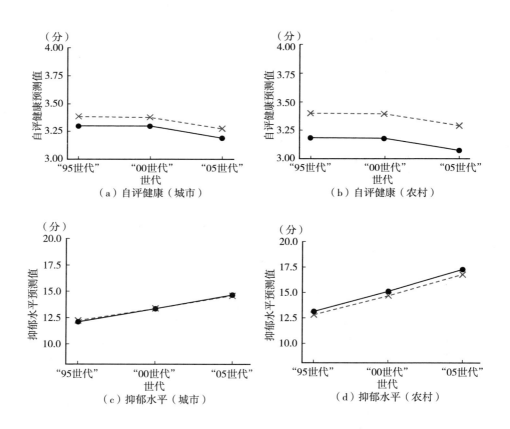

（a）自评健康（城市）　　　　（b）自评健康（农村）

（c）抑郁水平（城市）　　　　（d）抑郁水平（农村）

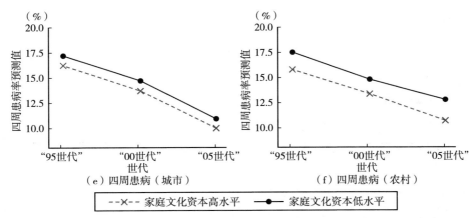

图 6.11 家庭文化资本对儿童青少年健康影响的世代效应的城乡差异

图 6.12 表示相较于城市儿童青少年，家庭社会资本差异对儿童青少年健康的世代效应差异，在城市儿童青少年中更明显。例如，对于"05 世代"的儿童青少年，城市样本的家庭社会资本差异导致的儿童青少年自评健康差异大于农村样本，城市样本的家庭社会资本差异导致的儿童青少年抑郁水平差异大于农村样本。这说明随着社会变迁，家庭社会资本对城市儿童健康的影响更大。

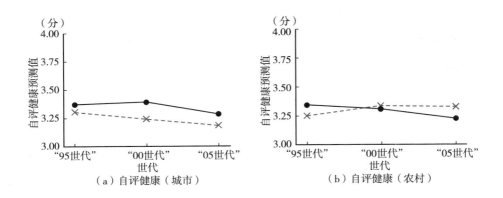

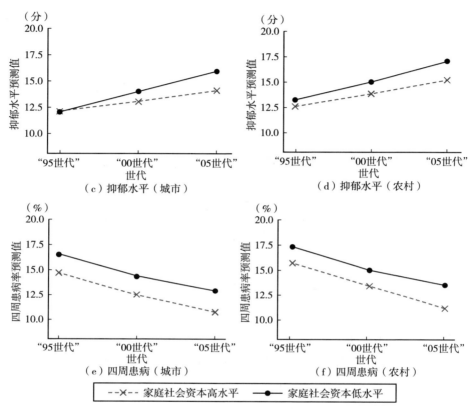

图 6.12　家庭社会资本对儿童青少年健康影响的世代效应的城乡差异

以上结果表明了随着世代年轻化，家庭经济资本、家庭文化资本对儿童青少年健康影响在农村儿童青少年中更明显；而随世代年轻化，家庭社会资本对城市儿童青少年健康影响更明显。

6.3　讨　　论

本章在第 4 章和第 5 章的基础上，深入探究了家庭资本对儿童青少年健康影响的年龄效应和世代效应，以及城乡异质性，主要围绕以下研究发现进行初步探讨。

（1）随着儿童青少年的年龄增长，家庭资本对儿童青少年自评健康、抑郁水平的长期影响呈"发散"趋势。

本书结果表明，随着年龄增长，受家庭资本影响的儿童青少年的自评健康、抑郁水平和四周患病率差异均在扩大。即随着年龄的增长，儿童青少年的家庭资本差异不断累积，呈现愈加扩大的趋势。从而导致儿童青少年健康趋势差异的不断扩大，该研究结果验证了研究假设 4。家庭资本低水平和家庭资本高水平的儿童青少年的生长发育存在年龄差异，表现为家庭资本高水平儿童青少年早熟、生长发育快，而家庭资本低水平儿童青少年发育晚、生长发育慢。社会经济地位的不平等可能导致儿童青少年的早期生长发育和心理自尊差异，家庭经济地位较高水平儿童青少年往往从出生时就享有更好的医疗保健和营养物质，这有助于他们的早期生长发育（Lu et al.，2021）。另外，有研究也支持劣势和优势儿童青少年在生长发育中的年龄差异，他们强调儿童青少年生命早期就会受到家庭环境、教育和社会经济地位等因素的影响，并且这种影响会持续累积到成年时期（McCready et al.，2023）。

随着儿童青少年的年龄增长，家庭资本对儿童青少年健康的影响逐渐增大，出现这种现象可能的解释有两点。一方面，儿童青少年在心智发育的规律。在儿童青少年在生长发育过程中的不同阶段，其心理感知、自尊心等心理特征是慢慢成熟起来的，并不是在出生时就存在，尤其是儿童的心智发育在学龄期才开始逐渐成熟。并且在青春期时，青春期少男少女的敏感感知开始达到最高点（Dannefer，2003；Gebremariam et al.，2017）。因此，即便出生在家庭资本低水平的环境中，在学龄期的儿童可能并不会感受到因为周围环境差异带来的心理特征差异。但是当孩子在青春期发育过程，他们会对周围人对他的态度和评价有认知，并对自己做出评价（Gordon-Larsen et al.，2023）。家庭经济资本、家庭社会资本高水平的儿童青少年，因为有足够的经济支撑，以及父母对自己的关爱，他们会表现得更自信，但是家庭经济资本、家庭社会资本低水平的儿童青少年，他们由于缺少家庭的社会关系、物质基础，因而表现得更加自卑和敏感。尤其是在青春期，这种心理逐渐开始出现。另一方面，对于儿童青少年的身体健康，家庭资本对儿童青少年身体健康的影响也逐渐增大。可能的解释是身体免疫发育的快慢，由于家庭资本高水平的儿童青少年能获得更好的医疗资源和营养资源。因此他们相较于家庭资本低水平儿童青少年，能在生命早期有较好的身体状况和免疫力。而家庭资本低水平儿童青少年则因为在生命早期的发育迟缓，免疫功能缺陷等（Chen et al.，2014）。这也就能解释在青春早期，家庭资本高水平儿童青少年的患病概率小于家庭资本低水平儿童青少年。但随着年龄的增长，尤其是家庭资本低水平儿童青少年的身体机能逐渐完善，其与家庭资本高水平儿童青少年的身体素质差异持续存在。这表明了家庭资本对儿童青少年的健康会存在长期累积效应。

（2）家庭资本对儿童青少年健康影响的年龄效应存在城乡差异。

随着儿童青少年的年龄增长，家庭经济资本和家庭文化资本对农村儿童青少年健康的影响大于城市儿童青少年，而家庭社会资本对城市儿童青少年健康的影响大于农村儿童青少年，该研究结果部分验证了研究假设6。其中，对于家庭经济资本、家庭文化资本对农村儿童青少年健康的影响大于城市儿童青少年的现象，可以有以下解释：城市的教育、医疗等资源保障，能够缓解部分家庭经济资本低水平带来的累积劣势影响，而农村则不然。具体而言，家庭经济资本低水平是通过影响早期的生活质量进而影响儿童青少年健康，体现在成长期的居住环境、社会保障、营养食物消费、自尊心、情感支持，家庭经济资本低水平造成农村儿童青少年健康在年龄效应上的劣势（张羽等，2017；Brady，2018）。但是在城市中，系统的社会保障和良好的医疗资源服务，能有效缓解儿童青少年成长过程中家庭社会经济地位带来的累积劣势影响。以往学者也揭示了儿童青少年早期生命中，偶尔生活在贫困中的儿童青少年与从未生活在贫困中相比，健康风险显著更高。例如，一项研究使用出生世代的数据来调查家庭收入轨迹对儿童青少年心理健康的影响（Ku-ruczova et al. ，2020）。他们的结果表明，生活在间歇性贫困，但不是持续贫困的儿童青少年所报告的心理困难程度明显高于从未生活在贫困中的儿童青少年。同样，有研究对儿童青少年进行的为期 8 年的全国代表性纵向研究显示，与从未经历过贫困的儿童青少年相比，经常性贫困群体的儿童青少年超重的风险更高（Liang & Qi，2020）。

另外，家庭社会资本的年龄效应出现了城乡异质性现象。这是因为城市快速现代化的发展模式会带来社会的原子化危机，即人与人之间的联系愈发疏离（周晓虹，2017）。从小生活在良好的亲友互动的家庭中，能够受到亲友的关爱，可在一定程度上弥补亲子生疏带来的不良心理发展。城市和农村在居住格局上存在很大的不同。例如，同费孝通（2006）在《乡土中国》一书中提到，中国的乡村是一个"熟人"的社会，没有陌生人的社会。乡亲的交往，全凭相熟度、关系度。而城市的社会关系则表现出商品房的隔断效应（边燕杰、王学旺，2021）。即便是多年的邻居，但是这种近距离的邻里关系，却可能是十分陌生的（方超，2023）。因此，城市家庭外部的社会资本普遍低于农村家庭外部的社会资本，但这种社会资本可在一定程度上促进儿童青少年的身心健康发展。基于边际效应递减规律，农村儿童青少年受家庭社会资本影响的健康差异逐渐减小。但是城市则相反，家庭社会资本影响城市儿童青少年健康的年龄效应会逐渐增强（尉建文、陆凝峰、韩杨，2021）。另外，石智雷和吴志明（2018）在生命历程视角的基础上，发现在童年期受到不良经历，如亲子关系生疏形成健康的累积劣势影响，在一定程度上会影响到成年，即早年不幸经历对健康的影响力随着年龄的增长逐步扩大。

（3）随着世代的年轻化，家庭经济资本和家庭文化资本对儿童青少年健康的影响在城市中呈减小趋势，但在农村中呈增强趋势。

西方学者指出，随着出生世代的发展，与健康相关的资源分布发生变化。例如，收入与教育的关系变得更加紧密，与健康相关行为之间的关系也变得更加紧密，高教育群体拥有更健康的生活方式（Hout，2021）。而这些关系在中国社会却并非如此。在新生代中，城市家庭经济资本、家庭文化资本较高的儿童青少年在拥有较多教育、经济资源的情况下，并不能将这些社会资源优势转化为健康优势。总而言之，出现如此差异是源于农村儿童青少年资源获得的难度更大、资源获取途径更少。随着年轻一代的崛起，尤其是在教育扩招后，教育机会供应量和不平等问题都得到了解决（李春玲，2019）。调查样本中的儿童青少年的父母是经历了大规模高等教育扩招的时代，然而，这并没有减少社会阶层之间的教育机会差距，反而城乡之间的教育不平等还在加剧（范静波，2019）。这是因为随着城市化进程的推进，农村地区的初等教育资源急剧减少，教育机构数量和教育质量都远远落后于城市地区，因为他们所处的环境缺乏教育资源和文化背景支持，这导致许多农村孩子在教育过程中失去了机会。

随着社会阶层的逐渐固化，收入与健康的关系越来越紧密（谢智康、杨晶，2020）。家庭经济资本对农村儿童青少年健康的影响逐渐增强，这是随着社会的贫富差距扩大，与健康相关的资源分布发生变化，家庭经济资本的重要性得到上升（Hout，2021）。一般而言，高收入家庭、资产较丰厚的家庭能够拥有较好的医疗资源，其健康水平则会好于家庭经济资本低水平的群体（黄倩等，2020）。另外，随着城镇化进程的推进，城市家庭获取资源的途径不断增加，父母可以在城市中通过劳动力获得财富的机会很多，从而可以转化为医疗资源和社会保障（Cheng et al.，2019）。即便当父母未能获得足够的财富，即家庭经济资本劣势的城市群体，也能在社区享受部分国家基本公共卫生服务。因此，对于城市家庭而言，随着社会的变迁，家庭经济资本的作用在下降。但是对于农村家庭而言，即便我国城乡一体化在进程中，目前家庭经济劣势的农村儿童青少年较难有获取健康的主动性（穆滢潭、袁笛，2018）。有研究指出，在农村中的经济劣势群体获取健康资源的途径较少，难度更大，部分农村家庭经济资本高水平的父母选择在城乡接合部居住，以方便儿童获取健康资源（Liang et al.，2021）。故对于农村儿童青少年来说，家庭经济资本的积极健康回报在最近的出生世代反而有所上升。

（4）随着世代的年轻化，家庭社会资本对儿童青少年心理健康的影响逐渐增强，且主要出现在城市儿童青少年中。

布迪厄从不平等再生产的角度指出社会资本不能产生普遍的效应，只有那些与群体成员（社区成员）建立紧密联系的人才能获得可用资源（Bourdieu，1986）。也就是说，仅仅生活在拥有丰富资源的地方，但不与特定的群体建立联系，并不足以使个人获得相应的支持性资源。当人际关系和联系机会越多，才越有可能获得相应资源。因此，可以认为随着出生世代的年轻化，家庭社会资本对儿童青少年健康的影响增强。

20 世纪以来，我国社会发展过程中，城市和农村的资源禀赋得到了有效的提高。相较于"05 后"，"95 后"处于我国快速发展的阶段，城市和农村的各类资源尚未得到完善。与布迪厄的不平等再生产理论类似（Bourdieu，1986），本章的研究结果也显示，当地方的物质资源逐渐变得丰富，社会资本的重要性也逐渐凸显。家庭社会资本中的亲子关系、家庭氛围、春节亲友互动、日常亲友互动、邻里信任、邻里整合度、学校整合度、父母网络社交和隔代照料体现了家庭内外部的互惠规范、公民参与和人际信任等。这些家庭社会资本随着城乡的物质资源逐渐丰富，家庭社会资本高水平的儿童青少年则会从这种人际关系中获得更多的物质资源（程诚、边燕杰，2014；Hodgins & Fox，2014；聂建亮等，2022）。由于医疗存在信息差，即外界的资源丰富但并不被所有人熟知，那些社会参与较多，或通过亲友网络，或通过邻里之间联系的群体。他们获得的医疗资源信息会更多，从而有助于家庭获得相应的健康资源（朱晓文、任围，2023）。因此，在社会资源越来越丰富的情况下，考虑到城市和农村儿童青少年的健康资源获得，家庭社会资本需要被重视。

6.4 本章小结

　　本章通过对长期影响定量分析方法的详细阐述，并使用发展模型探究了家庭资本对健康的长期影响以及城乡差异。本章研究发现，随着儿童青少年的年龄增长，良好的家庭资本对儿童青少年健康的影响逐渐增强，家庭经济资本和家庭文化资本对儿童青少年自评健康、抑郁水平的长期影响呈"发散"趋势，且该趋势差异在农村儿童青少年中更明显。家庭社会资本对儿童青少年抑郁水平的长期影响呈"发散"趋势，且该趋势差异在城市儿童青少年中更明显；从社会变迁背景的角度，在我国社会转型过程中，随着世代的年轻化，家庭经济资本和家庭文化资本对自评健康的影响在城市儿童青少年中呈减弱趋势，而在农村儿童青少年中影响效应逐渐增强。随着世代的年轻化，家庭社会资本对城市儿童青少年健康的影响逐渐增强。这些结果表明一方面需要加强对农村儿童早期生命周期的健康监测，提前预防由家庭经济资本、家庭文化资本差异带来的健康不平等。另一方面，也逐渐需要重视培育城市家庭社会资本，以及重点关注家庭资本低水平的农村儿童青少年。

|附录一|
相关政策梳理

发文时间	文件名称	发文部门	发文内容与意义
2023 年 7 月 1 日	关于做好 2023 年基本公共卫生服务工作的通知	国家卫生健康委	做实儿童健康管理服务和儿童中医药健康管理服务，强化儿童生长发育行为发育评估，儿童超重和肥胖的预防、眼保健和近视防控、口腔保健等健康指导和干预
2023 年 4 月 20 日	全面加强和改进新时代学生心理健康工作专项行动计划（2023—2025 年）	教育部、最高人民检察院、中央宣传部、中央网信办、科技部、民政部、财政部、国家卫生健康委等	加强心理健康教育，开设相关心理健康课程，发挥课堂教学作用，关注学生个体差异，帮助学生掌握心理健康知识和技能。定期开展学生心理健康测评
2022 年 9 月 8 日	关于开展健康中国行动中医药健康促进专项活动的通知	健康中国行动推进办、国家卫生健康委办公厅、国家中医药局办公室	针对儿童青少年肥胖、脊柱侧弯等健康问题，开展中医适宜技术干预试点，组织中医药防控青少年肥胖、脊柱侧弯等健康教育活动，引导青少年养成良好生活习惯
2021 年 9 月 8 日	中国儿童发展纲要（2021—2030 年）	国务院	提出了促进儿童健康成长的目标措施，包括加强儿童营养、预防和控制儿童疾病、促进儿童身心健康等

续表

发文时间	文件名称	发文部门	发文内容与意义
2021年6月1日	中华人民共和国未成年人保护法	全国人大	促进未成年人健康成长，保证党和国家事业后继有人：未成年人是祖国未来的建设者，是中国特色社会主义事业的接班人。他们的成长状况如何，直接关系到国家前途和民族命运
2020年11月14日	关于深入开展爱国卫生运动的意见	国务院	针对妇女、儿童青少年、老年人等人群及其关注的健康问题，做好精准宣传和健康干预。以多种教育教学形式对学生进行健康干预，科学指导学生有效防控近视、肥胖等
2020年10月16日	关于印发儿童青少年肥胖防控实施方案的通知	国家卫生健康委办公厅、教育部办公厅、市场监管总局办公厅、体育总局办公厅、共青团中央办公厅、全国妇联办公厅	切实加强儿童青少年肥胖防控工作，有效遏制超重肥胖流行，促进儿童青少年健康成长
2019年12月18日	关于印发健康中国行动——儿童青少年心理健康行动方案（2019—2022年）的通知	国家卫生健康委、中宣部、中央文明办、教育部等	进一步加强儿童青少年心理健康工作，促进儿童青少年心理健康和全面素质发展
2019年12月1日	中华人民共和国疫苗管理法	全国人大	该法规定了儿童接种疫苗的义务和权利，以预防和控制儿童疾病
2019年9月20日	关于服务乡村振兴促进家庭健康行动的实施意见	国家卫生健康委、农业农村部、中国计划生育协会	帮助农村地区青少年树立阳光健康的生活态度，降低青少年怀孕率和人工流产率，减少意外妊娠和性病、艾滋病传播

续表

发文时间	文件名称	发文部门	发文内容与含义
2019 年 7 月 9 日	健康中国行动（2019—2030 年）	健康中国行动推进委员会	突出解决好妇女、儿童、老年人、残疾人、流动人口、低收入人群等重点人群的健康问题
2019 年 3 月 26 日	关于进一步规范儿童青少年近视矫正工作切实加强监管的通知	国家卫生健康委办公厅、中央网信办秘书局、教育部办公厅、市场监管总局办公厅、国家中医药局办公室、国家药监局综合司	进一步规范儿童青少年近视矫正工作，加强市场监管，维护儿童青少年健康权益
2018 年 8 月 12 日	关于同意建立农村留守儿童关爱保护和困境儿童保障工作部际联席会议制度的函	国务院办公厅	强化农村留守儿童关爱保护和困境儿童保障工作
2018 年 4 月 25 日	关于促进"互联网＋医疗健康"发展的意见	国务院办公厅	以纳入国家免疫规划的儿童为重点服务对象，整合现有预防接种信息平台，优化预防接种服务
2017 年 12 月 16 日	关于印发留守儿童健康教育核心信息和留守儿童监护人健康教育核心信息的通知	国家卫生计生委办公厅	推进农村留守儿童健康关爱工作，加强农村留守儿童及其监护人健康关爱教育，提高他们的健康意识和健康技能
2016 年 12 月 30 日	关于印发国家人口发展规划（2016—2030 年）的通知	国务院	完善家庭发展支持体系 建立完善包括生育支持、幼儿养育、青少年发展、老人赡养、病残照料、善后服务等在内的家庭发展政策

续表

发文时间	文件名称	发文部门	发文内容与意义
2016 年 12 月 27 日	关于印发"十三五"卫生与健康规划的通知	国务院	关爱青少年健康。以中小学为重点，加强学校卫生工作。开展学生健康危害因素监测与评价，加强学生近视、龋齿、肥胖等常见病防治工作。关爱青少年生殖健康，减少非意愿妊娠。加强托幼机构卫生保健工作，托幼机构卫生保健指导实现全覆盖
2016 年 8 月 25 日	关于印发国家残疾预防行动计划（2016—2020 年）的通知	国务院办公厅	做好妇女、儿童、青少年、老年人、残疾人等群体的心理健康服务。加强对玩具、电子产品的质量监督和分级管理，减少对青少年视力、听力、精神等方面的伤害
2016 年 5 月 19 日	关于做好农村留守儿童关爱保护工作的通知	国家卫生计生委办公厅	将农村留守儿童及其家庭作为重点服务对象，加强对家庭成员的指导及服务
2016 年 4 月 21 日	关于强化学校体育促进学生身心健康全面发展的意见	国务院办公厅	进一步推动学校体育改革发展，促进学生身心健康、体魄强健
2016 年 2 月 4 日	关于加强农村留守儿童关爱保护的意见	国务院	进一步加强农村留守儿童关爱保护工作，为广大农村留守儿童健康成长创造更好的环境
2014 年 12 月 25 日	关于印发国家贫困地区儿童发展规划（2014—2020 年）的通知	国务院办公厅	进一步采取措施，促进贫困地区儿童发展是切断贫困代际传递的根本途径，是全面建成小康社会的客观要求，也是政府提供基本公共服务的重要内容。为进一步促进贫困地区儿童发展，编制本规划
2011 年 7 月 30 日	中国儿童发展纲要（2011—2020 年）	国务院	该纲要提出了促进儿童健康成长的目标和措施，包括加强儿童营养，预防和控制儿童疾病，促进儿童身心健康、

注：截至 2023 年 7 月末不完全统计。

| 附录二 |

问卷详情

1. 生日：_____年_____月_____日

2. 年龄（岁）：_____

3. 性别：A. 男　B. 女

4. 民族：A. 汉族　B. 少数民族

5. 户口：A. 城镇　　B. 农村

6. 母乳喂养：A. 是　B. 否

7. 兄弟姐妹数：_____

附表 1　　　　　　　　　　　　家庭经济资本的测量条目

类别	问卷内容	对应选项
家庭收入	过去 12 个月家庭收入及支出情况	_____元
职业	当前的具体职业是	《GB/T 4754—2002 国民经济行业分类与代码》的编成字典，采用一步查询法，填写行业代码，包括"门类"＋"大类"共 3 位代码
家庭资产	现住房资产	_____
	其他房产	_____
	金融资产（如存款、股票、基金、债券等）	_____
	生产性固定资产（包括农业机械、公司资产等）	_____
	耐用消费品和土地	_____

续表

类别	问卷内容	对应选项
自评社会地位	您认为您在本地的收入如何	很低------- 1 ···· 2 ···· 3 ···· 4 ···· 5 -------很高
	您认为您的社会地位如何	很低------- 1 ···· 2 ···· 3 ···· 4 ···· 5 -------很高

附表 2　　　　　　　　　**家庭文化资本的测量条目**

类别	问卷内容	对应选项
父母教育水平	您的最高学历	小学以下 = 3　小学 = 6　初中 = 9　高中或者中专职校 = 12　大专及本科 = 16　硕士及以上 = 19
父母健康素养	过去一周您锻炼了几次	＿＿＿＿＿次
	一周锻炼时长（小时）	＿＿＿＿＿小时
	过去一周食用食物	1. 肉类　2. 鱼等水产品　3. 新鲜蔬菜、水果　4. 奶制品　5. 豆制品　6. 蛋类
	我感觉睡眠不好	1. 很好　2. 好　3. 一般　4. 不好　5. 无法回答
	最近一个月，您是否吸烟	1 = 是　0 = 否
	您从几岁开始吸烟	＿＿＿＿＿岁
	您现在每天得吸多少烟	＿＿＿＿＿根
	生病如何处理	1. 立刻找医生看病　2. 自己找药/买药　3. 民间方法治疗（如刮痧等）　4. 去求神拜佛或做法事　5. 不采取任何措施，等病慢慢好
文化休闲支出	家庭一年的文化教育娱乐支出	＿＿＿＿＿元
家风建设	无论父母对子女如何不好，子女仍应该善待他们	1. 十分不同意　2. 不同意　3. 同意　4. 十分同意
	人应该做一些光宗耀祖的事情	1. 十分不同意　2. 不同意　3. 同意　4. 十分同意
	子女即使在外工作也应常回家探望父母	1. 十分不同意　2. 不同意　3. 同意　4. 十分同意
	公平竞争才有和谐人际	1. 十分不同意　2. 不同意　3. 同意　4. 十分同意
	努力工作能有回报	1. 十分不同意　2. 不同意　3. 同意　4. 十分同意

续表

类别	问卷内容	对应选项
父母言传身教	我总是准备充分	1. 十分不同意　2. 不同意　3. 同意　4. 十分同意
	我很注意细节	1. 十分不同意　2. 不同意　3. 同意　4. 十分同意
	我喜欢有条理	1. 十分不同意　2. 不同意　3. 同意　4. 十分同意
	我会按照自己的日程做事	1. 十分不同意　2. 不同意　3. 同意　4. 十分同意
	自我感觉对孩子教育的关心程度	1. 十分不同意　2. 不同意　3. 同意　4. 十分同意

附表3　　　　　　　　　　家庭社会资本的测量条目

类别	问卷内容	对应选项
亲子关系	您和子女讨论学校里的事情的频率如何	1. 从不　2. 很少（每月1次）　3. 偶尔（每周1次） 4. 经常（每周2~4次）　5. 很经常（每周5~7次）
	您要求子女完成家庭作业的频率如何	1. 从不　2. 很少（每月1次）　3. 偶尔（每周1次） 4. 经常（每周2~4次）　5. 很经常（每周5~7次）
	您检查子女的家庭作业的频率如何	1. 从不　2. 很少（每月1次）　3. 偶尔（每周1次） 4. 经常（每周2~4次）　5. 很经常（每周5~7次）
	当你不在家时，父母知道你和谁在一起吗	1. 总是知道　2. 大部分时候知道　3. 有时候知道 4. 偶尔知道　5. 从不知道
家庭氛围	上个月父母之间争吵的次数	＿＿＿＿＿＿次
	过去一个月子女与父母争吵的次数	＿＿＿＿＿＿次
	与父母谈心次数（次/月）	＿＿＿＿＿＿次
春节亲友互动	今年春节期间有几家亲戚拜访您家	＿＿＿＿＿＿家
	今年春节期间有几家朋友拜访您家	＿＿＿＿＿＿家
日常亲友互动	上个月您家与周围亲戚是否有以下交往	一起娱乐/聚餐、赠送食物或礼物、提供帮助、看望和聊天
	上个月您家与亲友家（旁系亲属和好友）是否有以下交往	一起娱乐/聚餐、赠送食物或礼物、提供帮助、看望和聊天

续表

类别	问卷内容	对应选项
邻里信任	对邻居的信任程度能打几分	0 分代表非常不信任，10 分代表非常信任
邻里整合度	小区邻里关系如何	很低-------- 1 ···· 2 ···· 3 ···· 4 ···· 5 --------很高
	邻居是否会帮助您	很低-------- 1 ···· 2 ···· 3 ···· 4 ···· 5 --------很高
	您对小区的感情如何	很低-------- 1 ···· 2 ···· 3 ···· 4 ···· 5 --------很高
学校整合度	孩子成绩不如意，是否会联系孩子老师	1 = 是　0 = 否
父母网络社交	一般情况下您使用互联网进行社交活动的频率有多高	1 = 几乎每天　2 = 每周 3～4 次　3 = 每周 1～2 次　4 = 每月 2～3 次　5 = 每月 1 次　6 = 几个月一次　7 = 从不
隔代照料	孩子白天由谁照料	1. 托儿所/幼儿园　2. 孩子的爷爷/奶奶　3. 孩子的外公/外婆　4. 孩子的爸爸　5. 孩子的妈妈　6. 保姆
	孩子晚上由谁照料	1. 托儿所/幼儿园　2. 孩子的爷爷/奶奶　3. 孩子的外公/外婆　4. 孩子的爸爸　5. 孩子的妈妈　6. 保姆

附表 4　　　　　　　　　　　　健康的测量条目

类别	问卷内容	对应选项
自评健康	您认为自己的健康状况如何？	1. 非常健康　2. 很健康　3. 比较健康　4. 一般　5. 不健康
抑郁水平 CESD-6（2010 年、2014 年）（是一些您可能有过的感受或行为，请根据您的实际情况，指出在过去一周内各种感受或行为的发生频率）	做什么事情都不能振奋	1. 几乎没有（不到 1 天）　2. 有些时候（1～2 天）　3. 经常有（3～4 天）　4. 大多数时候有（5～7 天）
	感到精神紧张	1. 几乎没有（不到 1 天）　2. 有些时候（1～2 天）　3. 经常有（3～4 天）　4. 大多数时候有（5～7 天）

类别	问卷内容	对应选项
抑郁水平 CESD-6（2010 年、2014 年）（是一些您可能有过的感受或行为，请根据您的实际情况，指出在过去一周内各种感受或行为的发生频率）	感到坐立不安、难以保持平静	1. 几乎没有（不到 1 天） 2. 有些时候（1～2 天） 3. 经常有（3～4 天） 4. 大多数时候有（5～7 天）
	您做任何事情都感到困难	1. 几乎没有（不到 1 天） 2. 有些时候（1～2 天） 3. 经常有（3～4 天） 4. 大多数时候有（5～7 天）
	感到未来没有希望	1. 几乎没有（不到 1 天） 2. 有些时候（1～2 天） 3. 经常有（3～4 天） 4. 大多数时候有（5～7 天）
	认为生活没有意义	1. 几乎没有（不到 1 天） 2. 有些时候（1～2 天） 3. 经常有（3～4 天） 4. 大多数时候有（5～7 天）
抑郁水平 CESD-8（2012 年、2016 年、2018 年和 2020 年）（是一些您可能有过的感受或行为，请根据您的实际情况，指出在过去一周内各种感受或行为的发生频率）	感到情绪低落	1. 几乎没有（不到 1 天） 2. 有些时候（1～2 天） 3. 经常有（3～4 天） 4. 大多数时候有（5～7 天）
	觉得做任何事都很费劲	1. 几乎没有（不到 1 天） 2. 有些时候（1～2 天） 3. 经常有（3～4 天） 4. 大多数时候有（5～7 天）
	睡眠不好	1. 几乎没有（不到 1 天） 2. 有些时候（1～2 天） 3. 经常有（3～4 天） 4. 大多数时候有（5～7 天）
	感到愉快	1. 几乎没有（不到 1 天） 2. 有些时候（1～2 天） 3. 经常有（3～4 天） 4. 大多数时候有（5～7 天）
	感到孤独	1. 几乎没有（不到 1 天） 2. 有些时候（1～2 天） 3. 经常有（3～4 天） 4. 大多数时候有（5～7 天）
	生活快乐	1. 几乎没有（不到 1 天） 2. 有些时候（1～2 天） 3. 经常有（3～4 天） 4. 大多数时候有（5～7 天）

续表

类别	问卷内容	对应选项
抑郁水平 CESD-8（2012 年、2016 年、2018 年和 2020 年）（是一些您可能有过的感受或行为，请根据您的实际情况，指出在过去一周内各种感受或行为的发生频率）	感到悲伤难过	1. 几乎没有（不到 1 天）　2. 有些时候（1～2 天）　3. 经常有（3～4 天）　4. 大多数时候有（5～7 天）
	觉得生活无法继续	1. 几乎没有（不到 1 天）　2. 有些时候（1～2 天）　3. 经常有（3～4 天）　4. 大多数时候有（5～7 天）
四周患病	过去 1 个月孩子是否生过病？（"生病"指出现身体不适，并采用了药物或其他方式进行治疗的状态）	1. 是　2. 否

附表 1　家庭资本、健康行为和健康状况的潜在增长模型拟合指数

变量	χ^2	df	RMSEA	CFI	TLI
家庭经济资本	0.19	1	<0.001	1.000	1.003
家庭文化资本	0.13	1	<0.001	1.002	1.002
家庭社会资本	0.23	1	<0.001	1.001	1.005
健康行为	4.32	1	0.038	0.967	0.984
自评健康	2.83	1	0.054	0.986	0.975
抑郁水平	5.05	1	0.016	0.958	0.979
四周患病	3.23	1	0.033	0.977	0.987

注：RMSEA 是近似误差均方根，CFI 是比较拟合指数，TLI 是 Tucker-Lewis 指数。模型拟合较好时会出现 CFI >0.90、TLI >0.90、RMSEA <0.08 的情况。

附表 2　　　　　　　　结构和非结构发展模型拟合值的比较

类别	比较项	−2LL	AIC	AICC	BIC
自评健康	线性模型	29119.1	29139.1	29139.1	29177.6
	二次项模型	29113.7	29123.7	29124.0	29163.4
	三次项模型	29235.4	29242.7	29300.6	29300.6
	限制性立方样条模型	29121.7	29141.7	29141.0	29140.4
抑郁水平	线性模型	28673.9	28675.9	28675.9	28657.7
	二次项模型	28677.9	28601.9	28601.9	28665.7
	三次项模型	28703.1	28705.2	28705.2	28717.4
	限制性立方样条模型	28671.9	28671.9	28672.7	28763.7

续表

类别	比较项	−2LL	AIC	AICC	BIC
四周患病	线性模型	36118.3	36138.3	36138.3	36197.4
	二次项模型	36283.9	36203.9	36204.0	36263.4
	三次项模型	36235.4	36242.9	36300.6	36300.6
	限制性立方样条模型	36080.9	36120.9	36121.0	36140.4

注：采用多种无条件发展模型对儿童健康指标的年龄轨迹进行拟合和估计，包括随机系数和随机斜率。AIC：Akaike Information Criterion，BIC：Bayesian Information Criterion，LL：the log likelihood。

附表3　　家庭资本对儿童青少年健康影响的年龄效应（三层纵向）

类别	变量	模型1 自评健康		模型2 抑郁水平		模型3 四周患病	
		β	R_SE	β	R_SE	β	R_SE
固定效应	截距	3.585 ***	0.020	12.029 ***	0.240	11.584 ***	0.042
	年龄	−0.024 ***	0.002	0.065 ***	0.022	0.009 **	0.003
	年龄的样条1	0.009 ***	0.001	−0.025 ***	0.005	0.016 ***	0.002
	城市	0.006 ***	0.001	0.111 **	0.039	−0.027 ***	0.008
	家庭经济资本[a]	0.019 **	0.006	−0.151 **	0.050	0.014	0.037
	家庭文化资本[a]	−0.004	0.005	−0.383 ***	0.081	−0.029 **	0.009
	家庭社会资本[a]	0.019 ***	0.004	−0.085 ***	0.009	0.018	0.018
	世代	0.006	0.004	0.233 ***	0.050	−0.038 *	0.016
	年龄×家庭经济资本[a]	0.006 ***	0.001	−0.054 ***	0.005	−0.005	0.003
	年龄×家庭文化资本[a]	0.003	0.002	−0.010	0.006	−0.014 *	0.005
	年龄×家庭社会资本[a]	0.008 ***	0.001	−0.033 **	0.005	0.001	0.002
	年龄×世代	0.001	0.001	0.005	0.004	0.004 *	0.002
	健康行为	−0.008 ***	0.001	0.033 ***	0.006	0.001	0.002

类别	变量	模型 1 自评健康		模型 2 抑郁水平		模型 3 四周患病	
		β	R_SE	β	R_SE	β	R_SE
固定效应	社区居住环境水平	−0.004 ***	0.001	−0.424 ***	0.018	−0.003 *	0.001
	社区卫生服务水平	−0.009 *	0.004	−0.084	0.074	−0.046 *	0.023
	控制变量	控制		控制		控制	
随机效应	截距	1.255 ***	0.018	0.590 ***	0.012	1.149 ***	0.054
	层 1：个体内	0.307 ***	0.010	1.684 ***	0.110	0.014 ***	0.002
	层 2：个体间	0.024 ***	0.001	0.183 ***	0.000	0.124 ***	0.001
	层 3：社区间	0.028 ***	0.001	0.189 ***	0.000	0.214 ***	0.002
−2LL		29658.5		28927.6		36806.7	
BIC		29658.5		28931.6		36832.7	
样本量		8652		8823		10384	

注：β 和 R_SE 是估计系数和标准误。*** 表示 $p < 0.001$，** 表示 $p < 0.01$，* 表示 $p < 0.05$，× 表示交互项。年龄的样条 1 是根据限制性三次样条的公式新生成的年龄变量。a 表示家庭资本按均值划分成家庭资本低水平和家庭资本高水平，并以家庭资本低水平为参照项。

附表 4   家庭资本对儿童青少年健康影响的年龄效应（调整因变量）

类别	变量	模型 1 自评健康		模型 2 抑郁水平	
		β	R_SE	β	R_SE
固定效应	截距	3.665 ***	0.020	12.044 ***	0.230
	年龄	−0.134 ***	0.002	0.062 ***	0.002
	年龄的样条 1	0.006 ***	0.001	−0.023 ***	0.001
	城市	0.005 ***	0.001	0.111 ***	0.024
	家庭经济资本[a]	0.117 **	0.036	−0.156 ***	0.034
	家庭文化资本[a]	0.103 ***	0.025	−0.345 ***	0.031
	家庭社会资本[a]	0.114 ***	0.024	0.044	0.043

续表

类别	变量	模型1 自评健康		模型2 抑郁水平	
		β	R_SE	β	R_SE
固定效应	世代	0.005	0.004	0.242***	0.032
	年龄×家庭经济资本[a]	0.068***	0.011	−0.064***	0.009
	年龄×家庭文化资本[a]	0.063	0.052	−0.061	0.042
	年龄×家庭社会资本[a]	0.069***	0.011	−0.041***	0.009
	年龄×世代	0.001	0.001	0.002	0.003
	健康行为	−0.009**	0.001	0.032***	0.002
	社区居住环境水平	−0.007***	0.001	−0.234***	0.014
	社区卫生服务水平	−0.008*	0.004	0.085	0.072
	控制变量	控制		控制	
随机效应	截距	1.233***	0.019	0.420***	0.011
	层1：个体内	0.332***	0.010	1.623***	0.011
	层2：个体间	0.033***	0.001	0.133***	0.001
	−2LL	29698.8		28427.3	
	BIC	29698.5		28431.2	
	样本量	8652		8823	

注：β 和 R_SE 是估计系数和标准误。*** 表示 $p < 0.001$，** 表示 $p < 0.01$，* 表示 $p < 0.05$，×表示交互项。年龄的样条1是根据限制性三次样条的公式新生成的年龄变量。a 表示家庭资本按均值划分成家庭资本低水平和家庭资本高水平，并以家庭资本低水平为参照项。

附表5　　家庭资本对儿童青少年健康影响的世代效应（三层纵向）

类别	变量	模型1 自评健康		模型2 抑郁水平		模型3 四周患病	
		β	R_SE	β	R_SE	β	R_SE
固定效应	截距	3.522***	0.021	11.578***	0.233	11.165***	0.003
	年龄	−0.013***	0.001	0.049***	0.005	−0.056***	0.003
	年龄的样条项1	0.016***	0.001	−0.035***	0.003	0.042***	0.002
	城市	0.007***	0.001	0.106**	0.032	−0.030*	0.008
	家庭经济资本[a]	0.038***	0.001	−0.028**	0.008	−0.024*	0.010

续表

类别	变量	模型 1 自评健康		模型 2 抑郁水平		模型 3 四周患病	
		β	R_SE	β	R_SE	β	R_SE
固定效应	家庭文化资本[a]	0.039 ***	0.003	−0.116 *	0.050	−0.037 ***	0.007
	家庭社会资本[a]	0.039 ***	0.004	0.105 *	0.030	0.002	0.020
	世代	0.004	0.003	0.167 ***	0.002	−0.014 **	0.004
	世代×家庭经济资本[a]	0.008 *	0.003	−0.039 ***	0.001	−0.011	0.006
	世代×家庭文化资本[a]	0.003	0.002	−0.015	0.054	−0.044 *	0.016
	世代×家庭社会资本[a]	0.003 *	0.001	−0.033 ***	0.001	−0.024	0.014
	年龄×世代	−0.002	0.002	0.116 ***	0.036	−0.008	0.014
	健康行为	−0.002	0.001	−0.453 ***	0.013	0.003	0.003
	社区居住环境水平	−0.042 ***	0.004	0.108 ***	0.074	0.054	0.023
	社区卫生服务水平	0.022	0.021	−1.621	0.282	0.024 *	0.010
	控制变量	控制		控制		控制	
随机效应	截距	0.013 ***	0.001	0.006 ***	0.001	1.105 ***	0.064
	层1：个体内	0.012 ***	0.001	0.003 ***	0.001	0.011 ***	0.002
	层2：个体间	0.032 ***	0.001	0.104 ***	0.001	0.344 ***	0.009
	层3：社区	0.022 ***	0.001	0.044 ***	0.001	0.240 ***	0.009
−2LL		27755.4		31750.67		32460.2	
BIC		27759.2		31756.43		32564.4	
样本量		8804		8823		10384	

注：β 和 R_SE 是估计系数和标准误。 *** 表示 $p < 0.001$，** 表示 $p < 0.01$，* 表示 $p < 0.05$，×表示交互项。年龄的样条1是根据限制性三次样条的公式新生成的年龄变量。a 表示家庭资本按均值划分成家庭资本低水平和家庭资本高水平，并以家庭资本低水平为参照项。

附表6　　　家庭资本对儿童青少年健康影响的世代效应（调整因变量）

类别	变量	模型1 自评健康		模型2 抑郁水平	
		β	R_SE	β	R_SE
固定效应	截距	3.532 ***	0.021	11.604 ***	0.245
	年龄	−0.021 ***	0.001	0.045 ***	0.006
	年龄的样条项1	0.013 ***	0.001	−0.052 ***	0.004
	城市	0.006 ***	0.001	0.118 **	0.033
	家庭经济资本[a]	0.107 ***	0.009	0.025	0.052
	家庭文化资本[a]	0.108 ***	0.009	−0.123	0.111
	家庭社会资本[a]	0.110 *	0.040	0.104 *	0.042
	世代	0.002	0.003	0.155 ***	0.002
	世代×家庭经济资本[a]	0.009 *	0.004	−0.049 ***	0.002
	世代×家庭文化资本[a]	0.008 *	0.003	0.014	0.053
	世代×家庭社会资本[a]	0.004 *	0.002	−0.034 ***	0.002
	年龄×世代	−0.003	0.002	0.123 ***	0.022
	健康行为	0.004 ***	0.001	−0.323 ***	0.023
	社区居住环境水平	0.019 ***	0.004	−0.122 ***	0.022
	社区卫生服务水平	0.027	0.021	−1.231	0.245
	控制变量	控制		控制	
随机效应	截距	0.012 ***	0.001	0.002 ***	0.001
	层1：个体内	0.023 ***	0.001	0.004 ***	0.001
	层2：个体间	0.033 ***	0.001	0.102 ***	0.001
	−2LL	27725.5		31730.34	
	BIC	27719.5		31736.34	

注：β 和 R_SE 是估计系数和标准误。*** 表示 $p < 0.001$，** 表示 $p < 0.01$，* 表示 $p < 0.05$，× 表示交互项。年龄的样条1是根据限制性三次样条的公式新生成的年龄变量。a 表示家庭资本按均值划分成家庭资本低水平和家庭资本高水平，并以家庭资本低水平为参照项。

主要程序命令

一、第4章　主要程序（Stata）

＊pooled OLS or binary regression

logistic week2_ill k1 k2 k3 k4 k5 k6 k7 k8 k9 k10///

　　perceived_income perceived_status _freq i. period, vce(robust)

reg depression_score k1 k2 k3 k4 k5///

　　perceived_income perceived_status _freq i. period, r

xtset pid period

xtreg depression_score k1 k2 k3 k4 k5 k6 k7 k8 k9 k10 perceived_income per-
　ceived_status, fe r

xtlogit week2_ill　k1 k2 k3 k4 k5 k6 k7 k8 k9 k10///

　　perceived_income perceived_status i. period, fe

＊ Hausman test

xtlogit week2_ill　k1 k2 k3 k4 k5 k6 k7 k8 k9 k10///

　　perceived_income perceived_status period, fe

estimates store FE

xtlogit week2_ill　k1 k2 k3 k4 k5 k6 k7 k8 k9 k10///

　　perceived_income perceived_status period, re

estimates store RE

hausman FE RE, constant sigmamore

＊工具变量

xtivreg depression_score(k1 = z), fe ivstyle(2)

＊滞后项

bysort pid: gen week2_ill_lag = week2_ill[_n + 1]

bysort pid: gen depression_score_lag = depression_score[_n + 1]

logistic week2_ill   k1 k2 k3 k4 k5 k6 k7 k8 k9 k10///

　　perceived_income perceived_status i. period, vce(robust)

reg depression_score k1 k2 k3 k4 k5 k6 k7 k8 k9 k10///

　　perceived_income perceived_status   i. period, r

二、第5章　主要程序（MPLUS）

DATA：

FILE IS D:\桌面\中介分析. dat；

VARIABLE：

MISSING ARE ALL(−99)；

NAMES ARE id zp5 zp4 zp3 zp2 sl2 sl3 sl4 sl5；

usevariables = zp5 zp4 zp3 zp2 sl2 sl3 sl4 sl5 sl6；

grouping = residenc(0 = rural 1 = urban)；! 分析城乡异质性则采用该语句

analysis：

bootstrap = 5000；

model：

i1 s1 | zp2@0 zp3@1 zp4@2 zp5@3；

i2 s2 | sl2@0 sl3@2 sl4@4 sl5@6；

i1 on neglect；

s1 on neglect；

i2 on neglect；

s2 on neglect；

i2on i1；

s2 on i1；

s2 on s1；

model indirect：

i2 ind i1 neglect；

s2 ind i1 neglect；

s2 ind s1 neglect；

　　OUTPUT：SAMPSTAT TECH1 TECH4 STANDARDIZED

　　CINTERVAL（BCBOOTSTRAP）；

三、第6章　主要程序（SAS 和 R）

/∗三次样条模型∗/

/∗Restrict Cubic Splines∗/

%MACRO

RCSPLINE（x，knot1，knot2，knot3，knot4，knot5，knot6，knot7，knot8，knot9，
　knot10，norm=2）；

%LOCAL j v7 ktk tk1 t k1 k2；

%LET v7=&x；%IF %LENGTH（&v7）=8 %THEN %LET v7=%SUBSTR
　（&v7，1，7）；

%∗Get no. knots，last knot，next to last knot；

%DO k=1 %TO 10；

%IF %QUOTE（&&knot&k）=%THEN %GOTO nomorek；

%END；

```
% LET k = 11;

% nomorek: % LET k = % EVAL( &k − 1 ) ; % LET k1 = % EVAL( &k − 1 ) ; % LET
    k2 = % EVAL( &k − 2 ) ;

% IF &k < 3 % THEN % PUT ERROR: < 3 KNOTS GIVEN. NO SPLINE VARI-
    ABLES

CREATED. ;

% ELSE % DO;

% LETtk = &&knot&k ;

% LET tk1 = &&knot&k1 ;

DROP _kd_ ; _kd_ =

% IF &norm = 0 % THEN 1;

% ELSE % IF &norm = 1 % THEN &tk − &tk1 ;

% ELSE( &tk − &knot1 )**. 666666666666 ; ;

% DO j = 1 % TO &k2 ;

% LET t = &&knot&j ;

&v7&j = max( ( &x − &t )/_kd_,0 )**3 + ( ( &tk1 − &t ) ∗ max( ( &x − &tk )/_kd_,
    0 )**3 − ( &tk − &t ) ∗ max( ( &x − &tk1 )/_kd_,0 )**3 )/( &tk − &tk1 )% STR
    ( ; ) ;

% END;

% END;

% MENDrcspline ;

data xx ;

set   xx ;

% RCSPLINE( age111 ,11 ,13 ,16 ) ;

run ;

proc glimmix data = xx ;
```

```
class pid;

model sb(event ='1') = age111    age1111    k1 k2 k3 k4 k5 k6 k7 k8 k9 k10

/s dist = binary link = logit    ddfm = bw;

output out = cfps. out1 pred(ilink) = predicted lcl(ilink) = lower ucl(ilink) = upper;

random int    /subject = pid;

nloptions tech = nrridg;

run;

data b701;

set b70;

% RCSPLINE(age111,11,13,16);

run;

proc glimmix data = b701 METHOD = LAPLACE NOCLPRINT;

class pid dq;

model sb (event ='1') = age111 * dq    age1111 * dq    k1 k2 k3 k4 k5 k6 k7
    k8 k9 k10/s dist = binary link = logit    ddfm = bw;

output out = chns. out1 pred(ilink) = predicted lcl(ilink) = lower ucl(ilink) = upper;

random int    /subject = pid TYPE = VC;

/*稳健性检验*/

proc surveyselect data = g1

out = g11

method = srs

sampsize = 20000

seed = 20230505

noprint;

run;

proc mixed data = g1 COVTEST noclprint noitprint IC;
```

```
class pid cort2;
model depression_score = age111 | cort2    ages2 | cort2    lnage ages3 cort2 * t2
    cort2 * dq   k1 k2 k3 k4 k5 k6 k7 k8 k9 k10/solution ddfm = kr cl;
random int   age111   /type = un   subject = pid;
run;
```

/ * 稳健性检验－－－三层纵向 * /

```
proc mixed   METHOD = REML   data = g1 NOCLPRINT COVTEST NOITPRINT;
class pid COMMID cort2;

model depression_score = age111 | cort2    ages2 | cort2    lnage ages3 cort2 * t2
    cort2 * dq   k1 k2 k3 k4 k5 k6 k7 k8 k9 k10
/SOLUTION DDFM = KENWARDROGER NOTEST;
RANDOM INTERCEPT/SUBJECT = pid(COMMID);
RANDOM INTERCEPT/SUBJECT = COMMID;
run;
```

/ * 残差 * /

```
proc template;
    define style My Style Default;
    parent = Styles. journal2;
    style Graph from Graph/Output Width = 4in Output Height = 3in;
    style Graph Walls from Graph Walls/Frame Border = off;
    end;
run;
ods html style = My style Default;
proc mixed data = g001covtest method = ml;
    title2 "urban";
    class pid;
```

```
model depression_score = age111|t2    age1111|t2    age1112|t2    k1 k2 k3 k4
    k5 k6 k7 k8 k9 k10/outp = figb_90 solution
chisq;
random intercept    age111    /type = un    sub = pid;
ods output SolutionR = figb_90a;
run;
/*个体内残差*/
proc univariate data = figb_90noprint;
    var resid;
    qqplot/vref = 0;
run;
/*作图*/
library(haven)
library(reshape)
library(dplyr)
library(tidyverse)
library(ggplot2)
library(readxl)
library(rms)#RCS
library(gcookbook)
library(tidyverse)
library(ggplot2)
col1 < - "#F39B7FFF"
col2 < - "#8491B4FF"
col3 < - "#91D1C2FF"
col4 < - "#00bdcd"
```

```
h1 < − read_sas( " C:/Users/T/Desktop/CFPS/bpdatab1. sas7bdat" ,
        NULL)
h2 < − read_sas( " C:/Users/T/Desktop/CFPS/bpdatab2. sas7bdat" ,
        NULL)
p < − ggplot( ) +
scale_x_continuous( name ='年龄( 岁)',
        breaks = c( 10,11,12,13,14,15,16,17,18) ) +
scale_y_continuous( expand = c( 0,0) ,limits = c( 10,20) ,
        name = expression( " 预测抑郁水平值" ) ) +
geom_line( data = h2 ,aes( x = age ,y = predm) ,color = " #156077" ,
        size = 1 ,alpha = 1 ,linetype = 1) +
geom_line( data = h1 ,aes( x = age ,y = predm) ,color = " #f46f20" ,
        size = 1 ,alpha = 1 ,linetype = 2) +
geom_point( data = h2 ,aes( x = age ,y = predm) ,color = " #156077" ,
        shape = 4 ,alpha = 0. 6 ,stroke = 0. 8) +
geom_point( data = h1 ,aes( x = age ,y = predm) ,color = " #f46f20" ,
        shape = 9 ,alpha = 0. 6 ,stroke = 0. 8) +
geom_errorbar( data = h1 ,
        aes( x = age ,
            ymin = lowerm ,
            ymax = upperm) ,
        width = 0. 1 ,#误差线的宽度
        size = 0. 7 ,color = " #f46f20" ) + #粗细
geom_errorbar( data = h2 ,
        aes( x = age ,
            ymin = lowerm ,
```

```
            ymax = upperm),
        width = 0. 1 ,#误差线的宽度
        size = 0. 7 ,color = "#156077" ) + #粗细
theme(
    axis. text. x = element_text( size = 30 ,   # 修改 X 轴上字体大小,
                color = " black" ,#颜色
                face = " plain" ,#   face 取值:plain 普通,bold 加粗,italic 斜
体,bold. italic 斜体加粗
                vjust = 0. 5 ,# 位置
                hjust = 0. 5 ,
                angle = 0 ) ,#角度
axis. text. y = element_text( size = 30 ,
                color = " black" ,
                face = " plain" ,
                vjust = 0. 5 ,
                hjust = 0. 5 ,
                angle = 0 )
    )
p + theme_bw( ) + theme_classic( )
library( haven )
library( reshape )
library( dplyr )
library( tidyverse )
library( ggplot2 )
library( readxl )
library( rms )#RCS
```

```
library(gcookbook)

library(tidyverse)

library(ggplot2)

col1 <- "#F39B7FFF"

col2 <- "#8491B4FF"

col3 <- "#91D1C2FF"

col4 <- "#00bdcd"

h1 <- read_sas("C:/Users/T/Desktop/CFPS/bpdatab1.sas7bdat",
        NULL)

h2 <- read_sas("C:/Users/T/Desktop/CFPS/bpdatab2.sas7bdat",
        NULL)

p <- ggplot() +

scale_x_continuous(name ='世代',
        breaks = c(0,1,2,3)) +

scale_y_continuous(expand = c(0,0), limits = c(10,20),
        name = expression("预测抑郁水平值")) +

geom_line(data = h2, aes(x = cohort123, y = predm), color = "#156077",
    size = 1, alpha = 0.6, linetype = 1) +

geom_line(data = h1, aes(x = cohort123, y = predm), color = "#f46f20",
    size = 1, alpha = 0.6, linetype = 2) +

geom_point(data = h2, aes(x = cohort123, y = predm), color = "#156077",
    shape = 4, alpha = 0.6, stroke = 0.8) +

geom_point(data = h1, aes(x = cohort123, y = predm), color = "#f46f20",
    shape = 9, alpha = 0.6, stroke = 0.8) +

geom_errorbar(data = h1,
        aes(x = cohort123,
```

```
                ymin = lowerm,

                ymax = upperm),

           width = 0. 1,#误差线的宽度

           size = 0. 7,color = "#f46f20") +#粗细

geom_errorbar(data = h2,

           aes(x = cohort123,

                ymin = lowerm,

                ymax = upperm),

           width = 0. 1,#误差线的宽度

           size = 0. 7,color = "#156077") +#粗细

theme(

axis. text. x = element_text(size = 30,   # 修改 X 轴上字体大小,

                color = "black",#颜色

                face = "plain",#  face 取值:plain 普通,bold 加粗,italic 斜体,

bold. italic 斜体加粗

                vjust = 0. 5,# 位置

                hjust = 0. 5,

                angle = 0),#角度

axis. text. y = element_text(size = 30,

                color = "black",

                face = "plain",

                vjust = 0. 5,

                hjust = 0. 5,

                angle = 0)

    )

p + theme_bw() + theme_classic()
```

参考文献

［1］埃德尔. 大萧条中的孩子们［M］. 北京：译林出版社，2002.

［2］鲍威斯. 分类数据分析的统计方法［M］. 北京：社会科学文献出版社，2009.

［3］边燕杰. 城市居民社会资本的来源及作用：网络观点与调查发现［J］. 中国社会科学，2004（3）：136－146.

［4］边燕杰，缪晓雷，鲁肖麟，等. 社会资本与疫情风险的应对［J］. 武汉大学学报（哲学社会科学版），2021（5）：156－168.

［5］边燕杰，孙宇，李颖晖. 论社会资本的累积效应［J］. 学术界，2018（5）：5－17.

［6］边燕杰，王学旺. 社会资本与乡村法治：亲友联系的作用机制［J］. 河南社会科学，2021（3）：92－100.

［7］常淑敏，郭明宇，王靖民，王玲晓，张文新. 学校资源对青少年早期幸福感发展的影响：意向性自我调节的纵向中介作用［J］. 心理学报，2022，52（7）：874－885.

［8］陈心广，王培刚. 中国社会变迁与国民健康动态变化［J］. 中国人口科学，2014（2）：63－73.

［9］陈钰晓，赵绍阳．政策干预对贫困地区儿童健康成长的影响［J］．人口与经济，2021，3（3）：80－93．

［10］陈云松，比蒂·沃克尔，亨克·弗莱普．"找关系"有用吗：非自由市场经济下的多模型复制与拓展研究［J］．社会学研究，2013（3）：101－118，243．

［11］陈云松，边燕杰．饮食社交对政治信任的侵蚀及差异分析：关系资本的"副作用"［J］．社会，2015，35（1）：92－120．

［12］陈云松，范晓光．社会学定量分析中的内生性问题：测估社会互动的因果效应研究综述［J］．社会，2010，30（4）：91－117．

［13］陈云松．关系社会资本新论［M］．北京：中国人民大学出版社，2020．

［14］陈云松．逻辑、想象和诠释：工具变量在社会科学因果推断中的应用［J］．社会学研究，2012（6）：192－216，245－246．

［15］陈在余．中国农村留守儿童营养与健康状况分析［J］．中国人口科学，2009，12（5）：95－102，112．

［16］成刚，卢嘉琪，陈郑．家庭资本对中学生体质健康的影响研究［J］．教育科学研究，2020（11）：44－50，64．

［17］程诚，边燕杰．社会资本与不平等的再生产以农民工与城市职工的收入差距为例［J］．社会，2014（4）：67－90．

［18］程琳，钟涨宝，田北海．青少年心理健康的底层劣势：形成路径与改善途径：亲子关系的中介和调节双重效应［J］．人口与发展，2023（4）：20－30，58．

［19］董金秋．推动与促进：家庭资本对青年农民非农就业行为的影响机制探析［J］．青年研究，2011（1）：55－62，95．

［20］杜本峰，曹桂，盛见．生命早期家庭环境因素对老年健康贡献的区域异质性［J］．人口研究，2022，46（3）：60－73．

［21］杜本峰，王翾，耿蕊．困境家庭环境与儿童健康状况的影响因素［J］．人口研究，2020，44（1）：70-84.

［22］樊晓杰，林荣日．家庭文化资本和经济资本对家庭教育支出的影响实证研究：以我国东中西部10个贫困县为例［J］．复旦教育论坛，2021（5）：81-88.

［23］范静波．家庭资本、代际流动与教育公平问题研究［J］．南京社会科学，2019（4）：145-150.

［24］方超．邻里效应、家庭资本与青少年的义务教育结果表现［J］．教育与经济，2023（3）：35-44.

［25］方杰，温忠麟，邱皓政．纵向数据的中介效应分析［J］．心理科学，2021（4）：989-996.

［26］方亚琴，夏建中．社区，居住空间与社会资本：社会空间视角下对社区社会资本的考察［J］．学习与实践，2014，11（9）：44-49.

［27］费孝通．乡土中国［M］．上海：上海人民出版社，2006.

［28］高功敬．家庭资产建设对儿童发展的具体效应及其影响路径［J］．南通大学学报（社会科学版），2023（1）：84-97.

［29］高娟．文化资本、人力资本与大学生地位获得：兼论教育的家校建构与个体特质的关系［J］．人口与发展，2022（2）：124-137.

［30］顾和军，刘云平．中国农村儿童健康不平等及其影响因素研究：基于CHNS数据的经验研究［J］．南方人口，2012，27（1）：25-33.

［31］国家统计局．《中国儿童发展纲要（2011—2020年）》终期统计监测报告［EB/OL］．［2024-01-02］．http：//www. stats. gov. cn/sj/zxfb/202302/t20230203_ 1901317. html.

［32］和红，谈甜．家庭健康生产视角下儿童健康的影响因素及其相对贡献度研究［J］．中国卫生政策研究，2021，14（9）：25-34.

［33］和泽慧，路晓蒙，罗荣华，兰伟．打破刚性兑付，资金何去何

从？：基于家庭资产配置的微观视角 [J]. 经济学（季刊），2023（4）：1442 - 1460.

[34] 侯景怡，张建平，葛扬，等. 家庭资本与教育投入对子代教育获得的影响研究 [J]. 高校教育管理，2023（5）：23 - 38.

[35] 胡安宁. 教育能否让我们更健康：基于 2010 年中国综合社会调查的城乡比较分析 [J]. 中国社会科学，2014（5）：116 - 130.

[36] 黄洁萍，尹秋菊. 社会经济地位对人口健康的影响：以生活方式为中介机制 [J]. 人口与经济，2013，8（3）：26 - 34.

[37] 黄倩，李宽，熊德平. 家庭社会经济地位与居民健康：基于生活方式和社会支持双重视角的研究 [J]. 云南财经大学学报，2020（7）：66 - 80.

[38] 姜俊丰. 多取向社会资本对中国居民健康的因果性影响 [D]. 武汉：武汉大学，2023.

[39] 姜山，蒋潮鑫，任强. 数字融入、社会资本与老年心理健康：基于中国老年社会追踪调查的实证研究 [J]. 治理研究，2022（5）：25 - 34，125.

[40] 蒋帆，姚昊. 家庭背景、学校氛围如何影响学生抗逆力？：基于 PI-SA 2018 的实证分析 [J]. 基础教育，2022（1）：43 - 53.

[41] 金久仁. 从资本差距到场域隔离：城乡教育的家庭支持差距研究 [J]. 教育科学，2019（1）：1 - 8.

[42] 靳永爱，谢宇. 中国城市家庭财富水平的影响因素研究 [J]. 劳动经济研究，2015（5）：3 - 27.

[43] 孔国书，齐亚强. 影响居民肥胖的社会经济因素：性别与城乡差异 [J]. 社会学评论，2017，5（5）：79 - 96.

[44] 李长安，杨智姣，薛畅. 健康代际传递与机制分析 [J]. 中国人口科学，2021（6）：68 - 80，127 - 128.

［45］李春玲. 改革开放的孩子们：中国新生代与中国发展新时代 ［J］. 社会学研究，2019，34（3）：24，242.

［46］李春玲. 社会经济变迁中的 Z 世代青年：构成、观念与行为 ［J］. 中国青年研究，2022，318（8）：21－27.

［47］李浩淼，吴一波，孙菊，等. 家庭健康与慢性病控制：健康素养、健康行为与基层服务信任度的中介作用 ［J］. 人口与发展，2023（5）：145－160.

［48］李佳丽，郑磊，聂倩. 冲破樊篱：弥补性资源、底层文化资本与寒门子弟教育获得：基于中国家庭追踪调查（CFPS）的实证研究 ［J］. 中国青年研究，2023（3）：100－107，118.

［49］李亮，宋璐. 家庭资本对农村中青年居民养老策略的影响 ［J］. 西北人口，2016（2）：69－74.

［50］李强. 社会变迁与个人发展：生命历程研究的范式与方法 ［J］. 社会学研究，1999，6（1）：10－24.

［51］李升，苏润原. 流动人口子女早期健康保障获得研究 ［J］. 青年研究，2020（1）：24－36，94－95.

［52］李婷，张闫龙. 出生队列效应下老年人健康指标的生长曲线及其城乡差异 ［J］. 人口研究，2014（2）：18－35.

［53］李晓光，郭小弦. 个体社会资本在下降吗?：城市居民社会资本的变迁趋势分析 ［J］. 社会学研究，2022（5）：179－200，229－230.

［54］李忠路，邱泽奇. 家庭背景如何影响儿童学业成就?：义务教育阶段家庭社会经济地位影响差异分析 ［J］. 社会学研究，2016（4）：121－144，244－245.

［55］李钟帅，苏群. 父母外出务工与留守儿童健康：来自中国农村的证据 ［J］. 人口与经济，2014（3）：51－58.

［56］梁海祥. 居住社区对青少年健康的影响 ［J］. 当代青年研究，2019

（4）：26－35.

［57］梁玉成，鞠牛．社会网络对健康的影响模式的探索性研究：基于网络资源和个体特征的异质性分析［J］．山东社会科学，2019（5）：57－64.

［58］林聚任．社会信任和社会资本重建：当前乡村社会关系研究［M］．济南：山东人民出版社，2007.

［59］林南．从个人走向社会：一个社会资本的视角［J］．社会科学战线，2020（2）：213－223.

［60］刘保中，张月云，李建新．家庭社会经济地位与青少年教育期望：父母参与的中介作用［J］．北京大学教育评论，2015（3）：158－176，192.

［61］刘国艳．农村学校社会资本的现实缺陷与重构路径［J］．教育发展研究，2015（Z2）：70－76.

［62］刘玉兰．社会公民身份、社会排斥与农村儿童健康［D］．南京：南京大学，2021.

［63］卢同庆，范先佐，邢秀芳．家庭资本对城乡家庭教育的影响分析［J］．教育理论与实践，2019（7）：28－32.

［64］陆杰华，郭荣荣．子代孝道类别对亲代福祉的影响探究：基于CF-PS2014的实证检验［J］．浙江工商大学学报，2023（1）：135－146.

［65］罗伯特·帕特南．我们的孩子［M］．北京：中国政法大学出版社，2017.

［66］罗剑锋，金欢，李宝月．限制性立方样条在非线性回归中的应用研究［J］．中国卫生统计，2010，27（3）：229－232.

［67］罗世兰，张大均，刘云艳．家庭社会经济地位对幼儿良好行为习惯的影响：父母教养方式与幼儿心理素质的中介作用［J］．心理发展与教育，2021（1）：26－33.

［68］马哲，赵忠．中国儿童健康不平等的演化和影响因素分析［J］．劳动经济研究，2016，4（6）：22－41.

［69］孟鸿伟.模型构建方法与结构方程建模：与张建平同志商讨［J］.心理学报，1994，26（4）：437-440.

［70］缪晓雷，边燕杰.防疫社会资本、体育锻炼与身心健康［J］.上海体育学院学报，2020（12）：1-12.

［71］缪晓雷，杨坤，边燕杰.互联网时代的社会资本：网民与非网民比较［J］.社会学研究，2023（3）：91-111，228.

［72］穆滢潭，袁笛.医疗治理体系、经济社会资本与居民健康：基于CGSS2013数据的实证研究［J］.公共行政评论，2018（4）：29-51，178-179.

［73］聂建亮，曹梦迪，吴玉锋.村域社会资本与农村互助养老实现：基于农村老人养老服务供给意愿视角的分析［J］.西南大学学报（社会科学版），2022（6）：52-66.

［74］宁光杰，宫杰婧.政府转移支付政策的营养效果：兼论乡村振兴背景下农村低收入困难家庭营养帮扶的路径［J］.经济社会体制比较，2022，5（3）：88-99.

［75］宁艳，李俊萱，殷召雪，等.我国22省/市老年人健康生活方式现状分析及健康促进策略研究［J］.中国健康教育，2022，38（3）：240-243.

［76］齐良书.收入、收入不均与健康：城乡差异和职业地位的影响［J］.经济研究，2006，9（11）：16-26.

［77］齐亚强.收入不平等与健康［M］.北京：知识产权出版社，2012.

［78］沈红，张青根.劳动力市场分割与家庭资本交互作用中的文凭效应［J］.教育研究，2015（8）：22-32.

［79］沈纪.留守和流动对儿童健康的影响：基于儿童健康综合测量的一项研究［J］.江苏社会科学，2019（1）：80-90.

［80］沈奕斐.隔代育儿对儿童发展影响的实证研究述评［J］.妇女研究论丛，2023（3）：113-128.

[81] 石智雷，顾嘉欣，傅强. 社会变迁与健康不平等：对第五次疾病转型的年龄—时期—世代分析 [J]. 社会学研究，2020，35（6），160－185，245.

[82] 石智雷，吴志明. 早年不幸对健康不平等的长远影响：生命历程与双重累积劣势 [J]. 社会学研究，2018（3）：166－192，245－246.

[83] 世界卫生组织. 促进儿童早期发展：从科学理论到推广普及 [EB/OL]. [2024－01－02]. https：//www. who. int/docs/default－source/mca－documents/child/ecd/ecd－lancet－exec－summary－zh. Pdf.

[84] 宋健. 中国家庭转变研究：理论与实践 [M]. 北京：光明日报出版社，2023.

[85] 宋啸天，高莉莉. 社会资本能否提升居民文化消费？：来自 CFPS 数据的实证分析 [J]. 合肥工业大学学报（社会科学版），2023（1）：91－103.

[86] 宋月萍. 父母流动对农村大龄留守儿童在校行为的影响：来自中国教育追踪调查的证据 [J]. 人口研究，2018，42（5）：68－77.

[87] 宋月萍，韩筱，崔龙韬. 困境留守儿童社会排斥状况及对健康的影响 [J]. 人口研究，2020，44（2）：102－112.

[88] 宋月萍，谭琳. 卫生医疗资源的可及性与农村儿童的健康问题 [J]. 中国人口科学，2006，11（6）：43－48，95－96.

[89] 宋月萍，张婧文. 改水与儿童健康：基于中国农村的实证研究 [J]. 人口学刊，2021，43（2）：33－47.

[90] 宋月萍. 中国农村儿童健康：家庭及社区影响因素分析 [J]. 中国农村经济，2007，10（10）：69－76.

[91] 孙博文，李雪松，伍新木. 社会资本的健康促进效应研究 [J]. 中国人口科学，2016（6）：98－106.

[92] 孙猛，王昶. 家庭资本对子女教育获得的影响研究 [J]. 人口学

刊，2021（5）：99 – 112.

［93］谈甜，和红．家庭健康循环视角下的健康代际传递研究：基于 CHNS 2015 的实证分析［J］．中国卫生政策研究，2021，14（1）：50 – 58.

［94］谭深．中国农村留守儿童研究述评［J］．中国社会科学，2011，10（1）：138 – 150.

［95］唐钧，李军．健康社会学视角下的整体健康观和健康管理［J］．中国社会科学，2019（8）：130 – 148.

［96］王芳，周兴．家庭因素对中国儿童健康的影响分析［J］．人口研究，2012，36（2）：50 – 59.

［97］王甫勤．地位束缚与生活方式转型：中国各社会阶层健康生活方式潜在类别研究［J］．社会学研究，2017，32（6）：117 – 140，244 – 245.

［98］王甫勤，马瑜寅．社会经济地位、社会资本与健康不平等［J］．华中科技大学学报（社会科学版），2020（6）：59 – 66.

［99］王甫勤．社会经济地位、生活方式与健康不平等［J］．社会，2012，32（2）：125 – 143.

［100］王富百慧．家庭资本与教养方式：青少年身体活动的家庭阶层差异［J］．体育科学，2019（3）：48 – 57.

［101］王红波．文化资本对农村居民健康的影响效应与作用机制：基于 CGSS（2017）的实证分析［J］．宁夏社会科学，2021（3）：126 – 137.

［102］王济川．多层统计分析模型［M］．北京：高等教育出版社，2008.

［103］王孟成，邓俏文，毕向阳．潜变量建模的贝叶斯方法［J］．心理科学进展，2017（10）：1682 – 1695.

［104］王孟成．潜变量建模与 Mplus 应用（基础篇）［M］．重庆：重庆大学出版社，2014.

［105］王培刚，陈心广．社会资本、社会融合与健康获得：以城市流动

人口为例 [J]. 华中科技大学学报（社会科学版），2015，29（3）：81-88.

[106] 王冉. 家庭文化资本、文化消费与居民旅游消费 [J]. 统计与决策，2022（6）：90-94.

[107] 韦艳，汤宝民. 健康冲击、社会资本与农村家庭贫困脆弱性 [J]. 统计与信息论坛，2022（10）：103-116.

[108] 尉建文，陆凝峰，韩杨. 差序格局、圈子现象与社群社会资本 [J]. 社会学研究，2021（4）：182-200，229-230.

[109] 温忠麟，侯杰泰，马什赫伯特. 结构方程模型检验：拟合指数与卡方准则 [J]. 心理学报，2004，36（2）：186-194.

[110] 温忠麟，欧阳劲樱，方俊燕. 潜变量交互效应标准化估计：方法比较与选用策略 [J]. 心理学报，2022（1）：91-107.

[111] 温忠麟，叶宝娟. 中介效应分析：方法和模型发展 [J]. 心理科学进展，2014（5）：731-745.

[112] 吴菲. 社会决定抑或身材筛选?：社会经济地位与肥胖的性别化因果关系 [J]. 社会，2021（2）：218-242.

[113] 吴贾，陈丽萍，范承泽. 母亲收入、家庭氛围和子女人力资本发展 [J]. 经济学（季刊），2022（4）：1169-1192.

[114] 吴重涵，张俊，王梅雾. 家长参与的力量：家庭资本、家园校合作与儿童成长 [J]. 教育学术月刊，2014（3）：15-27.

[115] 肖红，宋耀伟. 我国城镇居民文化资本、体育锻炼与主观健康关系研究：基于 CGSS2017 数据的实证分析 [J]. 西安体育学院学报，2022（5）：570-580.

[116] 肖琦琪，韩彩欣. 社会经济地位与老年人健康水平：基于"中国家庭追踪调查（CFPS）2018"数据分析 [J]. 市场周刊，2021（8）：172-175.

[117] 肖瑛. "家"作为方法：中国社会理论的一种尝试 [J]. 中国社

会科学，2020（11）：172 – 191.

[118] 谢宇，胡婧炜，张春泥 . 中国家庭追踪调查：理念与实践 ［J］. 社会，2014，34（2）：1 – 32.

[119] 谢智康，杨晶 . 政府卫生支出、健康人力资本与农村经济增长 ［J］. 统计与决策，2020（7）：41 – 45.

[120] 徐莉，冀晓曼 . 家庭资本与社会阶层：基于 CGSS2017 调查数据 的实证研究 ［J］. 贵州财经大学学报，2021（2）：72 – 79.

[121] 徐荣彬，杨招庚，王西婕，等 . 青少年健康指标体系研究进展 ［J］. 中国儿童保健杂志，2017（12）：1225 – 1228.

[122] 徐岩 . 家庭社会经济地位、社会支持与大学生幸福感 ［J］. 青年 研究，2017（1）：47 – 56，95.

[123] 薛海平 . 家庭资本与教育获得：基于影子教育中介效应分析 ［J］. 教育与经济，2018（4）：69 – 78.

[124] 亚当·斯密 . 国富论 ［M］. 北京：华夏出版社，2005.

[125] 杨娟，张莉，李伟，等 . 家庭文化资本与幼儿社会技能的关系：母亲育儿胜任感与养育粗暴程度的中介 ［J］. 学前教育研究，2022（11）：75 – 78.

[126] 姚俊 . 农村人口流动的健康不平等结果：基于劳动力再生产的视 角 ［J］. 江苏社会科学，2015，4（4）：58 – 64.

[127] 尹世久，尹宗硕 . 家庭文化资本与青少年健康饮食：基于对"青 少年健康主题数据库"的实证分析 ［J］. 青年研究，2023（4）：12 – 23，94.

[128] 于奇，吴炳义，武继磊 . 儿童期家庭社会经济地位对中老年健康 状况的路径分析 ［J］. 人口与发展，2022（3）：114 – 122，98.

[129] 余秀兰 . 社会变迁中的我国农村学生教育获得 ［J］. 高等教育研 究，2022（4）：34 – 44.

[130] 袁言云，吴妙霞，王志航，等 . 家庭社会经济地位与儿童一般自

我效能感的关系：父母关爱与应对方式的链式中介作用［J］．中国临床心理学杂志，2020（5）：1009 - 1012.

［131］张倩，赵文华．对比改革开放30年学龄儿童膳食变化推动营养改善深入发展［J］．中华疾病控制杂志，2021，25（5）：497 - 499.

［132］张瑞洁，夏昉．吉林省居民对社区卫生服务的满意度及其影响因素［J］．医学与社会，2019（6）：25 - 29.

［133］张兴祥，史九领，庄雅娟．子女健康对父母劳动力供给的影响：基于CFPS数据的实证研究［J］．经济学动态，2022，19（3）：71 - 87.

［134］张学敏，赵国栋．子女非认知能力发展的阶层差异分析：基于家庭资本投入的微观考察［J］．教育与经济，2022（4）：40 - 47，59.

［135］张羽，李玮玮，罗玉晗，等．家庭社会经济地位与父母教养方式对儿童青少年公正世界信念的影响［J］．心理发展与教育，2017（5）：513 - 523.

［136］赵莉莉．我国城市第一代独生子女父母的生命历程：从中年空巢家庭的出现谈起［J］．青年研究，2006，23（6）：35 - 43.

［137］赵如婧，周皓．儿童健康发展的比较研究［J］．青年研究，2018（1）：34 - 45，95.

［138］郑莉，曾旭晖．社会分层与健康不平等的性别差异：基于生命历程的纵向分析［J］．社会，2016，36（6）：209 - 237.

［139］周晓虹．中国体验：全球化、社会转型与中国人社会心态的嬗变［M］．北京：社会科学文献出版社，2017.

［140］周雪光．国家与生活机遇：中国城市中的再分配与分层1949—1994［M］．北京：中国人民大学出版社，2014.

［141］朱博文．教育对健康回报的群体差异研究［D］．武汉：武汉大学，2022.

［142］朱湘茹，张华．家庭社会经济地位对儿童发展影响综述［J］．河

南大学学报（社会科学版），2013（6）：119 – 124.

［143］朱晓文，韩红，成昱萱. 青少年教育期望的阶层差异：基于家庭资本投入的微观机制研究［J］. 西安交通大学学报（社会科学版），2019（4）：102 – 113.

［144］朱晓文，任围. 家庭背景如何影响青少年数字技能？：基于家庭资本投入的解释［J］. 当代青年研究，2023（1）：112 – 124.

［145］Adelman S. Keep your friends close：The effect of local social networks on child human capital outcomes［J］. Journal of Development Economics，2013，103：284 – 298.

［146］Ali S M，Merlo J，Rosvall M，et al. Social capital，the miniaturisation of community，traditionalism and first time acute myocardial infarction：A prospective cohort study in southern Sweden［J］. Social Science & Medicine，2023，63（8）：2204 – 2217.

［147］Alvarez E C，Kawachi I，Romani J R. Family social capital and health：a systematic review and redirection［J］. Sociology of Health & Illness，2017，39（1）：5 – 29.

［148］Alvarez J O，Lewis C E，Navia J M，et al. Chronic Malnutrition and Deciduous Dental-Caries in Peruvian Children［J］. Lancet，1987，1（8536）：802 – 803.

［149］Ang S. Social participation and health over the adult life course：does the association strengthen with age？［J］. Social Science & Medicine，2018，206：51 – 59.

［150］Assari S. Parental Education Better Helps White than Black Families Escape Poverty：National Survey of Children's Health［J］. Economies，2018，6（2）：55 – 61.

［151］Bataineh H，Devlin R A，Barham V. Social capital and having a regular family doctor: Evidence from longitudinal data [J]. Social Science & Medicine, 2019, 220: 421 –429.

[152] Becker O A, Loter K. Socio-Economic Family Background and Adult Children's Health in Germany: The Role of Intergenerational Transmission of Education [J]. European Sociological Review, 2021, 37 (4): 588 –606.

[153] Bekele T, Rahman B, Rawstorne P. The effect of access to water, sanitation and handwashing facilities on child growth indicators: Evidence from the Ethiopia Demographic and Health Survey 2016 [J]. Plos One, 2020, 15 (9): 66 –73.

[154] Belanger M J, Hill M A, Angelidi A M, et al. Covid-19 and Disparities in Nutrition and Obesity [J]. New England Journal of Medicine, 2020, 383 (11): 50 –64.

[155] Bell A. Life-course and cohort trajectories of mental health in the UK, 1991-2008-A multilevel age-period-cohort analysis [J]. Social Science & Medicine, 2014, 120 (5): 21 –30.

[156] Benzeval M, Green M J, Leyland A H. How do social inequalities in health change over the lifecourse?: Evidence from the West of Scotland Twenty-07 Study, 1987/8 – 2023/8 [J]. European Journal of Public Health, 2023, 20 (7): 18 –19.

[157] Berman P, Kendall C, Bhattacharyya K. The Household Production of Health-Integrating Social-Science Perspectives on Microlevel Health Determinants [J]. Social Science & Medicine, 1994, 38 (2): 205 –215.

[158] Bhagwat B, Nooyi S C, Krishnareddy D H, et al. Association of Practices Regarding Infant and Young Child Feeding with Anthropometry Measurements Among an Urban Population in Karnataka, India [J]. Cureus, 2019, 11 (3): 44 –56.

［159］ Botton J, Heude B, Maccario J, et al. Postnatal weight and height growth velocities at different ages between birth and 5 y and body composition in adolescent boys and girls ［J］. American Journal of Clinical Nutrition, 2008, 87 (6): 1760 - 1768.

［160］ Bourdieu P. The forms of capital ［M］//Richardson J. Handbook of theory and research for the sociology of education. New York: Greenwood Press, 1986.

［161］ Brady E, Gilligan R. The life course perspective: An integrative research paradigm for examining the educational experiences of adult care leavers? ［J］. Children and Youth Services Review, 2018, 87 (4): 69 - 77.

［162］ Brandkvist M, Bjorngaard J H, Odegard R A, et al. Quantifying the impact of genes on body mass index during the obesity epidemic: longitudinal findings from the HUNT Study ［J］. Bmj-British Medical Journal, 2019, 366 (7): 55 - 68.

［163］ Braveman P A, Cubbin C E S, Chideya S, et al. Socioeconomic status in health research one size does not fit all ［J］. JAMA, 2023, 294 (22): 2879 - 2888.

［164］ Bynner J. Longitudinal and life course study: The family policy connection ［J］. Family Matters, 2017, 99 (7): 66.

［165］ Byrne M L, Schwartz O S, Simmons J G, et al. Duration of Breastfeeding and Subsequent Adolescent Obesity: Effects of Maternal Behavior and Socioeconomic Status ［J］. Journal of Adolescent Health, 2018, 62 (4): 471 - 479.

［166］ Cai K D, Shen H, Lu X W. Group variable selection in the Andersen-Gill model for recurrent event data ［J］. Journal of Statistical Planning and Inference, 2020, 207 (7): 99 - 112.

［167］ Cao D, Zhou Z L, Liu G P, et al. Does social capital buffer or exacerbate mental health inequality? Evidence from the China Family Panel Study （CF-PS） ［J］. International Journal for Equity in Health, 2022, 21 （1）: 22 – 33.

［168］ Castaneda J, Gerritse B. Appraisal of Several Methods to Model Time to Multiple Events per Subject: Modelling Time to Hospitalizations and Death ［J］. Revista Colombiana De Estadistica, 2023, 33 （1）: 43 – 61.

［169］ Cavallaro F, Gilbert R, Kendall S, et al. Evaluation of the real-world implementation of the Family Nurse Partnership in England: an observational cohort study using linked data from health, education, and children's social care ［J］. Lancet, 2022, 7 （3）: doi 10. 23889.

［170］ Chanfreau J, Barclay K, Keenan K, et al. Sibling group size and BMI over the life course: Evidence from four British cohort studies ［J］. Adv Life Course Res, 2022, 53 （100493）: 402 – 424.

［171］ Chatham R E, Mixer S J. Cultural Influences on Childhood Obesity in Ethnic Minorities: A Qualitative Systematic Review ［J］. Journal of Transcultural Nursing, 2020, 31 （1）: 87 – 99.

［172］ Checkley W, Gilman R H, Black R E, et al. Effect of water and sanitation on childhood health in a poor Peruvian peri-urban community ［J］. Lancet, 2004, 363 （9403）: 112 – 118.

［173］ Cheffi N, Chakroun-Walha O, Sellami R, et al. Validation of the Hamilton Depression Rating Scale （HDRS） in the Tunisian dialect ［J］. Public Health, 2022, 202: 100 – 105.

［174］ Chen F, Yang Y, Liu G. Social change and socioeconomic disparities in health overthe life course in china: A cohort analysis ［J］. American sociological review, 2010, 75 （1）: 126 – 150.

［175］ Cheng H L, Raubenheimer D, Steinbeck K, et al. New insights into the association of mid-childhood macronutrient intake to pubertal development in adolescence using nutritional geometry [J]. British Journal of Nutrition, 2019, 122 (3): 274 – 283.

[176] Chen L, Wu Y, Coyte P C. Income-related children's health inequality and health achievement in China [J]. International Journal for Equity in Health, 2014, 13 (7): 55 – 65.

[177] Chen M N, Kwok C L, Shan H Y, et al. Decomposing and Predicting China's GDP Growth: Past, Present, and Future [J]. Population and Development Review, 2018, 44 (1): 143 – 155.

[178] Chen T J, Ji C Y. Secular Changes of Stature in Rural Children and Adolescents in China, 1985 – 2023 [J]. Biomedical and Environmental Sciences, 2014, 27 (8): 573 – 581.

[179] Choi J K, Park S H, Park S, et al. The changing epidemiology of herpes zoster over a decade in South Korea, 2006 – 2015 [J]. Vaccine, 2019, 37 (36): 5153 – 5160.

[180] Cho I Y, Moon S H, Yun J Y. Mediating and Moderating Effects of Family Cohesion between Positive Psychological Capital and Health Behavior among Early Childhood Parents in Dual Working Families: A Focus on the COVID-19 Pandemic [J]. International Journal of Environmental Research and Public Health, 2021, 18 (9): 23 – 34.

[181] Coleman J S. Foundations of social theory [M]. Boston: Belknap Press of Harvard University Press, 1990.

[182] Coleman J S. Social capital in the creation of human capital [J]. American Journal of Sociology, 1988, 94: 95 – 120.

[183] Cole T J. The secular trend in human physical growth: a biological view [J]. Economics & Human Biology, 2003, 1 (2): 161 – 168.

[184] Corley R P, Beltz A M, Wadsworth S J, et al. Genetic Influences on

Pubertal Development and Links to Behavior Problems [J]. Behavior Genetics, 2015, 45 (3): 294 – 312.

[185] Count. Growth patterns of the human physique: An approach to kinetic anthropometry [J]. Human Biology, 1943, 15 (1): 1 – 32.

[186] Dai X H, Li W C. The Influence of Culture Capital, Social Security, and Living Conditions on Children's Cognitive Ability: Evidence from 2018 China Family Panel Studies [J]. Journal of Intelligence, 2022, 10 (2): 20 – 39.

[187] Dallacker M, Mata J, Hertwig R. More Than Just Food: A Meta-Analysis of Family Mealtime Practices Associated with Children's Nutritional Health [J]. Annals of Behavioral Medicine, 2017, 51 (7): S1526 – S1526.

[188] Daniels L, Perry R, Baur L A, et al. Maintenance of relative weight loss 12 and 18 months post intervention: outcomes of the Parenting Eating and Activity for Child Health (PEACH) (R) RCT a family-focused weight management program for 5 – 9 year olds [J]. International Journal of Obesity, 2018, 32 (6): S20.

[189] Dannefer D. Cumulative advantage/disadvantage and the life course: Cross-fertilizing age and social science theory [J]. Journals of Gerontology Series B-Psychological Sciences and Social Sciences, 2003, 58 (6): S327 – S337.

[190] Davison K, Jurkowski J M, Li K G. Links Between Parents' Underestimation of Child Weight Status and Their Obesity-Related Attitudes and Parenting Practices [J]. Obesity, 2011, 19 (7): S135.

[191] de Fluiter K S, van Beijsterveldt I A L P, Breij L M, et al. Association Between Fat Mass in Early Life and Later Fat Mass Trajectories [J]. Jama Pediatrics, 2020, 174 (12): 1141 – 1148.

[192] Delaruelle K, Buffel V, Bracke P. Educational expansion and the education gradient in health: A hierarchical age-period-cohort analysis [J]. Social

science & medicine, 2015 (145): 79 – 88.

[193] Deming. Application of the gompertz curve to the observed pattern of growth in length of 48 individual boys and girls during the adolescent cycle of growth [J]. Human Biology, 1957, 29 (1): 83 – 84.

[194] Denham S A. Family routines: A structural perspective for viewing family health [J]. Advances in Nursing Science, 2002, 24 (4): 60 – 74.

[195] de Onis M, Martorell R, Garza C, et al. WHO Child Growth Standards based on length/height, weight and age [J]. Acta Paediatrica, 2023, 95 (4): 76 – 85.

[196] Dong Y H, Jan C, Ma Y H, et al. Economic development and the nutritional status of Chinese school-aged children and adolescents from 1995 to 2014: an analysis of five successive national surveys [J]. Lancet Diabetes & Endocrinology, 2019, 7 (4): 288 – 299.

[197] Duncan J M, Garrison M E B, Killian T S, et al. Family Resilience: Variations by Individual Psychological and Health Resources, Social Capital and Sociodemographic Characteristics [J]. Family Journal, 2022, 30 (3): 376 – 383.

[198] Elder G H, Jr. The life course as developmental theory [J]. Child Dev, 1998, 69 (1): 1 – 12.

[199] Engbers T A, Thompson M F, Slaper T F. Theory and measurement in social capital research [J]. Social Indicators Research, 2017, 132 (2): 537 – 558.

[200] Eriksson U, Hochwälder J, Carlsund Å, et al. Health outcomes among Swedish children: the role of social capital in the family, school and neighbourhood [J]. Acta Paediatrica, 2012, 101 (5): 513 – 517.

[201] Esposti M D, Matijasevich A, Collishaw S, et al. Secular trends and

social inequalities in child behavioural problems across three Brazilian cohort studies (1993, 2004 and 2015) [J]. Epidemiol Psychiatr Sci, 2023, 32 (e23): 39 – 50.

[202] Evert J. Teaching Corner: Child Family Health International The Ethics of Asset-Based Global Health Education Programs [J]. Journal of Bioethical Inquiry, 2015, 12 (1): 63 – 67.

[203] Fan Q, Chen H. The "long arm" of adverse childhood experiences on adult health depreciation in China [J]. Child Abuse Negl, 2023, 143 (106234): 34 – 57.

[204] Federici R. The Health Inequalities and the Social Structure of Therapies and Pharmacy Practice in an Aging Society: A Research in Umbria [J]. Sociologia, 2023, 42 (3): 255 – 268.

[205] Feng J, Glass T A, Curriero F C, et al. The built environment and obesity: A systematic review of the epidemiologic evidence [J]. Health & Place, 2023, 16 (2): 175 – 190.

[206] Ferrara P, Sannicandro V, Spagnolo A, et al. Sleep and arousal disturbances in enuretic children: are there any effects on the height? [J]. Gazzetta Medica Italiana Archivio Per Le Scienze Mediche, 2019, 178 (2): 19 – 21.

[207] Ferraro K F, Farmer M M, Wybraniec J A. Health trajectories: long-term dynamics among black and white adults [J]. Journal of Health & Social Behavior, 1997, 38 (1): 38 – 54.

[208] Fiorillo D, Lavadera G L, Nappo N. Individual heterogeneity in the association between social participation and self-rated health: a panel study on BHPS [J]. Social Indicators Research, 2020, 151: 645 – 667.

[209] Friel S, Pescud M, Malbon E, et al. Using systems science to understand the determinants of inequities in healthy eating [J]. Plos One, 2017, 12

（11）：30 – 43.

［210］Fu Q, Land K C. The Increasing Prevalence of Overweight and Obesity of Children and Youth in China, 1989 – 2009：An Age-Period-Cohort Analysis ［J］. Population Research and Policy Review, 2015, 34 （6）：901 – 921.

［211］Gao M , Jonathan C K W, Johnson W , et al. Socio-economic disparities in child-to-adolescent growth trajectories in China：Findings from the China Health and Nutrition Survey 1991 – 2015 ［J］. Lancet Regional Health Western Pacific, 2022, 21 （100399）：2666 – 6065.

［212］Gasser T, Kneip A, Ziegler P, et al. The Dynamics of Growth of Width in Distance, Velocity and Acceleration ［J］. Annals of Human Biology, 1991, 18 （5）：449 – 461.

［213］Gebremariam M K, Lien N, Nianogo R A, et al. Mediators of socioeconomic differences in adiposity among youth：a systematic review ［J］. Obesity Reviews, 2017, 18 （8）：880 – 898.

［214］Ge T. Effect of socioeconomic status on children's psychological well-being in China：The mediating role of family social capital ［J］. Journal of Health Psychology, 2020, 25 （8）：1118 – 1127.

［215］Gibbs B G, Forste R. Socioeconomic status, infant feeding practices and early childhood obesity ［J］. Pediatric Obesity, 2014, 9 （2）：135 – 146.

［216］Glanville J L, Story W T. Social capital and self-rated health：clarifying the role of trust ［J］. Social Science Research, 2018, 71：98 – 108.

［217］Gnavi R, Spagnoli T D, Galotto C, et al. Socioeconomic status, overweight and obesity in prepuberal children：A study in an area of Northern Italy ［J］. European Journal of Epidemiology, 2000, 16 （9）：797 – 803.

［218］Goldstein H, Browne W, Rasbash J. Multilevel modelling of medical data ［J］. Statistics in Medicine, 2002, 21 （21）：3291 – 3315.

［219］ Gordon-Larsen P, Nelson M C, Page P, et al. Inequality in the built environment underlies key health disparities in physical activity and obesity ［J］. Pediatrics, 2023, 117 (2): 417 – 424.

［220］ Grant-Guimaraes J, Feinstein R, Laber E, et al. Childhood Overweight and Obesity ［J］. Gastroenterology Clinics of North America, 2016, 45 (4): 715 – 729.

［221］ Gregory G. Link women's drinking in pregnancy to child's health records at birth ［J］. Bmj-British Medical Journal, 2022, 377 (7): 40 – 53.

［222］ Grgic M, Bayer M. Do parents and siblings serve as educational resources? How and what extent family capital contributes to children's educational aspirations, self-concept and educational attainment ［J］. Zeitschrift Fur Familienforschung, 2015, 27 (2): 173 – 192.

［223］ Grimm K J, Ram N, Estabrook R. Growth modeling ［M］. New York: The Guilford Press, 2017.

［224］ Gullo D F. Family social capital in kindergarten: predicting third-grade learning and developmental outcomes for low-SES urban children ［J］. Early Child Development and Care, 2023, 193 (7): 952 – 963.

［225］ Hanson M D, Chen E. Socioeconomic status and health behaviors in adolescence: A review of the literature ［J］. Journal of Behavioral Medicine, 2023, 30 (3): 263 – 285.

［226］ Harris K M. An Integrative Approach to Health ［J］. Demography, 2023, 47 (1): 1 – 22.

［227］ He H B. Research on Mental Health Education of Children in Two-child Family ［J］. 2018 International Conference on Education, Psychology, and Management Science (Icepms 2018), 2018: 20 – 25.

［228］ Hikichi H, Aida J, Matsuyama Y, et al. Community-level social capital and cognitive decline after a natural disaster: A natural experiment from the 2011 Great East Japan Earthquake and Tsunami [J]. Social Science & Medicine, 2020, 257 (7): 40 – 53.

[229] Hintsanen M, Gluschkoff K, Dobewall H, et al. Parent-child-relationship quality predicts offspring dispositional compassion in adulthood: A prospective follow-up study over three decades [J]. Dev Psychol. 2019, 55 (1): 216 – 225.

[230] Hodgins M, Fox F. ‘Causes of causes’: ethnicity and social position as determinants of health inequality in Irish Traveller men [J]. Health Promotion International, 2014, 29 (2): 223 – 234.

[231] House J S, Lantz P M, Herd P. Continuity and change in the social stratification of aging and health over the life course: Evidence from a nationally representative longitudinal study from 1986 to 2023/2002 (Americans' Changing Lives Study) [J]. Journals of Gerontology Series B-Psychological Sciences and Social Sciences, 2023, 60 (5): 15 – 26.

[232] Hout M. America's Liberal Social Climate and Trends Change in 283 General Social Survey Variables between and within US Birth Cohorts, 1972 – 2018 [J]. Public Opinion Quarterly, 2021, 85 (4): 1009 – 1049.

[233] Howe L D, Tilling K, Matijasevich A, et al. Linear spline multilevel models for summarising childhood growth trajectories: A guide to their application using examples from five birth cohorts [J]. Stat Methods Med Res, 2016, 25 (5): 1854 – 1874.

[234] Huang W Z, Fitzmaurice G M. Analysis of longitudinal data unbalanced over time [J]. Journal of the Royal Statistical Society Series B-Statistical Methodology, 2005, 67 (6): 135 – 155.

[235] Huang Y Y, Wang H, Tian X. Changing Diet Quality in China during

2004 – 2011 [J]. International Journal of Environmental Research and Public Health, 2020, 14 (1): 50 –59.

[236] Hu A. Radius of trust: Gradient-based conceptualization and measurement [J]. Social Science Research, 2017, 68: 147 –162.

[237] Hubbard K. Education, family and child & adolescent health [J]. International Journal of Social Psychiatry, 2015, 61 (1): 103 –110.

[238] Ichida Y, Hirai H, Kondo K. et al. Does social participation improve self-rated health in the older population? A quasi-experimental intervention study [J]. Social Science & Medicine, 2013, 94: 83 –90.

[239] Inekwe J N, Lee E. Perceived social support on postpartum mental health: An instrumental variable analysis [J]. PloS One, 2022, 17 (5): 34 – 56.

[240] Iorfino F, Hermens D F, Cross S P M, et al. Delineating the trajectories of social and occupational functioning of young people attending early intervention mental health services in Australia: A longitudinal study [J]. Bmj Open, 2018, 8 (3): 49 –59.

[241] Iversen A C, Kraft P. Does socio-economic status and health consciousness influence how women respond to health related messages in media? [J]. Health Education Research, 2023, 21 (5): 601 –610.

[242] Jhang F H. Effects of changes in family social capital on the self-rated health and family life satisfaction of older adults in Taiwan: A longitudinal study [J]. Geriatrics & Gerontology International, 2019, 19 (3): 228 –232.

[243] Jiang J, Kang R. Temporal heterogeneity of the association between social capital and health: an age-period-cohort analysis in China [J]. Public Health, 2019, 172: 61 –69.

[244] Ji Y, Yun Q, Jiang X, et al. Family SES, family social capital, and

general health in Chinese adults: exploring their relationships and the gender-based differences [J]. BMC Public Health, 2020, 20: e1401 - 1430.

[245] Johnson C J, Boyce M S, Schwartz C C, et al. Modeling survival: application of the Andersen-Gill model to Yellowstone grizzly bears [M]. Journal of Wildlife Management. Wildlife Society, 2004.

[246] Jos Twisk, Wieke de Vente. Attrition in longitudinal studies: How to deal with missing data [J]. Journal of Clinical Epidemiology, 2002, 55: 329 - 337.

[247] Kann L, McManus T, Harris W A, et al. Youth Risk Behavior Surveillance-United States, 2015 [J]. Mmwr Surveillance Summaries, 2016, 65 (6): 1 - 14.

[248] Kass R E, Raftery A E. Bayes Factors [J]. Journal of the American Statistical Association, 1995, 90 (7): 773 - 795.

[249] Kawachi I, Subramanian S V, Kim D. Social capital and health [M]. New York: Springer, 2008.

[250] Kim J, Must A, Fitzmaurice G M, et al. Incidence and remission rates of overweight among children aged 5 to 13 years in a district-wide school surveillance system [J]. American Journal of Public Health, 2023, 95 (9): 1588 - 1594.

[251] Kimm S Y S, Barton B A, Obarzanek E, et al. Obesity development during adolescence in a biracial cohort: The NHLBI growth and health study [J]. Pediatrics, 2002, 110 (5): 34 - 44.

[252] Kinley J, Feizi S, Elgar F J. Adolescent mental health in military families: Evidence from the Canadian Health Behaviour in School-aged Children study [J]. Canadian Journal of Public Health-Revue Canadienne De Sante Publique, 2023, 114 (4): 651 - 658.

[253] Kinyoki D K, Ross J M, Lazzar-Atwood A, et al. Mapping local patterns of childhood overweight and wasting in low-and middle-income countries between 2000 and 2017 [J]. Nature Medicine, 2020, 26 (5): 750–759.

[254] Krass P, Vasan A, Kenyon C C. Building Political Capital: Engaging Families in Child Health Policy [J]. Pediatrics, 2021, 147 (1): 45–53.

[255] Kuruczova D, Klanova J, Jarkovsky J, Pikhart H, Bienertova-Vasku J. Socioeconomic characteristics, family structure and trajectories of children's psychosocial problems in a period of social transition [J]. PLoS One. 2020, 15 (6): e0234074.

[256] Liang J, Tang F, Jiang J F, et al. Community context, birth cohorts and childhood body mass index trajectories: Evidence from the China nutrition and health survey 1991–2011 [J]. Health & Place, 2020, 66 (5): 43–50.

[257] Liang J, Zheng S, Li X Y, et al. Associations of community, famliy and early individual factors with body mass index z-scores trajectories among Chinese children and adolescents [J]. Scientific Reports, 2021, 11 (1): 55–64.

[258] Liang Y, Qi Y. Developmental trajectories of adolescent overweight/obesity in China: socio-economic status correlates and health consequences [J]. Public Health, 2020, 185 (6): 246–253.

[259] Li C H. School Performance of Children of Cross-Border Marriages: Effects of Within-Family Social Capital and Community Contextual Factors [J]. Sociological Research Online, 2020, 25 (4): 661–681.

[260] Ligthart K A M, Buitendijk L, Koes B W, et al. The association between ethnicity, socioeconomic status and compliance to pediatric weight-management interventions-A systematic review [J]. Obesity Research & Clinical Practice, 2017, 11 (5): 1–51.

[261] Li J J, Li Z, Lu Z M. Analysis of spatiotemporal variations in land use

on the Loess Plateau of China during 1986 – 2023 ［J］. Environmental Earth Sciences, 2016, 75 (11): 88 – 95.

［262］ Li L, Hardy R, Kuh D, et al. Child-to-Adult Body Mass Index and Height Trajectories: A Comparison of 2 British Birth Cohorts ［J］. American Journal of Epidemiology, 2008, 168 (9): 1008 – 1015.

［263］ Link B G, Phelan J. Social Conditions as Fundamental Causes of Disease ［J］. Journal of Health and Social Behavior, 1995, 35 (8): 80 – 94.

［264］ Lin N. Social capital: a theory of social structure and action ［M］. New York: Cambridge University Press, 2001.

［265］ Li Q, Guo L, Zhang J Y, et al. Effect of School-Based Family Health Education via Social Media on Children's Myopia and Parents' Awareness A Randomized Clinical Trial ［J］. Jama Ophthalmology, 2021, 139 (11): 1165 – 1172.

［266］ Lu B, Du S F, Zhai F, et al. The nutrition transition in China: A new stage of Chinese diet ［J］. Faseb Journal, 2023, 15 (4): A637.

［267］ Ludwig-Mayerhofer W, Stawarz N, Wicht A. Family Structure and Children's Educational Outcomes The Role of Economic, Cultural and Social Capital ［J］. Soziale Welt-Zeitschrift Fur Sozialwissenschaftliche Forschung Und Praxis, 2020, 71 (3): 235 – 267.

［268］ Luke D A. Multilevel modeling ［M］. Thousand Oaks, CA: Sage, 2004.

［269］ Lu N, Spencer M, Sun Q, Lou V W Q. Family social capital and life satisfaction among older adults living alone in urban China: the moderating role of functional health ［J］. Aging & Mental Health, 2021, 25 (4): 695 – 702.

［270］ Lu N, Xu S C, Zhang J Y. Community Social Capital, Family Social Capital, and Self-Rated Health among Older Rural Chinese Adults: Empirical Evidence from Rural Northeastern China [J]. International Journal of Environmental Research and Public Health, 2021, 18 (11): 30 – 56.

[271] Luo J, Zhang K L, Ma W Y, Abbasi M Z. The Influence of Family Cultural Capital on Migrant Children's Academic Achievement-from the Perspective of Emotional Regulation [J]. International Journal of Neuropsychopharmacology, 2022, 25 (Suppl 1): A4 – A5.

[272] Luo L Y, Hodges J S. The Age-Period-Cohort-Interaction Model for Describing and Investigating Inter-cohort Deviations and Intra-cohort Life-course Dynamics [J]. Sociological Methods & Research, 2022, 51 (3): 1164 – 1210.

[273] Lynch S M. Cohort and life-course patterns in the relationship between education and health: A hierarchical approach [J]. Demography, 2003, 40 (2): 309 – 331.

[274] Ma L, Ding Y X, Wen X Z, et al. Parent-child resemblance in BMI and obesity status and its correlates in China [J]. Public Health Nutrition, 2021, 24 (16): 5400 – 5413.

[275] Martin R M, Patel R , Kramer M S, et al. Effects of Promoting Longer-term and Exclusive Breastfeeding on Adiposity and Insulin-like Growth Factor-I at Age 11. 5 Years A Randomized Trial [J]. Jama-Journal of the American Medical Association, 2013, 309 (10): 1005 – 1013.

[276] Martinson M L, Chang Y L, Han W J, et al. Social determinants of childhood obesity in Shanghai, China: a cross-sectional child cohort survey [J]. Lancet, 2015, 386: S50.

[277] May L, et al. Association between sleep duration and cognitive decline [J]. JAMA Network Open, 2020, 3 (9): e2013573.

[278] McCready C, Haider S, Little F, et al. , Early childhood wheezing phenotypes and determinants in a South African birth cohort: longitudinal analysis

of the Drakenstein Child Health Study [J]. Lancet Child Adolesc Health. 2023, 7 (2): 127 – 135.

[279] McMunn A, Lacey R, Webb E. Life course partnership and employment trajectoriesand parental caregiving at age 55: prospective findings from a British Birth Cohort Study [J]. Longitudinal and Life Course Studies, 2020, 11 (4): 495 – 518.

[280] Michels N, Van den Bussche K, Vande Walle J, et al. Belgian primary school children's hydration status at school and its personal determinants [J]. European Journal of Nutrition, 2017, 56 (2): 793 – 805.

[281] Mohanty J, Newhill C E. Asian adolescent and young adult adoptees' psychological well-being: Examining the mediating role of marginality [J]. Children and Youth Services Review, 2011, 33 (7): 1189 – 1195.

[282] Mollborn S, Rigles B, Pace J A. "Healthier Than Just Healthy": Families Transmitting Health as Cultural Capital [J]. Social Problems, 2021, 38 (3): 574 – 590.

[283] Monteiro P O A, Victora C G. Rapid growth in infancy and childhood and obesity in later life-a systematic review [J]. Obesity Reviews, 2023, 6 (2): 143 – 154.

[284] Morgan E H, Schoonees A, Sriram U, et al. Caregiver involvement in interventions for improving children's dietary intake and physical activity behaviors [J]. Cochrane Database of Systematic Reviews, 2020, 9 (6): 55 – 62.

[285] Mossey P A, Little J , Munger R G, et al. Cleft lip and palate [J]. Lancet, 2009, 374 (9703): 1773 – 1785.

[286] Nguyen Q C, Whitsel E A, Tabor J W, et al. Blood spot-based measures of glucose homeostasis and diabetes prevalence in a nationally representative population of young US adults [J]. Annals of Epidemiology, 2020, 24 (12):

903 – 909.

[287] Norris S A, Frongillo E A, Black M M, et al. Nutrition in adolescent growth and development [J]. Lancet, 2022, 399 (10320): 172 – 184.

[288] Obando D, Wright N, Hill J. Warmth and reciprocity with mothers, and young children's resilience to exposure to community violence in Colombia: findings from the La Sabana Parent-Child Study [J]. Journal of Child Psychology and Psychiatry, 2023, 64 (1): 197 – 205.

[289] O'Rand A M. The precious and the precocious: Understanding cumulative disadvantage and cumulative advantage over the life course [J]. Gerontologist, 1996, 36 (2): 230 – 238.

[290] Osman N, Chow W S, Michel C, et al. Psychometric properties of the Kessler psychological scales in a Swiss young-adult community sample indicate poor suitability for community screening for mental disorders [J]. Early Intervention in Psychiatry, 2023, 17 (1): 85 – 95.

[291] Panico L, et al. International differences in gradients in early childhood overweight andobesity: the role of maternal employment and formal childcare attendance [J]. Eur J Public Health, 2023, 33 (3): 468 – 475.

[292] Pedebos L A. Association between costs per family health team and size of basic health unit in a capital of southern Brazil [J]. Ciencia & Saude Coletiva, 2021, 26 (4): 1543 – 1552.

[293] Peneau S, Giudici K V, Gusto G, et al. Growth Trajectories of Body Mass Index during Childhood: Associated Factors and Health Outcome at Adulthood [J]. Journal of Pediatrics, 2017, 186 (6): 64 – 73.

[294] Peugh J L, Heck R H. Conducting Three-Level Longitudinal Analyses [J]. Journal of Early Adolescence, 2017, 37 (1): 7 – 58.

[295] Phillipson S, Phillipson S N, Kewalramani S. Cultural Variability in

the Educational and Learning Capitals of Australian Families and Its Relationship With Children's Numeracy Outcomes [J]. Journal for the Education of the Gifted, 2018, 41 (4): 348 – 368.

[296] Pietrobelli A, Agosti M, Grp M. Nutrition in the First 1000 Days: Ten Practices to Minimize Obesity Emerging from Published Science [J]. International Journal of Environmental Research and Public Health, 2017, 14 (12): 40 – 49.

[297] Pontes H M. Investigating the differential effects of social networking site addiction and Internet gaming disorder on psychological health [J]. Journal of Behavioral Addictions, 2017, 6 (4): 601 – 610.

[298] Putnam R D. Social capital: measurement and consequences [J]. Canadian Journal of Policy Research, 2001, 1: 41 – 51.

[299] Qiao J, Dai L J, Zhang Q, et al. A Meta-Analysis of the Association Between Breastfeeding and Early Childhood Obesity [J]. Journal of Pediatric Nursing-Nursing Care of Children & Families, 2020, 53 (4): 57 – 66.

[300] Qin X Z, Pan J. The Medical Cost Attributable to Obesity and Overweight in China: Estimation Based on Longitudinal Surveys [J]. Health Economics, 2016, 25 (10): 1291 – 1311.

[301] Rabinowitz J, Williams J B W, Anderson A, et al. Consistency checks to improve measurement with the Hamilton Rating Scale for Depression (HAM-D) [J]. Journal of Affective Disorders, 2022, 302: 273 – 279.

[302] Ramos-Goñi J M, Estévez-Carrillo A, et al. Does Changing the Age of a Child to be Considered in 3-Level Version of EQ-5D-Y Discrete Choice Experiment-Based Valuation Studies Affect Health Preferences? [J]. Value in Health, 2022, 25 (7): 1196 – 1204.

[303] Ravindranath D, Trani J F, Iannotti L. Nutrition among children of

migrant construction workers in Ahmedabad, India [J]. International Journal for Equity in Health, 2019, 18 (1): 55 – 64.

[304] Reynolds J C, Damiano P C, Glanville J L, et al. Neighborhood and family social capital and parent-reported oral health of children in Iowa [J]. Community Dentistry and Oral Epidemiology, 2015, 43 (6): 569 – 577.

[305] Ribeiro A I, Fraga S, Severo M, et al. Association of neighbourhood disadvantage and individual socioeconomic position with all-cause mortality: a longitudinal multicohort analysis [J]. Lancet Public Health, 2022, 7 (5): E447 – E457.

[306] Riley M W, Johnson M, Foner A. Aging and society: A sociology of age stratification [M]. Russell Sage Foundation, 1972.

[307] Rios K, Burke M M. Facilitators and Barriers to Positive Special Education Experiences and Health Among Latino Families of Children with Disabilities: Two Systematic Literature Reviews [J]. Review Journal of Autism and Developmental Disorders, 2021, 8 (3): 299 – 311.

[308] Rodriguez-Martinez A, Zhou B, Sophiea M K, et al. Height and body-mass index trajectories of school-aged children and adolescents from 1985 to 2019 in 200 countries and territories: a pooled analysis of 2181 population-based studies with 65 million participants [J]. Lancet, 2020, 396 (10261): 1511 – 1524.

[309] Ross C E, Mirowsky J. The interaction of personal and parental education on health [J]. Social science & medicine, 2011, 72 (4): 591 – 599.

[310] Rutter H, Savona N, Glonti K, et al. The need for a complex systems model of evidence for public health [J]. Lancet, 2017, 390 (10112): 2602 – 2604.

[311] Ryder N B. The cohort as a concept in the study of social change. In

Cohort analysisin social research [M]. Springer, 1985.

[312] Saboga-Nunes L, Medeiros M, Bittlingmayer U. Health literacy impact on nutrition status and water intake in children [J]. European Journal of Public Health, 2020, 30 (5): 140 - 148.

[313] Schroeder K, Kulage K M, Lucero R. Beyond positivism: Understanding and addressing childhood obesity disparities through a Critical Theory perspective [J]. Journal for Specialists in Pediatric Nursing, 2015, 20 (4): 259 - 270.

[314] Schultze-Lutter' F, Miche C, Schimmelmann B, Meisenzahl E, Osman N. Are the Kessler Psychological Scales suitable for screening for mental disorders in low-threshold mental health services in German-speaking countries? [J]. European Psychiatry, 2022, 65: S352.

[315] Shannon R, Sthienrapapayut T, Moschis G P, et al. Family life cycle and the life course paradigm: A four-country comparative study of consumer expenditures [J]. Journal of Global Scholars of Marketing Science, 2020, 30 (1): 34 - 44.

[316] Soares S, López-Cheda A, Santos A C, Barros H, Fraga S. How do early socioeconomic circumstances impact inflammatory trajectories? Findings from Generation XXI [J]. Psychoneuroendocrinology, 2020, 119: 104755.

[317] Somefun O D, Fotso A S. The effect of family and neighbourhood social capital on youth mental health in South Africa [J]. Journal of Adolescence, 2020, 83: 22 - 26.

[318] Song Y, Agardh A, Ma J, et al. National trends in stunting, thinness and overweight among Chinese school-aged children, 1985 - 2014 [J]. International Journal of Obesity, 2019, 43 (2): 402 - 411.

[319] Ssewamala F M, Karimli L, Torsten N, et al. Applying a Family-Lev-

el Economic Strengthening Intervention to Improve Education and Health-Related Outcomes of School-Going AIDS-Orphaned Children: Lessons from a Randomized Experiment in Southern Uganda [J]. Prevention Science, 2016, 17 (1): 134 – 143.

[320] Staatz C B, Kelly Y, Lacey R E, et al. Area-level and family-level socioeconomic position and body composition trajectories: longitudinal analysis of the UK Millennium Cohort Study [J]. Lancet Public Health, 2021, 6 (8): E598 – E607.

[321] Stamatakis E, Wardle J, Cole T J. Childhood obesity and overweight prevalence trends in England: evidence for growing socioeconomic disparities [J]. International Journal of Obesity, 2023, 34 (1): 41 – 47.

[322] Staub K, Ruhli F J, Woitek U, et al. BMI distribution/social stratification in Swiss conscripts from 1875 to present [J]. European Journal of Clinical Nutrition, 2023, 64 (4): 335 – 340.

[323] Stockham N, Washington P, Chrisman B, et al. Causal Modeling to Mitigate Selection Bias and Unmeasured Confounding in Internet-Based Epidemiology of COVID-19: Model Development and Validation [J]. Jmir Public Health and Surveillance, 2022, 8 (7): 304 – 323.

[324] Stock J H, Yogo M. Testing for Weak Instruments in Linear IV Regression. Identification and Inference for Econometric Models: A Festschrift in Honor of Thomas Rothenberg [M]. Cambridge: Cambridge University Press, 2005.

[325] Su C, Zhao J, Wu Y, et al. Temporal Trends in Dietary Macronutrient Intakes among Adults in Rural China from 1991 to 2011: Findings from the CHNS [J]. Nutrients, 2017, 9 (3): 40 – 54.

[326] Swinburn B A, Kraak V I, Allender S, et al. The Global Syndemic of Obesity, Undernutrition, and Climate Change: The Lancet Commission Report

[J]. Lancet, 2019, 393 (10173): 791 – 846.

[327] Symeou L. Cultural capital and family involvement in children's educa-tion: tales from two primary schools in Cyprus [J]. British Journal of Sociology of Education, 2017, 28 (4): 473 – 487.

[328] Taljunaite M. Inheritance of Social Capital in the Family: The Case of Multi-child Families [J]. Filosofija-Sociologija, 2020, 31 (4): 349 – 356.

[329] Tamayo-Aguledo W, Acosta-Ortiz A, Hamid A, et al. Family functio-ning but not social capital is associated with better mental health in adolescents af-fected by violence and displacement by armed conflict in Colombia [J]. Interna-tional Journal of Social Psychiatry, 2022, 68 (8): 1598 – 1606.

[330] Tang F, Liang J, Zhang H, et al. COVID-19 related depression and anxiety among quarantined respondents [J]. Psychology & health, 2020, 36 (2): 164 – 178.

[331] Tan Y T, Xu H, Zhang X L. Sustainable urbanization in China: A comprehensive literature review [J]. Cities, 2016, 55 (2): 82 – 93.

[332] Tashiro J, Hebeler A. An evidence-based model of adaptive blended learning for health education serving families with a parent or child who has a medi-cal problem [J]. International Journal of Innovation and Learning, 2021, 29 (3): 303 – 322.

[333] Terry P E. Neighborhoods, Work, and Health: Forging New Paths Between Social Determinism and Well-Being [J]. American Journal of Health Pro-motion, 2019, 33 (5): 646 – 651.

[334] Teufel F, Seiglie J A, Geldsetzer P, et al. Body-mass index and dia-betes risk in 57 low-income and middle-income countries: a cross-sectional study of nationally representative, individual-level data in 685 616 adults [J]. Lancet, 2021, 398 (10296): 238 – 248.

［335］ Theokas C, Almerigi J B, Lerner R M, et al. Conceptualizing and modeling individual and ecological asset components of thriving in early adolescence ［J］. Journal of Early Adolescence, 2005, 25（1）: 113 – 143.

［336］ Tian T, Young C B, Zhu Y, Xu J, et al. Socioeconomic Disparities Affect Children's Amygdala-Prefrontal Circuitry via Stress Hormone Response ［J］. Biol Psychiatry, 2021, 90（3）: 173 – 181.

［337］ Tian Y, Jiang C M, Wang M, et al. BMI, leisure-time physical activity, and physical fitness in adults in China: results from a series of national surveys, 2000 – 14 ［J］. Lancet Diabetes & Endocrinology, 2016, 4（6）: 487 – 497.

［338］ Turney K, Jackson D B. Mothers' health following youth police stops ［J］. Preventive Medicine, 2021, 50（3）: 394 – 411.

［339］ Turney K. The Mental Health Consequences of Vicarious Adolescent Police Exposure ［J］. Social Forces, 2022, 100（3）: 1142 – 1169.

［340］ Tyrrell J, Wood A R, Ames R M, et al. Gene-obesogenic environment interactions in the UK Biobank study ［J］. International Journal of Epidemiology, 2017, 46（2）: 559 – 575.

［341］ Van Cleave J, Gortmaker S L, Perrin J M. Dynamics of Obesity and Chronic Health Conditions Among Children and Youth ［J］. Jama-Journal of the American Medical Association, 2023, 303（7）: 623 – 630.

［342］ Wang J X, Li Y, Musch D C, et al. Progression of Myopia in School-Aged Children After COVID-19 Home Confinement ［J］. Jama Ophthalmology, 2021, 139（3）: 293 – 300.

［343］ Wang L M, Zhou B, Zhao Z P, et al. Body-mass index and obesity in urban and rural China: findings from consecutive nationally representative surveys during 2004 – 18 ［J］. Lancet, 2022, 398（10294）: 53 – 63.

［344］ Wang Y F, Zhang Q. Are American children and adolescents of low socioeconomic status at increased risk of obesity? Changes in the association between overweight and family income between 1971 and 2002 ［J］. American Journal of Clinical Nutrition, 2023, 84（4）: 707 – 716.

［345］ Webster N J, Antonucci T C, Ajrouch K J, et al. Social networks and health among older adults in Lebanon: the mediating role of support and trust ［J］. Journals of Gerontology, Series B: Psychological Sciences and Social Sciences, 2015, 70（1）: 155 – 166.

［346］ Westphaln K K, Fry-Bowers E K, Birchfield J W, Lee E, Ronis S D. Examining the Relationship of Family Social Capital and Use of Pediatric Primary Health Care Services in the 2016 – 2019 National Survey of Children's Health ［J］. Journal of Pediatric Health Care, 2022, 36（4）: 347 – 357.

［347］ WHO. (2008). World health assembly ［EB/OL］. ［2024 – 01 – 02］. https://apps. who. int/gb/e/e_ wha53. html.

［348］ WHO. (2022). Growth reference data ［EB/OL］. ［2024 – 01 – 02］. https://www. who. int/tools/growth-reference-data-for-5to19-years.

［349］ Wills A K, Lawlor D A, Matthews F E, et al. Life Course Trajectories of Systolic Blood Pressure Using Longitudinal Data from Eight UK Cohorts ［J］. Plos Medicine, 2011, 8（6）: 22 – 41.

［350］ Woolcock M. The rise and routinization of social capital, 1988 – 2008 ［J］. Annual Review of Political Science, 2010, 13: 469 – 487.

［351］ Wu Q B. Health behaviors of cross-border, newly-arrived and local students in Hong Kong: The role of family and school social capital ［J］. International Journal of Behavioral Medicine, 2021, 28（Suppl 1）: S172.

［352］ Wu S Q, Ding Y Y, Wu F Q, et al. Socio-economic position as an intervention against overweight and obesity in children: a systematic review and meta-analysis [J]. Scientific Reports, 2015, 5 (5): 49 – 60.

[353] Xiao H, Liang X, Chen C, Xie F T. The Impact of Multidimensional Poverty on Rural Households' Health: From a Perspective of Social Capital and Family Care [J]. International Journal of Environmental Research and Public Health, 2022, 19 (21): 39 – 49.

[354] Xue X, Cheng M. Social capital and health in China: exploring the mediating role of lifestyle [J]. BMC Public Health, 2017, 17: e863 – e879.

[355] Xu Y, Hang L. Height inequalities and their change trends in China during 1985 – 2023: results from 6 cross-sectional surveys on children and adolescents aged 7 – 18 years [J]. Bmc Public Health, 2017, 17 (5): 53 – 69.

[356] Yang Y. Bayesian inference for hierarchical age-period-cohort models of repeated cross-section survey data [J]. Sociological Methodology, 2023, 36 (6): 39 – 74.

[357] Yang Y C, Schorpp K, Boen C, et al. Socioeconomic Status and Biological Risks for Health and Illness Across the Life Course [J]. Journals of Gerontology Series B-Psychological Sciences and Social Sciences, 2020, 75 (3): 613 – 624.

[358] Yang Y Y, Zhou L L, Zhang C, et al. Public Health Services, Health Human Capital, and Relative Poverty of Rural Families [J]. International Journal of Environmental Research and Public Health, 2022, 19 (17): 47 – 59.

[359] Yngwe M A, Fritzell J, Lundberg O, et al. Exploring relative deprivation: Is social comparison a mechanism in the relation between income and health? [J]. Social Science & Medicine, 2003, 57 (8): 1463 – 1473.

[360] Yu M, Li J Z. Work-family conflict and mental health among Chinese underground coal miners: the moderating role of psychological capital [J]. Psychology Health & Medicine, 2020, 25 (1): 1 – 9.

［361］Zajacova A, Burgard S A. Body Weight and Health from Early to Mid-Adulthood: A Longitudinal Analysis ［J］. Journal of Health and Social Behavior, 2023, 51（1）: 92 – 107.

［362］Zhang B, Zhai F Y, Du S F, et al. The China Health and Nutrition Survey, 1989 – 2011 ［J］. Obesity Reviews, 2014, 15（5）: 2 – 7.

［363］Zhang F, Hu X Q, Tian Z Y, et al. Literature research of the Nutrition Improvement Programme for Rural Compulsory Education Students in China ［J］. Public Health Nutrition, 2015, 18（5）: 936 – 943.

［364］Zhang J Y, Lu N. What Matters Most for Community Social Capital among Older Adults Living in Urban China: The Role of Health and Family Social Capital ［J］. International Journal of Environmental Research and Public Health, 2019, 16（4）: 49 – 63.

［365］Zhang J Y, Wang L L, Guo L, et al. Effects of online family health education on myopia prevention in children by parental myopia: A randomized clinical trial ［J］. Clinical and Experimental Optometry, 2023, 16（4）: 32 – 43.

［366］Zhang Y, Jiang J. Social capital and health in China: evidence from the Chinese General Social Survey 2010 ［J］. Social Indicators Research, 2019, 142（1）: 411 – 430.

［367］Zhang Y Q, Li H, Wu H H, et al. Stunting, wasting, overweight and their coexistence among children under 7 years in the context of the social rapidly developing: Findings from a population-based survey in nine cities of China in 2016 ［J］. Plos One, 2021, 16（1）: 39 – 53.

［368］Zhou Y, Yu P, Wang T, et al. Distinct patterns of urban-rural and sex disparities in children's BMI trajectories from 2013 to 2018 ［J］. Frontiers Public Health, 2021, 9（689021）: 1 – 5.